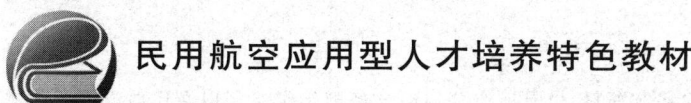
民用航空应用型人才培养特色教材

航空情报服务

主　编　王海军
副主编　张玉梅　苑永月　王　龙

北京航空航天大学出版社

内 容 简 介

航空情报是民用航空器飞行所依据的基本资料，也是航空公司航务部门组织飞行以及民航空管单位实施空中交通管制、提供空中交通服务所必需的情报资料。本书共有7章，详细介绍了航空情报服务的概念、航空情报服务产品的组成、机场运行环境、航图、航行通告、雪情通告、火山通告、电子飞行包、导航数据库等方面的基础知识，旨在帮助读者全面了解各航空情报信息产品的特点和相互关系。本书参照民航相关部门发布的行业标准、航图编绘规范、航行通告格式规范进行编写，内容涉及面广、专业性强。

本书可以作为高等院校民航交通运输专业、空中交通管理与签派专业、机场运行管理专业等相关航空专业航空情报服务课程的教材，也可以作为一线航空情报员、飞行签派员、空中交通管制员等相关运行人员的参考书。

图书在版编目(CIP)数据

航空情报服务 / 王海军主编. -- 北京：北京航空航天大学出版社,2024.12. -- ISBN 978－7－5124－4563－5

Ⅰ.F56;G252.8

中国图家版本馆 CIP 数据核字第 20244JB083 号

版权所有，侵权必究。

航空情报服务

主　编　王海军
副主编　张玉梅　苑永月　王　龙
策划编辑　蔡　喆　　责任编辑　张　凌

*

北京航空航天大学出版社出版发行
北京市海淀区学院路37号（邮编100191）　http://www.buaapress.com.cn
发行部电话:(010)82317024　传真:(010)82328026
读者信箱：goodtextbook@126.com　邮购电话:(010)82316936
河北宏伟双华印刷有限公司印装　各地书店经销

*

开本:787×1 092　1/16　印张:14.75　字数:378千字
2025年1月第1版　2025年1月第1次印刷
ISBN 978－7－5124－4563－5　定价:49.00元

若本书有倒页、脱页、缺页等印装质量问题，请与本社发行部联系调换。联系电话:(010)82317024

前　　言

民航飞行安全涉及航空公司运行的各个层面。其中,运行控制作为"三个起落架"之一为飞行安全提供全方位的支持,在航班生产活动中为航班的安全、正常和效益创造一切有利条件。航空情报是运行控制系统的核心部门,在保证飞行安全方面起着重要作用,犹如保障航空公司飞行安全的隐形翅膀,为其提供动力,使其向着飞行安全、经济、效益的目标展翅飞翔。因此,在航空情报相关人才培养中需要一本与实际密切联系、紧跟航空情报服务发展的教材。

本书由绪论、航空情报服务产品、机场运行环境、民用航空图、航行通告、电子飞行包、机载导航数据库等章节组成,采用理论与实际相结合的方式,内容涉及面广,力求使读者能够比较全面地掌握航空情报服务知识及其应用。

本书由山东航空学院王海军主编,张玉梅、苑永月、王龙参与了部分章节的资料查找及编写。编者在编写本书过程中得到了山东航空股份有限公司的大力支持。在整理资料的过程中,编者参考了国际民航组织和中国民航管理部门最新颁布的有关管理规章、标准、规范以及咨询通告,在此一并向相关文献的作者致以诚挚的谢意。

本书的编写工作得到了山东航空学院教材编写项目资助,在此表示感谢。

由于编者水平有限,书中难免存在不妥之处,欢迎各位专家和广大读者指正。

编　者
2024 年 1 月

目 录

第一章 绪 论 … 1
- 1.1 航空情报服务概述 … 1
- 1.2 航空情报服务的一般规定 … 1
  - 1.2.1 民用航空情报工作的基本内容 … 1
  - 1.2.2 一体化民用航空情报系列资料 … 1
  - 1.2.3 计量单位、地理位置及高程数据 … 2
- 1.3 我国航空情报服务的组织机构及职责 … 2
  - 1.3.1 全国民用航空情报中心的职责 … 2
  - 1.3.2 地区民用航空情报中心的职责 … 2
  - 1.3.3 机场民用航空情报服务机构的职责 … 3
- 1.4 航空情报数据原始资料的收集与产品分发 … 3
  - 1.4.1 航空情报有关部门或单位应提供的部分资料分工 … 4
  - 1.4.2 航空情报原始资料提供部门或者单位提供原始资料的时间要求 … 6
  - 1.4.3 航空情报原始资料的审核内容要求 … 6
- 1.5 航空情报服务的未来发展方向 … 6
  - 1.5.1 航空情报服务目前面临的挑战 … 7
  - 1.5.2 AIS 向 AIM 过渡的措施 … 8
- 1.6 相关定义 … 10
- 思考题 … 11

第二章 航空情报服务产品 … 12
- 2.1 航空资料定期颁发制 … 12
  - 2.1.1 航空资料定期颁发制发布的航空资料变更分类 … 12
  - 2.1.2 AIRAC 的重要日期 … 13
- 2.2 《中华人民共和国航空资料汇编》 … 15
  - 2.2.1 《中华人民共和国航空资料汇编》的组成 … 15
  - 2.2.2 《中华人民共和国航空资料汇编》的主要内容 … 16
- 2.3 《中国民航国内航空资料汇编》 … 17
  - 2.3.1 《中国民航国内航空资料汇编》的组成 … 17
  - 2.3.2 《中国民航国内航空资料汇编》的主要内容 … 18
- 2.4 航空资料汇编补充资料 … 19
- 2.5 航空资料汇编修订 … 19
- 2.6 航空资料通报 … 19
- 思考题 … 19

第三章 机场运行环境 ... 20

3.1 机场概述 ... 20
    3.1.1 机场类别 ... 20
    3.1.2 机场的级别 ... 22
    3.1.3 机场场址的规划 ... 24
    3.1.4 常用概念 ... 24

3.2 道面系统 ... 24
    3.2.1 跑 道 ... 24
    3.2.2 滑行道 ... 30
    3.2.3 机 坪 ... 32
    3.2.4 其他设施 ... 32

3.3 道面强度 ... 34
    3.3.1 道 面 ... 34
    3.3.2 强 度 ... 34
    3.3.3 道面强度 ... 34
    3.3.4 ACR-PCR法 ... 35

3.4 机场净空 ... 37
    3.4.1 障碍物限制面 ... 37
    3.4.2 障碍物限制要求 ... 42

3.5 道面标志 ... 43
    3.5.1 对标志的一般要求 ... 43
    3.5.2 跑道标志 ... 43
    3.5.3 滑行道标志 ... 48
    3.5.4 其他标志 ... 51

3.6 机场灯光系统 ... 57
    3.6.1 进近灯光系统 ... 57
    3.6.2 跑道灯光系统 ... 62
    3.6.3 滑行道灯光系统 ... 64
    3.6.4 其他灯光系统 ... 66
    3.6.5 标记牌 ... 67

思考题 ... 72

第四章 民用航空图 ... 73

4.1 民用航空图概述 ... 73
    4.1.1 航图的基本要求 ... 73
    4.1.2 航图的分类 ... 73

4.2 机场障碍物图-ICAO A型（运行限制） ... 74
    4.2.1 机场障碍物图-ICAO A型（运行限制）一般要求 ... 75
    4.2.2 机场障碍物图-ICAO A型（运行限制）图中要素 ... 75

4.3 精密进近地形图 ··· 87
    4.3.1 精密进近地形图的组成 ··· 87
    4.3.2 精密进近地形图的制图范围 ·· 87
    4.3.3 精密进近地形图的一般要求 ·· 87
    4.3.4 精密进近地形图图中要素 ·· 87
4.4 机场图 ·· 93
    4.4.1 机场图的组成 ··· 93
    4.4.2 机场图的一般要求 ··· 95
    4.4.3 机场图的组成要素 ··· 95
4.5 停机位置图 ·· 103
4.6 航路图、区域图 ·· 105
    4.6.1 航路图和区域图的一般要求 ·· 105
    4.6.2 航路图的分幅原则 ··· 105
    4.6.3 图幅的编号方式 ·· 105
    4.6.4 航路图的组成要素 ··· 106
    4.6.5 区域图的组成要素 ··· 112
4.7 标准仪表进场图 ·· 113
    4.7.1 标准仪表进场图的组成 ·· 113
    4.7.2 标准仪表进场图的比例尺 ··· 113
    4.7.3 标准仪表进场图的航空要素 ······································· 115
    4.7.4 标准仪表进场图的图框外注记 ··································· 115
4.8 标准仪表离场图 ·· 116
    4.8.1 标准仪表离场图的组成 ·· 116
    4.8.2 标准仪表离场图的比例尺 ··· 116
    4.8.3 标准仪表离场图的航空要素 ······································· 116
4.9 仪表进近图 ·· 116
    4.9.1 仪表进近图的相关规定 ·· 116
    4.9.2 仪表进近图的布局 ··· 118
    4.9.3 仪表进近图的航空要素 ·· 118
    4.9.4 仪表进近程序的实施方法 ··· 122
4.10 民用机场最低监视引导高度图 ·· 122
    4.10.1 定　义 ·· 122
    4.10.2 基本要求 ·· 123
    4.10.3 图幅尺寸 ·· 123
    4.10.4 民用机场最低监视引导高度图的航图要素 ················ 123
思考题 ·· 127

第五章　航行通告 ··· 130
5.1 航行通告的分类、系列及拍发规定 ·· 130
    5.1.1 航行通告的分类 ·· 130

5.1.2　航行通告系列 ……………………………………………………… 130
　　5.1.3　航行通告的一般要求 ………………………………………………… 131
　　5.1.4　航行通告的格式和内容 ……………………………………………… 131
　　5.1.5　触发性航行通告格式和内容 ………………………………………… 140
　　5.1.6　校核单的格式和内容 ………………………………………………… 141
　　5.1.7　航行通告项目填写检查一览表 ……………………………………… 142
　5.2　雪情通告 ……………………………………………………………………… 143
　　5.2.1　定　义 …………………………………………………………………… 143
　　5.2.2　雪情通告的一般规定 ………………………………………………… 143
　　5.2.3　雪情通告的格式和内容 ……………………………………………… 144
　5.3　火山通告 ……………………………………………………………………… 150
　　5.3.1　定　义 …………………………………………………………………… 150
　　5.3.2　火山通告的一般规定 ………………………………………………… 151
　　5.3.3　火山通告的格式和内容 ……………………………………………… 151
　思考题 ……………………………………………………………………………… 155

第六章　电子飞行包 …………………………………………………………… 156

　6.1　电子飞行包的发展 …………………………………………………………… 156
　6.2　电子飞行包的分类 …………………………………………………………… 157
　　6.2.1　硬件分类 ………………………………………………………………… 157
　　6.2.2　软件分类 ………………………………………………………………… 157
　6.3　电子飞行包的项目管理 ……………………………………………………… 160
　　6.3.1　纸质材料移除政策 ……………………………………………………… 160
　　6.3.2　运行程序 ………………………………………………………………… 161
　6.4　我国电子飞行包的批准过程 ………………………………………………… 162
　　6.4.1　EFB批准或接受的一般过程 ………………………………………… 162
　　6.4.2　对已批准项目的修改 ………………………………………………… 162
　6.5　电子飞行包的应用 …………………………………………………………… 163
　　6.5.1　航图查看 ………………………………………………………………… 163
　　6.5.2　机载性能工具（OPT） ………………………………………………… 163
　　6.5.3　电子视频监控 …………………………………………………………… 163
　　6.5.4　电子检查单（包括各类起飞着陆检查单、应急检查单） …………… 165
　6.6　航空公司EFB的运行保障分工 …………………………………………… 165
　6.7　EFB使用过程中的注意事项 ………………………………………………… 165
　　6.7.1　航班放行要求 …………………………………………………………… 165
　　6.7.2　空中EFB失效 ………………………………………………………… 165
　　6.7.3　驾驶舱资料不一致 ……………………………………………………… 166
　　6.7.4　EFB支架损坏 ………………………………………………………… 166
　　6.7.5　放行资料下载 …………………………………………………………… 166
　　6.7.6　EFB使用闪退或无航图航路数据 …………………………………… 166

思考题 ·· 166

第七章 机载导航数据库 ·· 167
7.1 导航数据库的应用背景 ·· 167
7.2 导航数据库的内容 ·· 167
7.3 导航数据库的一般建立过程 ·· 168
7.4 导航数据处理流程 ·· 168
7.5 导航数据的质量要求 ··· 170
7.5.1 数据精度 ··· 170
7.5.2 分辨率 ·· 171
7.5.3 保证等级 ··· 171
7.5.4 可追溯性 ··· 171
7.5.5 时效性 ·· 171
7.5.6 完整性 ·· 171
7.5.7 格式化 ·· 171
7.6 航空数据链 ··· 172
7.6.1 航空数据的创建 ··· 172
7.6.2 航空数据的传输 ··· 172
7.6.3 航空数据的预备 ··· 173
7.6.4 航空数据的应用集成 ······································· 173
7.6.5 航空数据的最终使用 ······································· 173
7.7 导航数据库供应商 ·· 173
思考题 ·· 174

参考文献 ··· 175
附 录 缩略词 ·· 177

第一章 绪 论

1.1 航空情报服务概述

航空情报包括航空法规、飞行规则、机场、空域、航路、飞行程序、通信导航设施、各种航空服务程序等资料和数据以及航空图,是民用航空器飞行所依据的基本资料,也是航空公司航务部门组织飞行以及民航空管单位实施空中交通管制、提供空中交通服务所必需的情报资料。

国际民航公约附件15规定,每个缔约国都必须提供航空情报服务,这就要求航空情报服务部门收集、分发为保证空中航行安全、正常和效率所需要的情报资料。这种情报包括了空中航行设施、服务以及与其有关的程序的可用性,并且必须提供给航务人员及负责飞行情报服务的空中交通服务部门和飞行前服务部门。

民用航空情报服务的任务是收集、整理、编辑民用航空资料,设计、制作、发布有关中华人民共和国领域内以及根据我国缔结或者参加的国际条约规定的区域内的航空情报服务产品,为民用航空活动提供所需的及时、准确、完整的航空情报。

1.2 航空情报服务的一般规定

1.2.1 民用航空情报工作的基本内容

民用航空情报工作的基本内容主要包括:
(1) 收集、整理、审核民用航空情报原始资料和数据;
(2) 编辑出版一体化航空情报资料和各种航图等;
(3) 制定、审核机场使用细则;
(4) 接收处理、审核发布航行通告;
(5) 提供飞行前和飞行后航空情报服务以及空中交通管理工作所必需的航空资料与服务;
(6) 负责提供航空地图、航空资料及数据产品;
(7) 组织实施航空情报人员技术业务培训。

1.2.2 一体化民用航空情报系列资料

一体化民用航空情报系列资料由下列内容组成:
(1) 航空资料汇编、航空资料汇编修订、航空资料汇编补充资料;
(2) 航行通告及飞行前资料公告;
(3) 航空资料通报;
(4) 有效的航行通告校核单和明文摘要。

1.2.3　计量单位、地理位置及高程数据

民用航空情报中应当采用国家法定计量单位,根据需要可在公布的航空情报服务产品中添加英制注释。民用航空情报所涉及的地理位置坐标和高程数据应当基于国家规定或者批准的大地坐标系统及高程系统。对外提供的地理坐标和所采用的坐标系统应当经国家测绘主管部门核准,对外提供的民用航空情报所涉及的时间参考系统应当采用协调世界时。

1.3　我国航空情报服务的组织机构及职责

全国民用航空情报中心、地区民用航空情报中心、机场民用航空情报服务机构负责履行航空情报工作运行职责。全国民用航空情报中心、地区民用航空情报中心、国际机场民用航空情报服务机构应当提供 24 小时航空情报服务;其他航空情报服务机构应当在其负责区域内航空器飞行的整个期间及前后各 90 分钟的时间内提供航空情报服务。民用航空情报服务机构应当安排航空情报员在规定的服务时间内值勤。目前,我国已基本建立了针对公共航空运输的航空情报服务保障体系架构,对保证民航飞行安全作出了积极贡献。

1.3.1　全国民用航空情报中心的职责

全国民用航空情报中心作为一级航空情报运行机构,应提出全国航空情报发展需求;搭建完善的航空情报服务网络;建设全国航空情报自动化系统;开展全国航空情报运行管理;监控全国航空情报运行品质;建立和维护中国民航航空情报数据库,建立并维护全球航空情报数据库,建立航空情报产品制作系统和数字化航行通告系统,确保航空情报产品的质量;与原始数据提供单位和用户建立联络机制;向国内外航空情报用户提供航空情报产品,向国内外发布航行通告,开展国家和地区间数据交换,统一提供航空情报产品订购和分发服务。其具体职责如下:

(1) 协调全国民用航空情报的运行工作;
(2) 负责与联检单位、民航局有关部门、民航局空管局有关部门等原始资料提供单位建立联系,收集航空情报原始资料;
(3) 审核、整理、发布《中国民航国内航空资料汇编》、《中华人民共和国航空资料汇编》、航空资料汇编补充资料、航空资料通报、《军用备降机场手册》,负责航图的编辑出版和修订工作;
(4) 提供有关航空资料和信息的咨询服务;
(5) 负责我国航空情报服务产品的发行;
(6) 负责国内、国际航行通告、航空资料和航空数据的交换工作,审核指导全国民航航行通告的发布;
(7) 负责航行通告预定分发制度的建立与实施;
(8) 承担全国航空情报自动化系统的运行监控;
(9) 向各地区民用航空情报中心提供航空情报业务运行、人员培训等技术支持。

1.3.2　地区民用航空情报中心的职责

地区民用航空情报中心作为二级航空情报运行机构,应开展辖区内航空情报运行管理工

作,提出地区发展需求,参与地区航空情报业务建设;建设地区性航空情报自动化系统;监控辖区航空情报运行品质,协助实施辖区内航空情报人员岗位培训;与辖区内机场原始数据提供单位、空中交通服务单位、机场和航空公司建立联络机制;收集、上报辖区机场数据并审核数据质量;制作通用航空机场航空情报初级产品,负责发布辖区内航行通告,为辖区用户提供定制服务。其具体职责如下:

(1) 协调本地区民用航空情报的运行工作;
(2) 收集、初步审核、上报本地区各有关业务部门提供的航空情报原始资料;
(3) 接收、处理、发布航行通告,指导检查本地区航行通告的发布工作;
(4) 组织实施本地区航空资料和数据的管理;
(5) 负责本地区航空情报自动化系统的运行监控;
(6) 向本地区机场航空情报单位提供航空情报业务运行、人员培训等技术支持。

地区民用航空情报中心可同时承担所在机场民用航空情报单位的职责。

1.3.3 机场民用航空情报服务机构的职责

机场民用航空情报服务机构作为三级航空情报运行机构,应与本地机场原始数据提供单位、空中交通服务单位和航空公司建立联络机制,收集本地机场原始数据并审核数据质量,发布本地机场航行通告,提供飞行前、飞行中和飞行后的航空情报服务,提供本地机场通用航空地-地和地-空情报咨询服务。其具体职责如下:

(1) 收集、初步审核、上报本地机场及与本地机场有关的业务单位提供的航空情报原始资料;
(2) 接收、处理、发布航行通告;
(3) 组织实施本地机场飞行前和飞行后的航空情报服务;
(4) 负责本单位及本地机场空中交通管理部门所需的航空资料、航空地图的管理和供应工作。

1.4 航空情报数据原始资料的收集与产品分发

航空情报数据原始资料分为基本资料和临时资料。基本资料是有效期在半年(含)以上较为稳定的资料,主要用于编辑《中华人民共和国航空资料汇编》、《中国民航国内航空资料汇编》、各种航图以及航空资料通报。临时资料是有效期在半年以内和临时有变更的资料,主要用于发布航行通告和航空资料汇编补充资料。

原始数据收集是航空情报服务机构汇总、制作和更新航空情报产品的基础,原始数据收集渠道的顺畅程度直接影响航空数据的发布质量。目前,地区民用航空情报中心、机场民用航空情报服务机构负责收集源自机场的原始资料,经处理后,通过自动化系统报送到全国民用航空情报中心;其他航空情报原始资料均由全国民用航空情报中心收集。多年来,航空情报服务机构通过签订协议、召开协调会、举办培训班等多种方式与原始数据提供人建立了联络机制,努力保持原始资料收集渠道的畅通。

航空情报服务机构通过航空情报产品订购系统,建立了向国内外航空用户提供产品的渠道。航空数据收集与产品分发如图 1-1 所示。

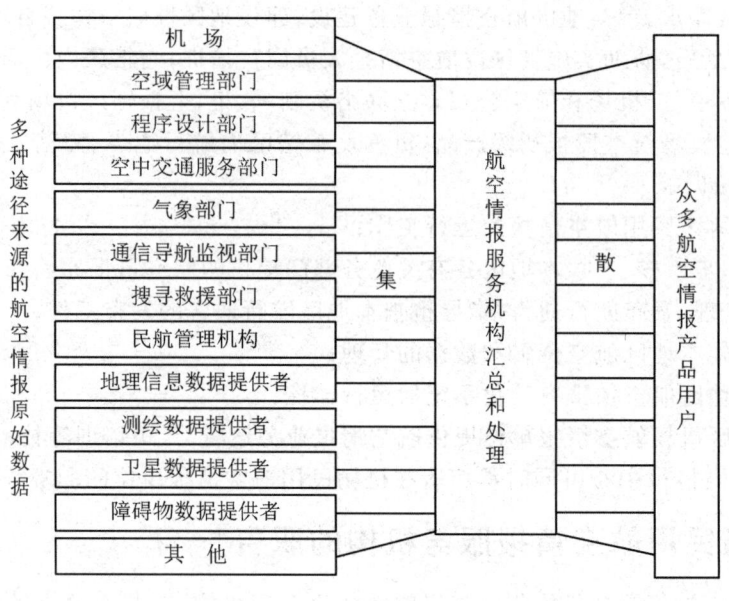

图 1-1 航空数据的集散

1.4.1 航空情报有关部门或单位应提供的部分资料分工

有关业务部门或者单位,应当向所在地的航空情报服务机构提供及时、准确、完整的航空情报原始资料。

1. 空域规划和空中交通管制部门

空域规划和空中交通管制部门负责提供以下方面的航空情报原始资料。

- ➢ 空中规则和空中交通服务的规定,以及其与国际民航公约附件的差异;
- ➢ 空中交通服务空域和航路的设立、变动或者撤销;
- ➢ 空中交通管制、搜寻援救服务的规定及变动;
- ➢ 空中走廊、禁区、限制区、危险区等特殊空域的设立、改变或者撤销;
- ➢ 炮射、气球、跳伞、航空表演等影响飞行的活动;
- ➢ 航路的关闭、开放;
- ➢ 机场的进场和离场飞行程序;
- ➢ 机场的仪表和目视进近程序;
- ➢ 主要临近机场;
- ➢ 噪声限制规定和减噪程序;
- ➢ 机场地面运行规定;
- ➢ 飞行限制和警告。

2. 航务管理部门

航务管理部门负责提供以下方面的航空情报原始资料。

- ➢ 机场运行标准和航务管理的有关规定;
- ➢ 机场起飞和着陆最低标准。

3. 通信导航监视部门

通信导航监视部门负责提供以下方面的航空情报原始资料。
- 通信导航监视规定，以及其与国际民航公约附件的差异；
- 机场或者航路的导航和地空通信设施的建立、撤销、工作中断和恢复，频率、识别信号、位置、发射种类和工作时间的改变及工作异常等情况；
- 地名代码、部门代号的增减或者改变。

4. 机场管理机构

机场管理机构负责提供以下方面的航空情报原始资料。
- 机场地理位置和管理资料；
- 机场地勤服务和设施；
- 机场服务单位工作时间；
- 跑道、滑行道、机坪、停机位的布局、数量、物理特性及其变化；
- 机场、跑道、滑行道、机坪、停机位的全部或者部分的关闭、恢复或者运行限制；
- 直升机着陆区域；
- 目视导航设施、机场助航灯光系统、风向标的设置及其主要部分的改变、中断、恢复和撤销；
- 跑道、滑行道、机坪、飞机等待位置等道面标志和障碍物位置标志的设置、改变或者撤销；
- 飞行区和障碍物限制面内影响起飞、爬升、进近、着陆、复飞安全的障碍物的增加、排除或者变动，障碍灯或者危险灯标设置、中断和恢复；
- 飞行区内不停航施工且影响跑道、滑行道、机坪、停机位使用的，其开工和计划完工时间、每日施工开始和结束时间、施工区域的安全标识和灯光的设置的变化；
- 机场救援和消防设施保障等级及其重要变动；
- 跑道、滑行道、停机坪积雪、积水情况及其清除和可用状况等，发布雪情通告的信息；
- 扫雪计划，扫雪设备和顺序；
- 鸟群活动。

5. 机场油料供应部门

机场油料供应部门负责提供以下方面的航空情报原始资料。
- 机场航空油料牌号和加油设备的可用情况。

6. 气象服务机构

气象服务机构负责提供以下方面的航空情报原始资料。
- 气象规定，以及其与国际民航公约附件的差异；
- 机场气象特征和气候资料；
- 气象设施（包括广播）及程序的建立、更改或者撤销。

7. 国际运输管理部门

国际运输管理部门负责提供以下方面的航空情报原始资料。
- 简化手续规定，以及其与国际民航公约附件的差异；

- 国际运输规定；
- 海关、出入境有关规定；
- 卫生检疫的规定。

8. 航行收费管理部门

航行收费管理部门负责提供以下方面的航空情报原始资料。
- 国际飞行的收费规定。

9. 其他相关业务部门

其他相关业务部门负责提供以下方面的航空情报原始资料。
- 以上航空情报原始资料与国际民航公约附件的差异；
- 地形、地理信息等。

1.4.2 航空情报原始资料提供部门或者单位提供原始资料的时间要求

航空情报原始资料提供部门或者单位提供原始资料的时间要求主要有：

（1）对于按航空资料定期颁发制生效的航空情报，应当在共同生效日期表中选择适当的生效日期，并在预计生效日期80天前提供原始资料。

（2）对于不按照航空资料定期颁发制生效的航空情报，应当至少在生效日期56天前提供原始资料，但用于拍发航行通告的除外。

（3）对于以航行通告形式发布的航空情报，应当在生效时间24小时以前提供原始资料。涉及临时性的禁区、危险区、限制区以及有关空域限制的，应当在生效日期7天前提供原始资料。不可预见的临时性资料应当立即提供。

1.4.3 航空情报原始资料的审核内容要求

航空情报原始资料的审核内容要求主要包括：

（1）来源于规定的原始资料提供部门；
（2）符合规定的格式；
（3）正确执行航空资料定期颁发制；
（4）满足航空情报原始资料的质量要求；
（5）有必要发布一体化民用航空情报系列资料。

对于经审核不符合以上要求的航空情报原始资料，航空情报服务机构应当将其退回并说明原因。

1.5 航空情报服务的未来发展方向

航空情报服务为民用航空运输提供7×24小时的航空数据和信息服务，是空中交通管理的核心业务之一。根据国际民航组织对航空情报业务发展的要求，未来十年，航空情报领域将完成航空情报服务（AIS）向航空情报管理（AIM）的过渡，建立基于航空情报交换模型（AIXM）的中国民航航空情报数据库和全球航空情报数据库，为中国民航现代空中交通管理系统（CAAMS）提供数字化航空数据和信息，成为推动中国民航全系统信息管理（SWIM）建设的重要助力,为提高 CAAMS 安全水平和运行效率、促进 CAAMS 的绩效改进作出贡献。

1.5.1 航空情报服务目前面临的挑战

1. 无法满足用户的最新需求

随着运行环境的复杂化,作为航空情报用户的机场、航空公司、空管部门为了实现各自的安全目标,提高运行效率,对航空情报服务提出了新的需求,这也正是 AIS 向 AIM 过渡的根本原因。

AIS 时期的航空情报产品主要是针对人工阅读的纸质资料(见图 1-2)。近年来,用户正在减少纸质产品需求量,转向使用电子化产品(如 EFB),因此尤其需要数字化产品(见图 1-3)支持其地面运行系统和机载系统。

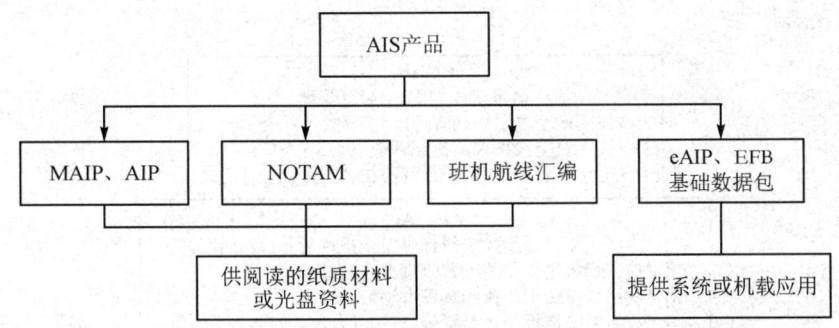

图 1-2 AIS 时期的航空情报产品

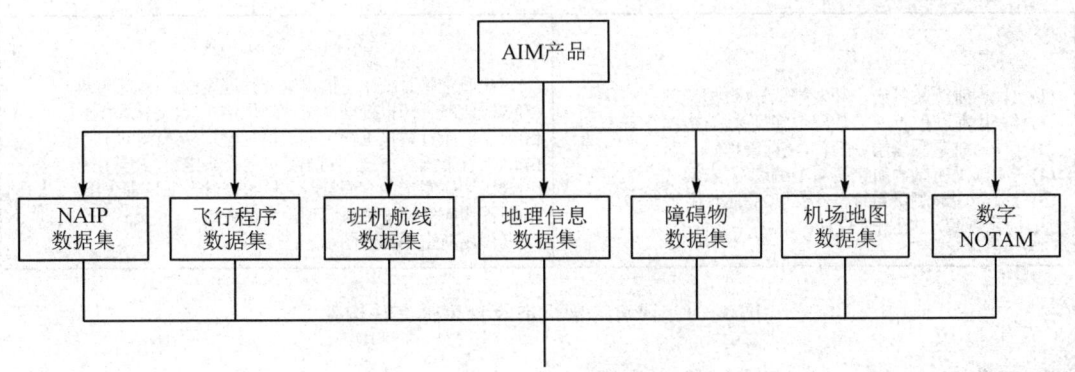

图 1-3 AIM 时期的航空情报产品

当用户使用航空情报纸质产品时,能够通过阅读发现其中的差错,因此对纸质产品的质量要求并不严格。数字化产品是供自动化生产系统使用的数据包,用户无法识别其质量。因此,航空情报服务机构提供的数字化产品的质量必须可信。

2. 航空情报法规内容不全面

《民用航空航行情报工作规则》(CCAR-175TM-R1)是航空情报工作的上位法,是制定其他规范性文件、标准的依据,现行版本的《民用航空航行情报工作规则》与国际民航组织《航空情报服务》(附件 15)存在较大差异,主要是因为近年来国际民航组织对附件 15 修订频繁,而《民用航空航行情报工作规则》并未同步修订。差异体现在三个方面：一是对航空情报质量管理要求不全面；二是对航行资料定期颁发制的要求不完整；三是没有对地形和障碍物数据、机场地图数据的要求。

　　3. 航空情报法规体系结构不合理

　　欧美航空情报法规体系表现为金字塔结构，从塔尖到塔基分布着法规层文件、规范层文件、执行层文件。处于金字塔中部的规范层文件涵盖全面；处于塔基部分的执行层文件具体详实。

　　我国航空情报法规体系也表现为金字塔结构，涉及运行管理、人员资质能力管理、质量安全管理、数据管理、产品管理、自动化系统管理6方面（见图1-4），共包含22部文件。相比欧美的金字塔，我国航空情报法规体系整体表现为：有金字塔的塔尖、有起支撑作用的塔身和底座尚不健全。

```
CCAR
(1)《民用航空情报工作规则》（运行管理）
(2)《民用航空情报培训管理规则》（人员）
(3)《民用航空情报人员执照管理规则》（人员）
(4)《航空企业申请提供航行资料的暂行规定》（产品）

AP、AC
(1)《中国民用机场原始资料提供及上报规程》（数据管理）
(2)《航空情报工作特情处置管理办法》（质量安全）
(3)《民用航空情报员执照管理办法》（人员）
(4)《民用航空情报检查员管理办法》（人员）
(5)《关于航行通告国际系列划分的通告》（数据管理）
(6)《民用航空航行通告发布规定通知》（数据管理）

行业标准
(1)《民用航空航行通告编发规范》（数据管理）
(2)《民用航空航行通告代码选择规范》（数据管理）
(3)《民用航空图编绘规范》（数据管理）
(4)《中国民航国内航空资料汇编写规范》（产品）
(5)《世界大地测量系统—1984(WGS—84)民用航空应用规范》（数据管理）

MD、WM、IB
(1)《民航空管系统航空情报运行管理规程》（运行管理）
(2)《民航航行情报处理系统管理规定》（自动化系统）
(3)《民航航行情报工作定期汇报制度》（运行管理）
(4)《航行情报人员技术档案管理暂行规定》（人员）
(5)《民用航空空中交通管制和情报基础专业培训大纲》（人员）
(6)《民用航空情报员执照理论考试大纲》（人员）
(7)《民用航空图编绘图示》（产品）
```

图1-4　现有法规标准及规范性文件构架

1.5.2　AIS向AIM过渡的措施

　　为了实现全球信息管理（IM）目标、确保未来ATM系统的有效运行，国际民航组织出台了"航空情报服务（AIS）向航空情报管理（AIM）的过渡方案"，强调航空情报机构应提供数字化航空数据和信息，实现航空数据国际交换，以便支持全球信息共享环境建设。该方案为AIS向AIM过渡设定了21项具体措施（见图1-5），指明了全球航空情报业务发展的技术路线。

　　中国民航现代空中交通管理系统（CAAMS）运行概念强调信息管理是现代空管系统运行的核心，具体建议措施如下：

　　1. 完善法规体系——有力支持业务发展

　　"法律是治国之重器，良法是善治之前提"，因此需建设规范层文件涵盖面广、执行层文件

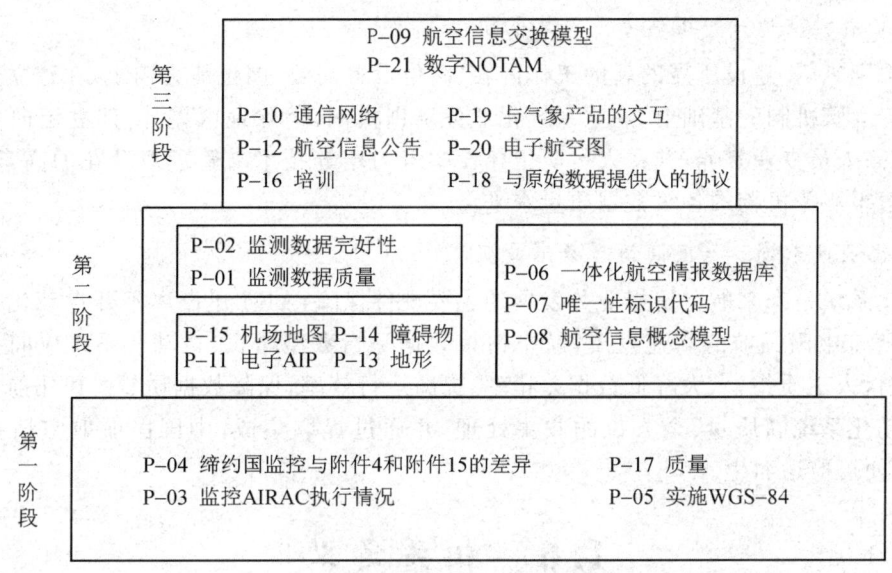

图 1-5 国际民航组织 AIS 向 AIM 过渡的路线图

详实具体的法规体系,提高立法质量。要持续跟踪国际民航组织对 AIM 建设的要求,在借鉴国外成熟法规体系的同时,从实际出发,结合我国国情,以最终能落实到规范、标准和程序作业层面为目的,将以立法机构为主导、业务相关方多方参与、共同协商作为手段,建立及时、系统、有针对性、有效的成熟的航空情报法规标准体系,引领和推动我国航空情报业务发展。

2. 抓住主要矛盾——开展数据质量研究

开展航空情报数据质量研究,加强重点领域法规建设。AIM 建设的核心在于数据,数据质量标准是不可或缺的重要指标和实现 AIM 的基石,也是造成目前发展窘境的主要矛盾。开展数据质量研究,需要打破航空情报以产品为依托的固有思维,将航空情报资料进行数据化拆分,系统化关联,以 ICAO 附件为指导,以规章手册为质量研究依据,结合实际运行,建立全局化、精细化、专业化的航空情报数据质量标准,从而打破航空情报服务机构被动的工作局面,为最终产品编绘制作规范提供切实有效的方向引领,提升产品质量,提高用户满意度,这是保障民航运行的安全基石。

3. 完善运管机制——提高情报运行效率

明确各级航空情报服务机构在新阶段发展的功能定位,建立制度化、规范化、程序化的运管机制,完善航空情报原始数据收集机制。一级航空情报机构——全国民用航空情报中心需明确各类数据所需的支持文件,精减文件数量,保证文件有效性,避免多文件重复,明确文件与文件之间的关联,评定统一数据在不同文件之间的差异,完善航空情报原始数据收集机制。结合实际运行,精细化 AIRAC 定期颁发制的时间节点,减少因文件收集时间节点而造成的数据编发工作被动。二级航空情报机构——地区民用航空情报中心需在明确各类数据质量及校核数据范围的前提下,提高数据审校能力。明确精细化 AIRAC 定期颁发制所需文件的内容和上报时间节点,管理地区内各机场的上报流程和节点。三级航空情报机构——机场民用航空情报单位需明确精细化 AIRAC 定期颁发制所需文件的内容和上报时间节点,按时上报完整文件,提高运行效率。

4. 建立培训机制——组建专业人才队伍

分析识别 AIM 建设所需的新的工作内容、岗位设置需要、岗位能力需求,在建立数据质量标准和完善运管机制的基础上,建立系统化业务培训机制,消除地区差异;建立定向化人才培养机制,提高人员专业素养,并在人员队伍建设中着力培养技术与管理双开花的高素质人才,提升航空情报服务机构的各级数据质量水平。

5. 优化硬件系统——提高情报数据品质

自动化系统是未来航空情报业务发展的主要硬件保障,AIM 建设离不开自动化系统的升级改造。随着中国民航的高速发展,航空情报数据呈指数型增长,自动化系统应向智能化发展,逐步替代人工质检,大大降低数据差错率,提高运行效率,保障数据质量。民用航空情报数据经过自动化系统高质量、全方位的收集处理,并通过提取集成,中国民航航空情报数据库(AeroDB)便可应运而生。

1.6 相关定义

(1) 航空资料(Aeronautical Information):对航空数据进行收集、分析和整理后形成的资料。

(2) 航空情报服务(Aeronautical Information Service,简称 AIS):提供规定区域内航行的安全、正常和效率所必需的航空资料和数据。

(3) 航空情报服务产品(AIS Product):以一体化航空情报系列资料为主要内容(其中包括航图,不包括航行通告及飞行前资料公告),采用印刷品或者相应的电子媒介方式提供的航空资料。

(4) 航空资料汇编(Aeronautical Information Publication,简称 AIP):由国家或者国家授权发行的,载有空中航行所必需的具有持久性的航空资料出版物。

(5) 航空资料汇编补充资料(AIP Supplement):以彩色纸张公布的,对航空资料汇编中的资料所作的临时性变更。

(6) 航空资料汇编修订(AIP Amendment):对航空资料汇编的永久性变更。

(7) 航空资料通报(Aeronautical Information Circular,简称 AIC):按规定不需要签发航行通告或者编入航空资料汇编,但涉及安全、航行、技术、管理或者法律问题的资料通报。

(8) 航行通告(NOTAM):飞行人员和与飞行业务有关的人员必须及时了解的,以电信方式发布的,关于航行设施、服务、程序的建立、情况或者变化,以及对航行有危险的情况的出现和变化的通知。

(9) 雪情通告(SNOWTAM):航行通告的一个专门系列,是以特定格式拍发的,针对机场活动区内有雪、冰、雪浆及其相关的积水导致危险的出现和排除情况的通告。

(10) 火山通告(ASHTAM):航行通告的一个专门系列,是以特定的格式拍发的,针对可能影响航空器运行的火山活动变化、火山爆发和火山烟云的通告。

(11) 国际航行通告室(International NOTAM Office,简称 NOF):由国家指定的负责发布国际交换航行通告的单位。

(12) 航空资料定期颁发制(Aeronautical Information Regulation and Control,简称 AI-

RAC):对运行活动需要做出重大调整的情况,应当按照共同生效日期提前发布通知的制度。

(13)飞行前资料公告(Pre-flight Information Bulletin,简称 PIB):在飞行前准备的、对运行有重要意义的有效航行通告资料。

思 考 题

(1)民用航空情报服务的任务是什么?
(2)民用航空情报工作的基本内容有哪些?
(3)一体化民用航空情报系列资料由哪些内容组成?
(4)各级民用航空情报服务机构的职责是什么?
(5)航空情报原始资料的提供涉及哪些部门?
(6)航空情报包括哪些服务产品?
(7)AIS 向 AIM 过渡的措施有哪些?

第二章 航空情报服务产品

航空情报服务产品由全国民用航空情报中心编印发行。航空情报服务产品应当综合配套,并保证准确和完整。

民用航空情报服务产品分为基本服务产品和非基本服务产品。基本服务产品包括:《中华人民共和国航空资料汇编》、《中国民航国内航空资料汇编》和《军用备降机场手册》及其修订,航空资料汇编补充资料和航空资料通报。非基本服务产品是指根据民航发展和用户需要制作或者发布的专用航空资料。

2.1 航空资料定期颁发制

全球航空资料用户在同一时间使用相同的对运行有重要影响的航空情报数据和信息,对保证航空运行安全和效率至关重要。由于从原始资料产生到航空资料投入实际运行需要经过若干传递和处理过程,因此,为了确保全球以统一的方式对航空资料进行更新,国际民航组织制定了航空资料定期颁发制(Aeronautical Information Regulation and Control,简称AIRAC)。

航空资料定期颁发制是指对于运行活动需要做出重要调整的情况,应当基于共同生效日期提前通知的制度。

中国民用航空局负责统一管理全国航空资料定期颁发制工作。中国民用航空地区管理局负责监督管理辖区内的航空资料定期颁发制工作。航空情报原始资料提供单位或部门以及民用航空情报服务机构负责本单位航空资料定期颁发制的实施工作。

2.1.1 航空资料定期颁发制发布的航空资料变更分类

航空资料定期颁发制发布的航空资料按照其变更涉及的内容分为AIRAC一般变更和AIRAC重大变更。

2.1.1.1 AIRAC一般变更

AIRAC一般变更包含下列各项的设立、撤销和预定的重要变化(含运行试验)情况:
(1) 涉及下列各项的水平和垂直界限、规则和程序的资料:
① 飞行情报区;
② 管制区;
③ 管制地带;
④ 空中交通服务航路;
⑤ 永久性危险区、禁区和限制区(包括已知活动的类别和期限)和防空识别区;
⑥ 存在拦截可能的永久性区域或者航路、航段。
(2) 无线电助航设施和通信设施的位置、频率、呼号、识别、已知不正常情况和维修期。
(3) 等待和进近程序、进场和离场程序、减噪程序以及有关空中交通服务的其他程序。

(4) 过渡高度层、过渡高度和最低扇区高度。
(5) 气象服务程序和设备,包括气象广播。
(6) 跑道、停止道、滑行道和停机坪。
(7) 机场地面运行程序,包括低能见度程序。
(8) 进近灯光和跑道灯光。
(9) 机场最低运行标准。
(10) 航行障碍物的位置、高度和灯光。
(11) 海关、移民和卫生服务。

2.1.1.2 AIRAC 重大变更

AIRAC 重大变更包含下列情况:
(1) 新建、改扩建大型国际机场,并且涉及其他两个(含)以上国际机场飞行程序调整。
(2) 航路航线结构调整,并且范围较大,涉及三个(含)以上情报区,或涉及三个(含)以上大型国际机场飞行程序的调整。

2.1.2 AIRAC 的重要日期

图 2-1 所示为 AIRAC 的重要日期。对于按照航空资料定期颁发制要求发布的航空资料,生效日期应当以 28 天为间隔,从全球共同商定的一系列航空资料共同生效日期中选择,如表 2-1 所列。

对于 AIRAC 一般变更,应不晚于生效日期前 28 天送达用户。对于 AIRAC 重大变更,应不晚于生效日期前 56 天送达用户。

发布日期应至少比最晚交付日期提前 14 天,以便用户能及时收到。发布日期、最晚交付日期和生效日期的关系如图 2-1 所示。

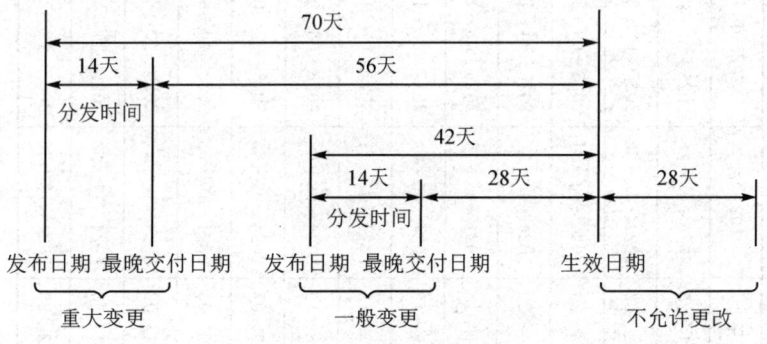

图 2-1 AIRAC 的重要日期

按照航空资料定期颁发制发布的航空资料,除持续时间不足 28 天的临时资料外,在生效日期后的 28 天内不得再行更改。对于 AIRAC 一般变更,地区民用航空情报中心应当不晚于生效日期前 77 天(11 周)上报至全国民用航空情报中心。对于 AIRAC 重大变更,地区民用航空情报中心应当不晚于生效日期前 105 天(15 周)上报至全国民用航空情报中心。全国航空情报中心每年应当以航空资料通报(AIC)以及其他正式通知的形式通报次年每个航空资料定期颁发制周期的生效日期、最晚交付日期、发布日期、送印日期以及截稿日期。

表 2-1　2022—2031 年航空资料定期颁发制共同生效日期表

期数	2022 年	2023 年	2024 年	2025 年	2026 年	2027 年	2028 年	2029 年	2030 年	2031 年
1	2022-01-27	2023-01-26	2024-01-25	2025-01-23	2026-01-22	2027-01-21	2028-01-20	2029-01-18	2030-01-17	2023-01-16
2	2022-02-24	2023-02-23	2024-02-22	2025-02-20	2026-02-19	2027-02-18	2028-02-17	2029-02-15	2030-02-14	2031-02-13
3	2022-03-24	2023-03-23	2024-03-21	2025-03-20	2026-03-19	2027-03-18	2028-03-16	2029-03-15	2030-03-14	2031-03-13
4	2022-04-21	2023-04-20	2024-04-18	2025-04-17	2026-04-16	2027-04-15	2028-04-13	2029-04-12	2030-04-11	2031-04-10
5	2022-05-19	2023-05-18	2024-05-16	2025-05-15	2026-05-14	2027-05-13	2028-05-11	2029-05-10	2030-05-09	2031-05-08
6	2022-06-16	2023-06-15	2024-06-13	2025-06-12	2026-06-11	2027-06-10	2028-06-08	2029-06-07	2030-06-06	2031-06-05
7	2022-07-14	2023-07-13	2024-07-11	2025-07-10	2026-07-09	2027-07-08	2028-07-06	2029-07-05	2030-07-04	2031-07-03
8	2022-08-11	2023-08-10	2024-08-08	2025-08-07	2026-08-06	2027-08-05	2028-08-03	2029-08-02	2030-08-01	2031-07-31
9	2022-09-08	2023-09-07	2024-09-05	2025-09-04	2026-09-03	2027-09-02	2028-08-31	2029-08-30	2030-08-29	2031-08-28
10	2022-10-06	2023-10-05	2024-10-03	2025-10-02	2026-10-01	2027-09-30	2028-09-28	2029-09-27	2030-09-26	2031-09-25
11	2022-11-03	2023-11-02	2024-10-31	2025-10-30	2026-10-29	2027-10-28	2028-10-26	2029-10-25	2030-10-24	2031-10-23
12	2022-12-01	2023-11-30	2024-11-28	2025-11-27	2026-11-26	2027-11-25	2028-11-23	2029-11-22	2030-11-21	2031-11-20
13	2022-12-29	2023-12-28	2024-12-26	2025-12-25	2026-12-24	2027-12-23	2028-12-21	2029-12-20	2030-12-19	2031-12-18

2.2 《中华人民共和国航空资料汇编》

《中华人民共和国航空资料汇编》(Aeronautical Information Publication，简称 AIP）是外国民用航空器在我国境内飞行必备的综合性资料，包括经批准国际机场和其他对外开放机场、航路、设施及其相关的规章制度等内容，应当根据我国民用航空法律、法规和规章，并应参照国际民用航空组织有关文件的规定和要求，用中、英两种文字编辑出版。《中华人民共和国航空资料汇编》应当采用活页资料形式，每页资料上印有易于查找的页码标志，并且在资料下方注明出版日期、生效日期。需要对外提供未编入《中华人民共和国航空资料汇编》的资料时，应当由民航局报经国家有关主管部门批准。

2.2.1 《中华人民共和国航空资料汇编》的组成

《中华人民共和国航空资料汇编》的组成如图 2-2 所示。

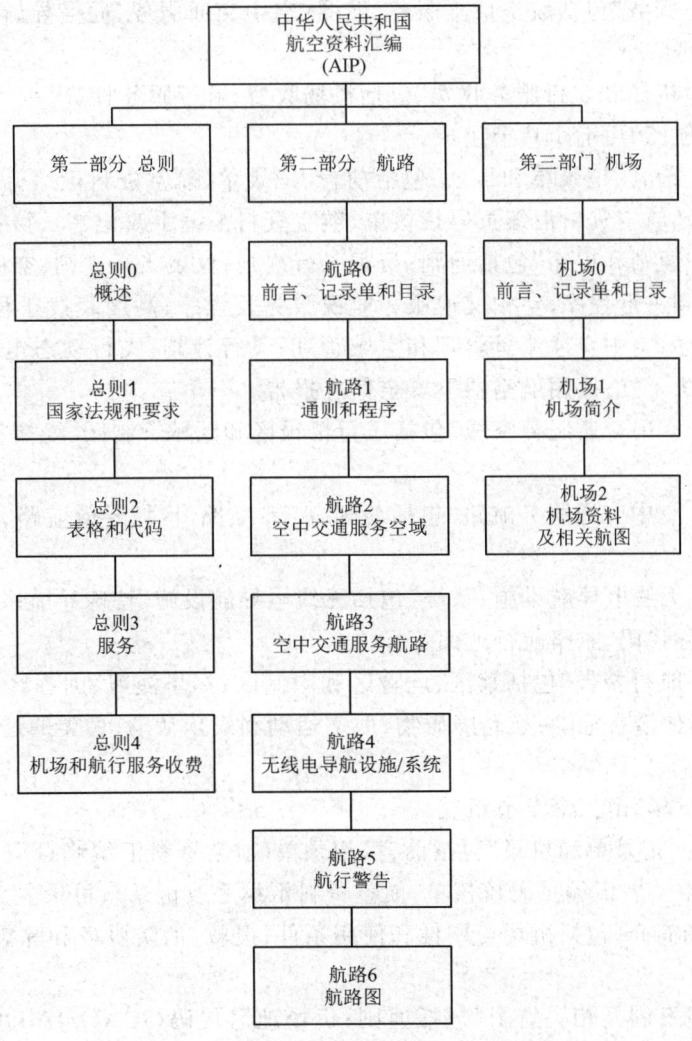

图 2-2 《中华人民共和国航空资料汇编》的组成

2.2.2 《中华人民共和国航空资料汇编》的主要内容

《中华人民共和国航空资料汇编》(以下简称《汇编》)是一体化航空情报系列资料的一个组成部分,由总则(GEN)、航路(ENR)、机场(AD)三部分组成。每一部分根据需要分成若干章节,分别包含各种不同的航空情报资料。

"第一部分　总则"由五个章节组成。

(1)"总则0　概述"包括前言、《汇编》修订记录、《汇编》补充资料及航空资料通报记录、《汇编》页码校核单、《汇编》手改修订记录、总则部分目录。

(2)"总则1　国家法规和要求"包括:指定当局;航空器的入境、过境和出境;旅客和机组人员的入境、过境和出境;货物的入境、过境和出境;航空器仪表、设备和飞行文件;国家法规和国际协议/公约摘要;与国际民用航空组织(ICAO)标准、建议措施和程序的差异。

(3)"总则2　表格和代码"包括计量系统、航空器标志和公共节假日;航空情报出版物中所使用的简缩字;航图符号;地名代码;无线电导航设施表;数据换算表;日出/日没表。

(4)"总则3　服务"包括航空情报服务、航图、空中交通服务、通信导航监视服务、气象服务、搜寻与救援服务。

(5)"总则4　机场和航行服务收费"包括机场收费、航行服务收费。

"第二部分　航路"由七个章节组成。

(1)"航路0　前言、记录单和目录"包括前言、记录单(航空资料汇编修订记录、航空资料汇编补充资料记录、航空资料汇编页码校核单、航空资料汇编手改记录)、目录。

(2)"航路1　通则和程序"包括通则;目视飞行规则;仪表飞行规则;空中交通服务空域分类;等待、进/离场和进近程序;空中交通服务监视服务及程序;高度表拨正程序和飞行高度层配备;地区补充程序;空中交通流量管理和空域管理;飞行计划;飞行动态电报收电地址;民用航空器的拦截;非法干扰;民用航空器不安全信息报告。

(3)"航路2　空中交通服务空域"包括飞行情报区和区域管制区、终端管制区和进近管制区、其他空域。

(4)"航路3　空中交通服务航路"包括总则、ATS航路、区域导航航路、直升机航路、其他航路、航路等待。

(5)"航路4　无线电导航设施/系统"包括无线电导航设施、特殊导航系统、全球导航卫星系统、重要点的名称代码、航路航行地面灯标。

(6)"航路5　航行警告"包括禁区、危险区和限制区;军事演习、训练区及防控识别区;其他危险性活动和其他潜在危险;航路障碍物;航空运动和娱乐活动;鸟类的迁徙和敏感动物区。

(7)"航路6　航路图"。

"第三部分　机场"由三个章节组成。

"机场0　前言、记录单和目录"包括前言、记录单(航空资料汇编修订记录、航空资料汇编补充资料记录、航空资料汇编页码校核单、航空资料汇编手改记录)、目录。

"机场1　机场简介"包括机场可用性和使用条件;援救、消防服务和除雪计划;机场索引;机场分布示意图。

"机场2　机场资料及相关航图"包括通则;机场地名代码(ICAO/IATA)和名称;机场地理位置和管理资料;工作时间;地勤服务和设施;旅客设施;援救与消防服务;可用季节-扫雪;

停机坪、滑行道及校正位置数据;地面活动引导和管制系统与标识;机场障碍物;提供的气象情报、机场观测与报告;跑道物理特征;公布距离;进近和跑道灯光;其他灯光、备份电源;空中交通服务空域;空中交通服务通信设施;无线电导航和着陆设施;本场飞行规定;噪声限制规定及减噪程序;飞行程序;其他资料;机场相关航图。

2.3 《中国民航国内航空资料汇编》

《中国民航国内航空资料汇编》(National Aeronautical Information Publication,简称 NAIP)是我国民用航空器进行境内飞行必备的综合性资料,应当使用中文编辑出版;包括民用机场和军民合用机场的民用部分、航路、设施以及有关的规章制度等内容;应当采用活页资料形式,分成若干分册出版。每页资料印有易于查找的页码标志、资料的出版日期和生效日期。为满足我国民用航空器在军用机场备降的需要,应当出版《军用备降机场手册》,作为《中国民航国内航空资料汇编》的补充。编入《军用备降机场手册》的军用机场资料应当经有关军事单位批准。仅用于通用航空的民用机场航空资料可以由地区民用航空情报中心根据需要参照《中国民航国内航空资料汇编》的要求编辑、分发,并向全国民用航空情报中心备案。不得向外国任何单位或者个人提供《中国民航国内航空资料汇编》和《军用备降机场手册》。

2.3.1 《中国民航国内航空资料汇编》的组成

《中国民航国内航空资料汇编》的组成如图 2-3 所示。

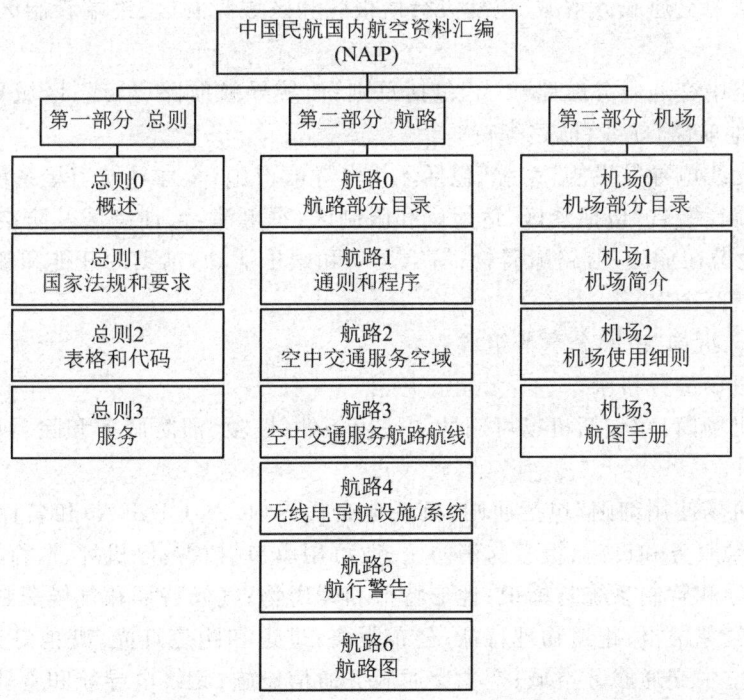

图 2-3 《中国民航国内航空资料汇编》的组成

2.3.2 《中国民航国内航空资料汇编》的主要内容

《中国民航国内航空资料汇编》是一体化航空情报系列资料的一个组成部分,由总则(GEN)、航路(ENR)、机场(AD)三部分组成。每一部分根据需要分成若干章节,分别包含各种不同的航空情报资料。

"第一部分 总则"由四个章节组成。

"总则0 概述"包括前言、修订记录、补充修订记录、补充资料记录、页码校核单、总则部分目录。

"总则1 国家法规和要求"包括负责部门、国家法规摘要。

"总则2 表格和代码"包括计量系统、航空情报出版物中所使用的简缩字、航图符号、地名代码、数据换算表、气象符号、日出/日没表。

"总则3 服务"包括航空情报服务、航图、空中交通服务、通信导航监视服务、气象服务、搜寻与援救服务。

"第二部分 航路"由七个章节组成。

"航路0 航路部分目录"。

"航路1 通则和程序"包括通则;目视飞行规则;仪表飞行规则;空中交通服务空域分类;等待、进离场和进近程序;空中交通服务监视服务及程序;高度表拨正程序和飞行高度层配备;空中交通流量管理和空域管理;飞行计划;飞行动态电报;民用航空器的拦截;非法干扰;民用航空不安全信息港;其他。

"航路2 空中交通服务空域"包括飞行情报区和区域管制区、终端管制区和进近管制区、其他空域。

"航路3 空中交通服务航路航线"包括总则;传统导航航路、航线;区域导航航路、航线;直升机航线;其他航路、航线;航路等待。

"航路4 无线电导航设施/系统"包括无线电导航设施;全球导航卫星系统;重要点。

"航路5 航行警告"包括禁区、危险区和限制区;军事演习、训练区及防空识别区;其他危险性活动和其他潜在危险;航路障碍物;航空运动和娱乐活动;鸟类的迁徙和敏感动物区。

"航路6 航路图"。

"第三部分 机场"由四个章节组成。

"机场0 机场部分目录"。

"机场1 机场简介"包括机场可用性和使用条件;援救、消防服务和除雪计划;机场索引;机场分布示意图。

"机场2 机场使用细则"包括通则;机场地名代码(ICAO/IATA)和名称;机场地理位置和管理资料;地勤服务和设施;援救与消防服务;可用季节-扫雪;停机坪、滑行道及校正位置数据;地面活动引导和管制系统与标识;地形特征和障碍物;气候特征和气候资料;机场天气观测和报告;提供的气象情报;跑道物理特征;公布距离;进近和跑道灯光;其他灯光、备份电源;直升机着陆区域;空中交通服务空域;空中交通服务通信设施;无线电导航和着陆设施;本场飞行规定;噪声限制规定及减噪程序;飞行程序;其他资料;机场障碍物图-A型、精密进近地形图;

"机场3 航图手册"。

2.4　航空资料汇编补充资料

航空资料汇编补充资料(AIP Supplement,简称 SUP)应当公布有效期在 3 个月以上的临时变更,或者有效期不到 3 个月但篇幅大、图表多的临时性数据资料。航空资料汇编补充资料以黄色纸张印刷,补充资料的全部内容或者部分内容有效的,该补充资料应保留在航空资料汇编中。航空资料汇编补充资料不定期出版,按照日历年顺序编号。航空资料汇编补充资料发布后应当以触发性航行通告的形式予以提示。

2.5　航空资料汇编修订

《中华人民共和国航空资料汇编》、《中国民航国内航空资料汇编》和《军用备降机场手册》内容的变更,应当发布《中华人民共和国航空资料汇编》修订、《中国民航国内航空资料汇编》修订和《军用备降机场手册》修订等航空资料汇编修订,以保持汇编资料的准确和完整。航空资料汇编修订发布后,应当以触发性航行通告的形式予以提示。每期航空资料汇编修订单中,应当标明修订资料汇编的名称、编号、出版部门、出版日期和生效日期等。修订应当采用固定、统一的格式,以便于用户识别换页。以航行通告方式发布过的航空情报,需要纳入或者修订相应的航空资料汇编时,应当及时印发航空资料汇编修订,并在修订单中注明被编入的航行通告编号。航空资料汇编修订页中主要内容的变动,应当以明显的符号或者文字注释予以提示。全国民用航空情报中心应当定期印发航空资料汇编校核单,校核单应当列出全部有效资料的页码编号和出版日期。

2.6　航空资料通报

涉及法律法规、空中航行、技术与管理、飞行安全等方面内容,但不适宜以航空资料汇编或者航行通告形式公布的,应当以航空资料通报方式公布,主要包括:
(1) 有关法律、法规、程序、设施的任何重大变更的长期预报;
(2) 有关可能影响飞行安全的解释性和咨询性资料;
(3) 有关技术、法律、行政性事务的解释性和咨询性资料或者通知。

航空资料通报不定期印发,并应当按日历年连续编号,且每年至少要发布一次现行有效的航空资料通报校核单。

思 考 题

(1) 航空资料定期颁发制的定义是什么?
(2) 航空情报服务产品包含哪些内容?
(3) 航空资料定期颁发制重要日期的规定是什么?

第三章 机场运行环境

3.1 机场概述

机场,亦称飞机场、空港,较正式的名称是航空站,为专供飞机起降活动之飞行场。除了跑道之外,机场通常还设有塔台、停机坪、航空客运站、维修厂等设施,并提供机场管制服务、空中交通管制等其他服务。机场是指陆上或水上的一块划定区域(包括所有建筑物、设施和设备),其全部或部分供航空器着陆、起飞和地面活动之用。

3.1.1 机场类别

根据机场的业务范围、机场在民航运输系统中发挥的作用、机场所在地的状况以及大部分乘机旅客的目的,应按不同要求将机场划分类别,以便于科学管理、合理建设并设置相应配套设施和机构。

3.1.1.1 按航线业务范围划分

民航运输机场按照其航线性质,通常分为以下几类。

1. 国际机场

国际航线出入境并设有海关、边防检查(移民检查)、卫生检疫、动植物检疫和商品检验等联检机构的机场,如北京首都国际机场、芝加哥奥黑尔国际机场。

国际机场又分为国际定期航班机场、国际定期航班备降机场和国际不定期航班机场。国际定期航班机场,指可安排国际通航的定期航班飞行的机场;国际定期航班备降机场,指为国际定期航班提供备降的机场;国际不定期航班机场,指可安排国际不定期航班飞行的机场。

2. 国内航线机场

国内航线机场是指专供国内航线使用的机场。

3. 地区航线机场

地区航线机场在我国指内地民航运输企业与香港、澳门地区之间定期或不定期航班飞行使用,并设有相应(类似国际机场的)联检机构的机场,如海拉尔东山机场、长春大房身机场、齐齐哈尔三家子机场、佳木斯东郊机场、合肥骆岗机场、济南遥墙机场。我国的地区航线机场应是国内航线机场。在国外,地区航线机场通常是指为适应个别地区空管需求可提供短程国际航线的机场。

3.1.1.2 按机场在民航运输系统中所起的作用划分

机场是航空运输系统网络的节点,按照其在该网络中的作用,可以分为以下几类。

1. 枢纽机场

枢纽机场是指国际、国内航线密集的机场。旅客在此可以很方便地中转到其他机场。根据业务量的不同,可分为大、中、小型枢纽机场。美国大型枢纽机场的中转旅客百分比很大,芝加哥奥黑尔国际机场和达拉斯福特沃斯机场的中转旅客超过50%。我国内地枢纽机场有北京首都国际机场、上海虹桥国际机场、广州白云国际机场三大机场。

2. 干线机场

干线机场以国内航线为主,航线连接枢纽机场、直辖市和各省会或自治区首府,空运量较为集中,年旅客吞吐量不低于10万人次。银川、石家庄、西宁的机场旅客吞吐量虽低于10万人次,但也算干线机场。另外,像厦门、深圳、大连、桂林等重要城市或旅游城市的机场也算干线机场。全国现有30多个干线机场。

3. 支线机场

支线机场是省、自治区内经济比较发达的中小城市和旅游城市,或经济欠发达但地面交通不便的城市地方机场。这些机场空运量较小,年旅客吞吐量一般低于10万人次,航线多为本省区航线或邻近省区支线。

3.1.1.3 按机场所在城市的地位、性质划分

依照机场所在城市的性质、地位并考虑机场在全国航空运输网络中的作用,可将机场划分为Ⅰ、Ⅱ、Ⅲ、Ⅳ类。

1. Ⅰ类机场

Ⅰ类机场是指全国政治、经济、文化中心城市的机场,是全国航空运输网络和国际航线的枢纽,运输业务量特别大,除承担直达客货运输外,还具有中转功能,北京首都国际机场、上海虹桥国际机场、广州白云国际机场即属于此类机场。

2. Ⅱ类机场

Ⅱ类机场是指省会、自治区首府、直辖市和重要经济特区、开放城市和旅游城市或经济发达、人口密集城市的机场,可以全方位建立跨省、跨地区的国内航线,是区域或省区内航空运输的枢纽,有的可开辟少量国际航线。Ⅱ类机场也可称为国内干线机场。

3. Ⅲ类机场

Ⅲ类机场是指国内经济比较发达的中小城市,或一般的对外开放和旅游城市的机场,能与有关省区中心城市建立航线。Ⅲ类机场也可称为次干线机场。

4. Ⅳ类机场

Ⅳ类机场是指前文所述支线机场及直升机场。

3.1.1.4 按旅客乘机目的划分

旅客乘机目的的不同也会影响到机场的特性,而且会影响到机场的各项设施。根据大多数旅客的乘机目的,机场通常可分为三类。

1. 始发/终程机场

这类机场的始发和终程旅客占旅客总数比例通常较高,始发和终程的飞机或掉头回程架次占大多数。目前国内的机场大多属于这类。

2. 经停(过境)机场

这类机场往往位于航线上的经停点,没有或很少有始发航班飞机,只有比例不大的始发/终程旅客,有相当数量的过境旅客。飞机一般停驻时间较短。

3. 中转(转机)机场

在这类机场中,有相当大比例的旅客在乘飞机到达后会立即转乘其他航线的航班飞往目的地。

除以上四种类别的划分标准外,从安全飞行角度还需考虑为预定着陆机场安排备降机场。备降机场是指在飞行计划中事先规定的,当预定着陆机场不宜着陆时,飞机可前往着陆的机场。起飞机场也可以是备降机场。备降机场由民航局事先确定。例如,太原武宿国际机场、天津滨海国际机场和大连周水子国际机场为首都国际机场的备降机场。

3.1.2 机场的级别

为了便于给机场配备适量的工作人员和相应的技术设备设施,为保障飞机安全准时起降和优质服务提供必要条件,也为了能最好地经营管理机场,发挥其最大社会效益和经济效益,必须对机场进行分级。

几十年来,我国根据需要以不同标准对机场进行分级。民航机场主要以飞行区等级、跑道导航设施等级和航站业务量规模大小进行分级。

3.1.2.1 飞行区等级

根据国际民航组织的规定,飞行区等级由第一要素代码(等级指标Ⅰ)和第二要素代码(等级指标Ⅱ)的基准代号划分,用来确定跑道长度或所需道面强度,即所能起降机型的种类和大小。

机场飞行区应按指标Ⅰ和指标Ⅱ进行分级,机场飞行区指标Ⅰ和指标Ⅱ应按拟使用该飞行区的飞机的特性来确定。

飞行区指标Ⅰ按拟使用该飞行区跑道的各类飞机中最长的基准飞行场地长度,分为1、2、3、4四个等级,根据表3-1来确定。

飞行区指标Ⅱ按拟使用该飞行区跑道的各类飞机中的最大翼展,分为A、B、C、D、E、F六个等级,根据表3-2来确定。

表3-1 飞行区指标Ⅰ

飞行区指标Ⅰ	飞机基准飞行场地长度/m
1	<800
2	800~1 200(不含)
3	1 200~1 800(不含)
4	≥1 800

表 3-2 飞行区指标 Ⅱ

飞行区指标 Ⅱ	翼展/m
A	<15
B	15～24(不含)
C	24～36(不含)
D	36～52(不含)
E	52～65(不含)
F	65～80(不含)

飞机基准飞行场地长度是指飞机以核定的最大起飞质量,在海平面、标准大气条件、无风和跑道纵坡为零的条件下起飞所需的最小场地长度。

目前我国大部分开放机场飞行区等级均在 4D 以上,厦门高崎国际机场、福州长乐国际机场、北京首都国际机场、沈阳桃仙国际机场、大连周水子国际机场、上海虹桥国际机场、上海浦东国际机场、南京禄口国际机场、杭州萧山国际机场、广州白云国际机场、深圳宝安国际机场、武汉天河国际机场、三亚凤凰国际机场、重庆江北国际机场、成都双流国际机场、昆明巫家坝国际机场、拉萨贡嘎国际机场、西安咸阳国际机场、乌鲁木齐地窝堡国际机场等机场拥有目前最高飞行区等级 4E。

3.1.2.2 航站业务量规模等级

可以按照航站的年旅客吞吐量或货邮运输吞吐量的数量划分机场等级。这些数量与航站规模及设施有关,反映了机场的繁忙程度和经济效益。表 3-3 中提供了一种按航站业务量划分的标准,可供参考。若年旅客吞吐量与年货邮吞吐量不属于同一等级时,建议可按较高者来确定等级。

表 3-3 航站业务量规模分级标准

航站等级	年度旅客吞吐量/万人次	年货邮吞吐量/kt
小型	<10	<2
中小型	10～<50	2～<12.5
中型	50～<300	12.5～<100
大型	300～<1 000	100～<500
特大型	≥1 000	≥500

3.1.2.3 机场交通密度

交通密度低:每条跑道平均繁忙小时的起降架次不大于 15 架次,或者平均繁忙小时的机场总起降架次一般不大于 20 架次;

交通密度中:每条跑道平均繁忙小时的起降架次为 16～25 架次,或者平均繁忙小时的机场总起降架次一般为 20～35 架次;

交通密度高:每条跑道平均繁忙小时的起降架次为 26 架次或更多,或者平均繁忙小时的机场总起降架次一般大于 35 架次。

注意:①平均繁忙小时起降架次是全年每天最繁忙小时起降架次的算术平均数。

②一次起飞或一次着陆即构成一个起降架次。

3.1.3 机场场址的规划

应对机场地形地貌及其周围的地形进行研究,并考虑下列因素:
(1) 与障碍物限制面的符合性;
(2) 目前和将来的土地利用。所选择的跑道方位和布局应尽可能地能保护特别敏感的地区,诸如居住、学校和医院地带,使其避免飞机噪声的影响;
(3) 目前和将来提供的跑道长度;
(4) 建设费用;
(5) 安装适合用于进近-着陆的非目视和目视助航设备的可能性。

在确定机场跑道的位置时,应考虑下列因素:
(1) 接近其他机场或空中交通服务航线的程度;
(2) 交通密度;
(3) 空中交通管制和复飞程序。

3.1.4 常用概念

(1) 机场标高:机场可用跑道中最高点的标高。
(2) 机场基准点:表示机场地理位置的指定点。机场应设置一个基准点,机场基准点可位于机场一条现有跑道的几何中心,首次确定后宜保持不变。应测定机场基准点的地理坐标,以度、分、秒为单位,并向航空情报服务机构通报。
(3) 飞行区:供飞机起飞、着陆、滑行和停放使用的场地,一般包括跑道、滑行道、机坪、升降带、跑道端安全区,以及仪表着陆系统、进近灯光系统等所在的区域,通常由隔离设施和建筑物所围合。
(4) 机动区:飞行区内供航空器起飞、着陆和滑行的部分,不包括机坪。
(5) 活动区:飞行区内供航空器起飞、着陆、滑行和停放使用的部分,由机动区和机坪组成。
(6) 起飞着陆区:活动区内供航空器起飞或着陆用的部分。
(7) 机场基准温度:机场基准温度应为一年内最热月(指月平均温度最高月)的日最高温度的月平均值,宜取5年以上的平均值。应确定机场基准温度,以摄氏度为单位计。
(8) 主起落架外轮外边距:主起落架最外侧的轮胎外侧边缘之间的距离。
(9) 跑道视程:航空器驾驶员在跑道中线上,能看到跑道道面标志、跑道灯光轮廓或辨认跑道中线的距离。

3.2 道面系统

3.2.1 跑道

跑道是陆地机场上经修整供航空器着陆和起飞而划定的一块长方形场地。跑道是一个机场的重要组成部分。它决定了机场的等级标准,跑道及其相关设施的修建、标识等是有严格规定的。

3.2.1.1 跑道导航设施等级

跑道导航设施等级按照配置的导航设施能提供飞机以何种进近程序飞行来划分。它反映了飞行安全和航班正常率保障设施的完善程度。

（1）非仪表跑道——供飞机用目视进近程序飞行的跑道，或用仪表进近程序飞行至某一点之后，飞机可继续在目视气象条件下进近的跑道。

（2）仪表跑道——配备有目视助航设施和非目视助航设施，供飞机使用仪表进近程序飞行的跑道。仪表跑道按运行条件分为非精密进近跑道、Ⅰ类精密进近跑道、Ⅱ类精密进近跑道和Ⅲ类精密进近跑道。

——非精密进近跑道：最低下降高或决断高不低于 75 m，能见度不小于 1 000 m 的仪表进近运行的跑道；

——Ⅰ类精密进近跑道：决断高低于 75 m 但不低于 60 m，能见度不小于 800 m 或跑道视程不小于 550 m 的仪表进近运行的跑道；

——Ⅱ类精密进近跑道：决断高低于 60 m 但不低于 30 m，跑道视程不小于 300 m 的仪表进近运行的跑道；

——Ⅲ类精密进近跑道：决断高低于 30 m 或无决断高，跑道视程小于 300 m 或无跑道视程限制的仪表进近运行的跑道，其中：

ⅢA：用于决断高小于 30 m 或无决断高，且跑道视程不小于 175 m 时运行；

ⅢB：用于决断高小于 15 m 或无决断高，且跑道视程小于 175 m 但不小于 50 m 时运行；

ⅢC：用于无决断高和无跑道视程限制时运行。

跑道配置导航设备的标准，要根据机场性质、地形和环境、当地气象、起降飞机类型及年飞行量等因素进行综合研究以便确定。

国内装备有Ⅱ类精密进近仪表着陆系统的机场有北京首都国际机场、深圳宝安国际机场、珠海金湾机场等；装备有Ⅰ类精密进近系统的机场有天津滨海国际机场、三亚凤凰国际机场、重庆江北国际机场等。国外，美国纽约肯尼迪机场的四条主要跑道中，有的装了Ⅲ类精密进近系统，有的装了Ⅱ类精密进近系统；而英国伦敦希思罗机场的三条可供使用的跑道中，一条两端装有Ⅱ类精密进近系统，一条一端装有Ⅱ类精密进近系统而另一端装有Ⅲ类精密进近系统。

3.2.1.2 跑道的基本参数

1. 跑道方向

跑道的方位和条数应根据机场净空条件、风力负荷、飞机运行的类别和架次、与城市和相邻机场之间的关系、现场的地形和地貌、工程地质和水文地质情况、噪声影响、空域条件、管制运行方式等各项因素综合分析确定。机场跑道的方位和条数应使飞机进离场航迹对机场邻近的居民区和其他噪声敏感区的影响程度降至最小。跑道方位和条数应使拟使用该机场的飞机的机场利用率不低于 95%。每个方向设置的跑道条数应根据预测的飞机起降架次来确定。

2. 基本尺寸：跑道的长度、宽度和坡度

（1）跑道的长度应满足使用该跑道的主要设计机型的运行要求，按预测航程计算的起飞重量、标高、天气状况（包括风的状况和机场基准温度等）、跑道特性（如跑道坡度、湿度和表面摩阻特性等）、地形限制条件等因素进行计算，选择最长的跑道长度。

（2）设计跑道宽度时，应至少考虑跑道表面污染物（雪、雨水等）、侧风、飞机在接地带附近偏离中线的程度、橡胶积累、飞机进近方式和速度、能见度及人等因素。跑道宽度应不少于表 3-4 中的规定值。

表 3-4 跑道宽度

m

飞行区指标Ⅰ	主起落架外轮外边距			
	<4.5	4.5～6.0(不含)	6.0～9.0(不含)	9.0～15.0(不含)
1	18	18	23	—
2	23	23	30	—
3	30	30	30	45
4	—	—	45	45

（3）跑道的纵坡应尽可能平缓。跑道各部分纵坡应不大于表 3-5 中的规定值。跑道横坡宜采用双面坡，跑道中线两侧的横坡应对称，跑道各部分的横坡应基本一致。跑道横坡应符合表 3-6 中的规定值，条件许可时宜采用表 3-6 中规定的最大横坡，在与跑道或滑行道相交处可根据需要采用较平缓的坡度。

表 3-5 跑道各部分的最大纵坡

飞行区指标Ⅰ	4	3	2	1
跑道中线上最高、最低点高差与跑道长度的比值/%	1	1	2	2
跑道两端各四分之一长度/%	0.8	0.8[a]	2	2
跑道其他部分/%	1.25	1.5	2	2
相邻两个纵向坡度的变化/%	1.5	1.5	2	2
变坡曲线的最小曲率半径/m	30 000	15 000	7 500	7 500
其曲面变率，每 30 m 为/%	0.1	0.2	0.4	0.4

注：a 指适用Ⅱ类或Ⅲ类精密进近跑道，否则为 1.5%。

表 3-6 跑道横坡

飞行区指标Ⅱ	F	E	D	C	B	A
最大横坡/%	1.5	1.5	1.5	1.5	2	2
最小横坡/%	1	1	1	1	1	1

3. 跑道道肩

道肩是指与跑道、滑行道、机坪道面相接的经过整备作为道面与邻近部位之间的过渡用场地。飞行区指标Ⅱ为 C、D、E、F 的跑道，应设置道肩。道肩应在跑道两侧对称布置，每侧道肩铺筑面的宽度宜不小于 1.5 m，并且跑道道面加道肩的总宽度应不小于表 3-7 中的规定值。

跑道道肩与跑道相接处的表面宜齐平，道肩横坡宜不大于 2.5%。有铺筑面的跑道道肩宜能确保飞机偶然偏出跑道时不致造成飞机结构损坏，并能承受可能通行的车辆荷载。跑道道肩表面宜能承受飞机气流吹蚀并防止地面物质损坏飞机发动机。

表 3-7 跑道道面加道肩的总宽度

m

飞行区指标Ⅱ	拟用机型的发动机数量(个)	
	2 或 3	4 或更多
D	60[a]	60[a]
E	60	60
F	60	75[b]

注:a. 此要求仅限于拟用机型主起落架外轮外边距为 9~15 m（不含）的跑道。

b. 其中，道肩铺筑面的宽度宜使得跑道道面加道肩铺筑面的总宽度不小于 60 m，非铺筑面的道肩，其材质的抗吹蚀性能应经过验证。

4. 跑道掉头坪

跑道掉头坪是指机场内紧邻跑道的划定区域，供飞机在跑道上完成 180°的转弯。跑道端未设有联络滑行道或掉头滑行道时，飞行区指标Ⅱ为 D、E、F 的跑道应设置跑道掉头坪，飞行区指标Ⅱ为 A、B 或 C 的跑道宜设置跑道掉头坪，以便飞机进行 180°转弯，如图 3-1 所示。掉头坪位置宜设置在跑道的两端；对于较长的跑道可在中间适当位置增设掉头坪，以减少飞机滑行距离。跑道掉头坪宜设置道肩，其宽度宜能使要求最严格的飞机的最外侧发动机的垂直投影不超出道肩，如图 3-1 所示，其强度要求与跑道道肩一致。

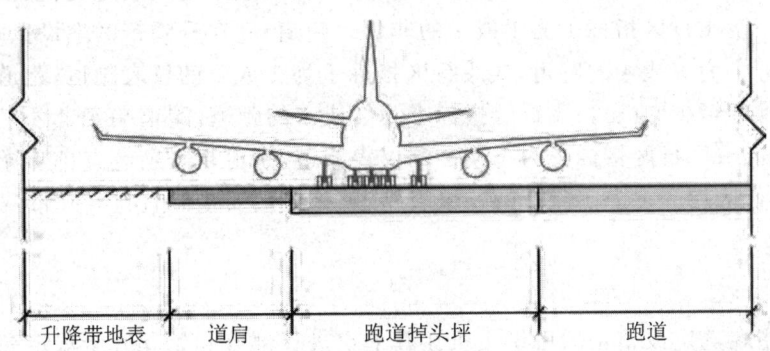

图 3-1 跑道掉头坪道肩

5. 升降带

升降带是指一块划定的包括跑道和停止道（如设有）及其临近区域的场地，用以减少航空器冲偏出跑道时遭受损坏的危险，并保障航空器在起飞或着陆运行中在其上空安全飞过。飞行区内应设置升降带。跑道及任何与之相接的停止道都应包含在升降带内。

升降带应在跑道入口前，自跑道端或停止道端向外延伸至少下列距离：

——飞行区指标Ⅰ为 1 的非仪表跑道：30 m；

——飞行区指标Ⅰ为 1 的仪表跑道：60 m；

——飞行区指标Ⅰ为 2、3 或 4：60 m。

精密进近跑道的升降带宽度应不小于表 3-8 中的规定值，非精密进近跑道和非仪表跑道的升降带宽度宜不小于表 3-8 中的规定值。

表 3-8　升降带宽度(自跑道中线及其延长线向每侧延伸)

m

跑道运行类型	飞行区指标Ⅰ			
	1	2	3	4
精密进近跑道	70	70	140	140
非精密进近跑道	70	70	140	140
非仪表跑道	30	40	75	75

升降带内的物体应符合下列要求：

(1) 位于升降带上可能对飞机构成危险的物体,应被视为障碍物并尽可能移除。

(2) 精密进近跑道的无障碍物区内,为保证飞行安全所必需的目视助航设备或出于航空器安全目的需要安放在此的设备设施应符合易折性要求；上述区域内不应有其他固定物体。当飞机在跑道上起飞或着陆时,上述区域内不应有可移动的物体。

(3) 排水明沟的设计宜避免招引野生动物,特别是鸟类。如果有必要,可采用网将其盖住。

6. 跑道端安全区

跑道端安全区是指对称于跑道中线延长线、与升降带端相接的特定区域,其作用主要是减少飞机提前接地或冲出跑道时遭受损坏的危险。

飞行区指标Ⅰ为 3 或 4 的跑道,或飞行区指标Ⅰ为 1 或 2 的仪表跑道,应在升降带两端设置跑道端安全区。飞行区指标Ⅰ为 1 或 2 的非仪表跑道,宜在升降带两端设置跑道端安全区。

飞行区指标Ⅰ为 3 或 4 的跑道,或飞行区指标Ⅰ为 1 或 2 的仪表跑道,跑道端安全区应自升降带端向外延伸至少 90 m。飞行区指标Ⅰ为 3 或 4 的跑道,跑道端安全区宜自升降带端向外延伸至少 240 m；飞行区指标Ⅰ为 1 或 2 的仪表跑道,跑道端安全区宜自升降带端向外延伸至少 120 m；飞行区指标Ⅰ为 1 或 2 的非仪表跑道,跑道端安全区宜自升降带端向外延伸至少 30 m。

7. 净空道

净空道是指经选定或整备的可供飞机在其上空进行部分起始爬升至规定高度的陆地或水上划定的一块长方形区域。应根据跑道端以外地区的物理特性和飞机的运行性能要求等因素确定是否设置净空道。净空道的起点宜位于可用起飞滑跑距离的末端。净空道长度宜不大于可用起飞滑跑距离的一半。位于净空道上可能对空中的飞机造成危险的物体应被视为障碍物,并尽可能移除。

净空道宽度宜不小于自跑道中线延长线向两侧延伸下列距离：

——仪表跑道:75 m；

——非仪表跑道:至跑道升降带全宽的 1/2 处。

8. 停止道

停止道是指在可用起飞滑跑距离末端以外的地面上一块划定的经过整备的长方形场地,适于航空器在中断起飞时能够在其上面停住。应根据跑道端以外地区的物理特性和飞机的运行性能要求等因素确定是否设置停止道。停止道宽度应和与其相接的跑道的宽度一致。

停止道的强度应确保当飞机中断起飞时不致引起飞机结构损坏。停止道的表面摩阻特性应不低于相邻跑道的表面摩阻特性。

9. 公布距离

图 3-2 所示为公布距离图示。

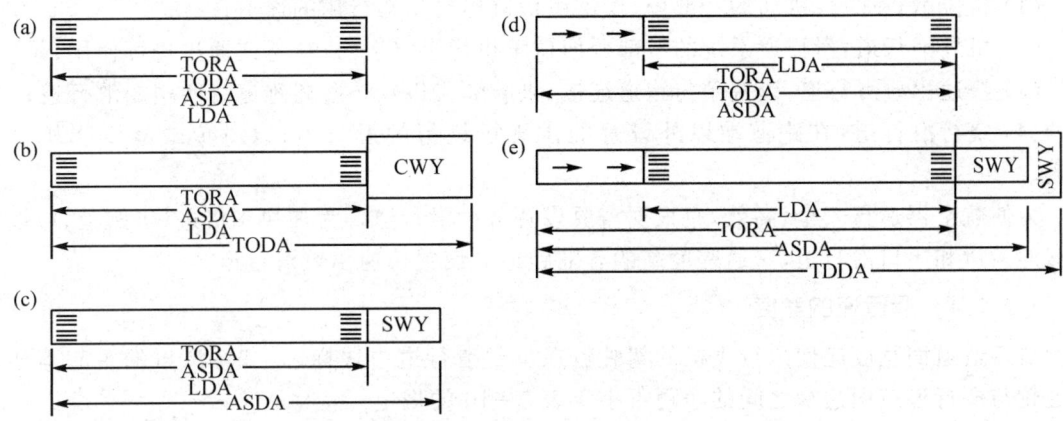

图 3-2 公布距离图示

——可用起飞滑跑距离(TORA)：可用并适于飞机起飞时进行地面滑跑的跑道长度；
——可用起飞距离(TODA)：可用起飞滑跑距离的长度加上净空道(如设有)的长度；
——可用加速停止距离(ASDA)：可用起飞滑跑距离的长度加上停止道(如设有)的长度；
——可用着陆距离(LDA)：可用并适于飞机着陆时进行地面滑跑的跑道长度。

图 3-3 所示为公布距离示例。

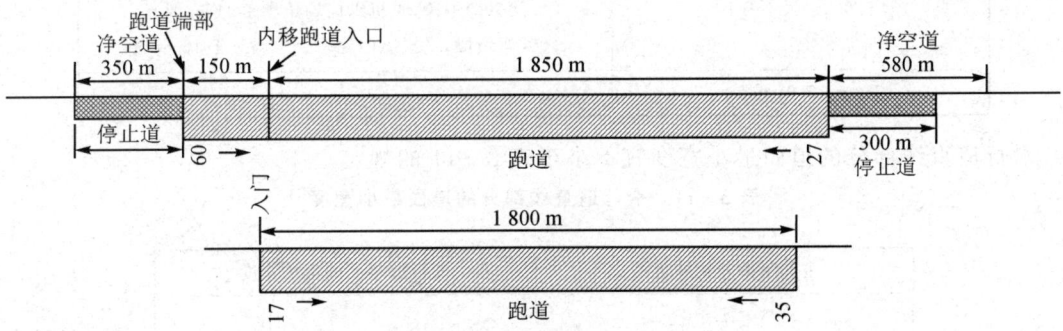

图 3-3 公布距离示例

表 3-9 所列为公布距离示例。

表 3-9 分布距离示例

m

跑 道	TORA	ASDA	TODA	LDA
09	2 000	2 300	2 580	1 850
27	2 000	2 350	2 350	2 000
17	NU	NU	NU	1 800
35	1 800	1 800	1 800	NU

注：NU 表示不可用。

3.2.2 滑行道

在机场设置供飞机滑行并将机场的一部分与其他部分之间连接起来的规定通道,包括平行滑行道、联络滑行道、机位滑行通道、机坪滑行道、快速出口滑行道和绕行滑行道等。

(1) 机位滑行通道:机坪的一部分,仅供飞机进出机位滑行用的通道;
(2) 机坪滑行道:滑行道系统的一部分但位于机坪上,供飞机穿越或通过机坪使用;
(3) 快速出口滑行道:以锐角与跑道连接,供着陆飞机较快脱离跑道时使用的滑行道;
(4) 绕行滑行道:在跑道端以外设置的供飞机绕行的滑行道,以避免或减少飞机穿越跑道。

为使航空器运行安全、高效,应根据需要设置各种滑行道。为加快飞机进、出跑道,应设置足够的入口和出口滑行道,交通密度高的着陆跑道应设置快速出口滑行道。

3.2.2.1 滑行道的宽度

滑行道道面宽度应使滑行飞机的驾驶舱在位于滑行道中线标志上时,飞机的主起落架外侧主轮与滑行道道面边缘之间的净距不小于表 3-10 的规定。

表 3-10 飞机主起落架外侧主轮与滑行道道面边缘之间的最小距离

m

主起落架外轮外边距	净 距
<4.5	1.50
4.5~6.0(不含)	2.25
6.0~9.0(不含)	3.00(直线段) 3.00(弯道段,飞机纵向轮距小于 18 m 时) 4.00(弯道段,飞机纵向轮距大于或等于 18 m 时)
9.0~15.0(不含)	4.00

滑行道直线部分的道面最小宽度宜不小于表 3-11 的规定。

表 3-11 滑行道直线部分的道面最小宽度

m

主起落架外轮外边距	滑行道道面的最小宽度
<4.5	7.5
4.5~6.0(不含)	10.5
6.0~9.0(不含)	15.0
9.0~15.0(不含)	23.0

3.2.2.2 滑行道道肩

飞行区指标Ⅱ为 C、D、E、F 的滑行道应设置道肩。滑行道直线段道面加两侧道肩的最小总宽度应不小于表 3-12 的规定值。在滑行道弯道或交叉处等设有增补面的位置,其道肩宽度应不小于与其相连接的滑行道直线段的道肩宽度。滑行道道肩应能承受飞机气流吹蚀并防止地面物质损坏飞机发动机。

表 3-12　滑行道直线道面加道肩的最小总宽度

飞行区指标Ⅱ	滑行道直线段道面加道肩的最小总宽度/m
C	25
D	34
E	38
F	44

3.2.2.3　快速出口滑行道

快速出口滑行道转出点的位置宜根据飞机的接地速度、转出点速度以及跑道入口至接地点的距离等因素计算确定,并使飞机在湿道面条件下的转出点速度不大于表 3-13 中的规定值,快速出口滑行道转出曲线的半径宜不小于表 3-13 中的规定值。

表 3-13　快速出口滑行道参数设计表

飞行区指标Ⅰ	转出点速度/$(km \cdot h^{-1})$	转出曲线的半径/m
1 或 2	65	275
3 或 4	93	550

快速出口滑行道与跑道的交角应不大于 45°且不小于 25°,宜为 30°;一条跑道上有多条快速出口滑行道时,交角宜相同;在转出曲线后,快速出口滑行道应设置一段直线,其长度应能使航空器在转入其他滑行道前完全停住。快速出口滑行道的布置如图 3-4 所示。

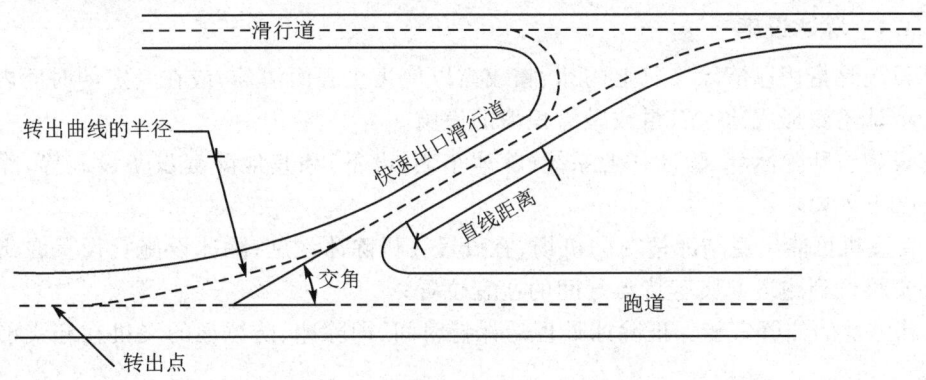

图 3-4　典型的快速出口滑行道

3.2.2.4　进入或穿越跑道的滑行道的要求

(1) 跑道的多个入口滑行道宜相互平行,并由土面区明确分开;
(2) 入口滑行道宜垂直于跑道,或在进入、穿越跑道前有一段垂直于跑道的直线段,以保证飞行员可对跑道的两个方向进行无遮挡的观察;
(3) 滑行道不宜在穿越跑道后分成两条滑行道,避免形成存在跑道侵入风险的"Y"形滑行道;
(4) 不宜将穿越滑行道设置在跑道中部;
(5) 不宜将穿越滑行道和快速出口滑行道相互重叠;

(6) 不宜设置过宽的穿越滑行道。

3.2.3 机 坪

机坪是指机场内供航空器上下旅客、装卸邮件或货物、加油、停放或维修等使用的一块划定区域。机坪布局应根据机坪的类别、航空器的类型和数量、航空器停放方式、航空器进出机位方式等各项因素确定。机坪的强度应能承受使用该机坪的各种机型的荷载。机坪的坡度应尽可能平坦,机坪中机位区的坡度应不大于 1.0%,宜为 0.4%~0.8%,并且宜能防止其表面积水。机坪表面应平整。机坪上飞机的净距应不小于表 3-14 中的规定值。

表 3-14 机坪上飞机的最小距离

飞行区指标Ⅱ	A	B	C	D	E	F
进入或离开机位的飞机与相邻机位上停放的飞机以及邻近的建筑物和其他物体之间的净距/m	3.0^b	3.0^b	4.5^{ab}	7.5^a	7.5^a	7.5^a
机坪服务车道边线距停放飞机的净距/m	3	3	3	3	3	3

注：a. 当机头向内停放时；对于具有依靠目视停靠引导系统进行方位引导的机位,机位上停放的飞机与任何邻近的建筑物、另一机位上的飞机和其他物体之间的净距可适当减小；航站楼、旅客廊桥固定端、回位点上的旅客廊桥活动端等与机头之间的净距可减小至 3.75 m。
b. 在保障车辆作业需要时,最小距离宜增加。

3.2.4 其他设施

3.2.4.1 除冰设施

除冰设施是指用以清除飞机上的冰、霜或雪以使飞机表面清洁,或在一定的时间内使飞机表面保持清洁不致形成冰、霜、雪或融雪积聚的设施。

除冰设施包括除冰坪、除冰作业系统(除冰车辆、设备)和其他配套设备设施等,除冰坪的设置应符合下列要求：

(1) 在飞机可能出现结冰情况的机场,宜设置飞机除冰设施；除冰设施宜设置在飞机机位上或从飞机机位到跑道起飞等待点之间的适宜位置；

(2) 除冰坪的位置宜能保证除冰处理的保持时间,即除冰、防冰后的飞机在起飞前不致重新结冰；

(3) 除冰坪宜设置在可快捷进出的位置,可以是等待坪构形,这样就不需要特意拐入或拐出除冰坪。应考虑滑行飞机的喷气气流对正在进行除冰、防冰处理的其他飞机或其后滑行飞机的影响以防止降低处理效果。

3.2.4.2 防吹坪

防吹坪是指紧邻跑道端部、用以降低飞机喷气尾流或螺旋桨洗流对地面侵蚀的场地。跑道起飞端或进近端应设置防吹坪,当其他铺筑面可以起到防吹坪作用时可不单独设置防吹坪。跑道起飞端防吹坪自跑道端向外延伸的距离宜不小于表 3-15 中的规定值。防吹坪与跑道相接处的表面应齐平。防吹坪的坡度应满足升降带及跑道端安全区相应部位的坡度要求。防吹坪应能承受飞机气流的吹蚀,其强度应能确保飞机过早接地或冲出跑道时对飞机的危害最小。

表 3-15 防吹坪的最小长度

飞行区指标Ⅱ	防吹坪的最小长度/m
A	30
B	45
C、D	60
E、F	60,宜为120

3.2.4.3 防吹篱

防吹篱用于减少或消除飞机发动机吹袭对人、车辆或建筑物等的影响。防吹篱的设置应根据飞机发动机的特性、发动机的推力水平、飞机与物体的位置、物体的高度、物体对发动机吹袭的承受能力等各项因素确定。在不同推力水平下，飞机发动机产生的气流的速度的平面、竖向分布等特性应由飞机制造商提供的资料确定。用于确定气流速度的飞机发动机推力水平分为空转推力、松刹车推力和最大连续推力三种，可根据飞机所处的状态确定对应的发动机推力水平。防吹篱的设置宜能保证人、车辆或其他可移动设备所受的气流吹袭风速不大于 56 km/h，并宜能保证飞机、建筑物等所受的气流吹袭不大于其抗风能力。

3.2.4.4 等待坪、跑道等待位置、中间等待位置和道路等待位置

1. 等待坪

等待坪是指跑道端部附近，供航空器等待或避让的特定场地，用以提高航空器地面活动效率。

交通密度为中或高时，宜设置等待坪。应在下列位置设跑道等待位置：

➤ 滑行道（不含单向运行的出口滑行道）与跑道相交处；
➤ 作为一条滑行路线的一部分的跑道与另一条跑道相交处。

2. 跑道等待位置

跑道等待位置是指为保护跑道、障碍物限制面或仪表着陆系统（ILS）、微波着陆系统（MLS）临界区/敏感区而设定的位置，在此处行进的航空器和车辆应当停住并等待，除非得到机场塔台的批准。在滑行道上滑行的航空器或行驶的车辆可能突出无障碍物区、进近面、起飞爬升面或干扰导航设备，应在该滑行道上设跑道等待位置。由此所设的跑道等待位置应使等待的航空器或车辆不侵犯无障碍物区、进近面、起飞爬升面，并且不干扰导航设备的运行。

3. 中间等待位置

中间等待位置是指为进行交通控制而设定的位置，若管制部门要求滑行中的航空器和行进中的车辆在此停止和等待，则其应当在此停止或等待，直到管制部门发出放行指令时才能继续前进。当需要限定航空器在滑行道上的等待位置时（不包括跑道等待位置），宜在滑行道上设中间等待位置。

4. 道路等待位置

道路等待位置是指设定的可能要求车辆在此等待的位置。道路与跑道、滑行道相交处应设道路等待位置。

3.3 道面强度

3.3.1 道面

跑道道面分为刚性道面和柔性道面。刚性道面由混凝土筑成，能把飞机的载荷承担在较大面积上，承载能力强，在一般中型以上机场都使用刚性道面。国内几乎所有民用机场跑道均属此类。

跑道道面必须有一定的摩擦力。为此，在混凝土道面一定距离要开出 5 厘米左右的槽，并定期（6～8 年）打磨，以保证飞机在跑道积水时不会打滑，当然，还有一种方法，就是在刚性道面上加盖高性能多孔摩擦系数高的沥青，既可减少飞机在落地时的震动，又能保证有一定的摩擦力。国内近期新建、扩建的少量机场如厦门翔安国际机场、上海浦东国际机场为此类型跑道。

柔性道面有草坪、碎石、沥青等各类道面，这类道面只能抗压不能抗弯，因而承载能力小，只能用于中小型飞机起降的机场。

3.3.2 强度

对于起飞重量超过 5 700 kg 的航空器，为了准确地表示航空器轮胎对地面压强和跑道强度之间的关系，国际民航组织规定使用航空器分类等级（Aircraft Classfication Rating，简称 ACR）和道面分类等级（Pavement Classfication Rating，简称 PCR）的方法来决定该型航空器是否可以在指定的跑道上起降。

PCR 是根据道面的性质、道面基础的承载强度来进行技术评估而得出的，表示道面承载强度的编号。

ACR 表示航空器对规定标准道基等级道面的相对影响的编号。航空器分类等级是按照在关键起落架上产生临界荷载的重心位置来计算的。一般用对应于最大机坪总质量的最后重心位置来计算航空器分类等级。在特殊情况下，最前重心位置可能使前起落架产生更临界的荷载。

3.3.3 道面强度

道面的承载强度应予以确定。航空器分类等级（ACR）应按照规定的标准程序来确定。

道面供机坪质量大于 5 700 kg 航空器使用时，其承载强度应采用 ACR－PCR 的方法评价，包括下列内容：
- PCR 值；
- 确定 ACR－PCR 的道面类型；
- 道基弹性模量；
- 最大允许胎压类型；
- 评价方法。

道面供机坪质量不超过 5 700 kg 的轻型航空器使用时，其承载强度应报告下列资料：
- 最大允许航空器质量；

➢ 最大允许胎压。
道面强度报告格式为：
PCR 值/道面类型/道基强度类型/最大允许胎压类型/评定方法
具体方法见表 3-16 所列。

表 3-16 ACR 和 PCR 方法报告道面强度的分类及代号

	分 类		代 号	备 注
1	道面类型	刚性道面	R	若道面结构是复合的或非标准类型，应加以注解
		柔性道面	F	
2	道基强度类型	高强度	A	道基 $E=200$ MPa，代表 $E \geqslant 150$ MPa 的 E 值
		中强度	B	道基 $E=150$ MPa，代表 150 MPa$>E \geqslant 100$ MPa 的 E 值
		低强度	C	道基 $E=80$ MPa，代表 100 MPa$>E \geqslant 60$ MPa 的 E 值
		特低强度	D	道基 $E=50$ MPa，代表 $E<60$ MPa 的 E 值
3	最大允许胎压类型	胎压无限制	W	胎压无限制
		高	X	胎压上限至 1.75 MPa
		中	Y	胎压上限至 1.25 MPa
		低	Z	胎压上限至 0.50 MPa
4	评定方法	技术评定	T	表示对道面特性进行检测评定或理论评定
		经验评定	U	表示对道面特性依据使用经验评定

注：E 为弹性模量。

道面强度报告举例：

示例 1：如设置在中强度基础上的刚性道面的承载强度，用技术评定法评定道面等级序号为 760，无胎压限制，则其报告资料为：PCR760/R/B/W/T。

示例 2：如设置在高强度土基上的性质类似柔性道面的复合道面的承载强度，用航空器经验评定法评定的道面等级序号为 550，最大允许胎压为 1.25 MPa，则其报告资料为：PCR550/F/A/Y/U。

3.3.4 ACR-PCR 法

如果道面强度受季节性影响有明显变化时，应相应确定不同的 PCR。当航空器的 ACR 值小于或等于 PCR 值时，可使用该道面。当 ACR 大于 PCR 时，应符合下列要求。

(1) 道面没有呈现破坏迹象，道基强度未显著减弱期间，在满足下列条件下可有限制地超载运行：航空器的 ACR 值应不大于道面 PCR 值的 110%，且年超载运行的次数不超过除轻型航空器之外的年总运行次数的 5%；

(2) 当道面呈现破损或失效迹象、道面在冻融期间或道面道基强度可能因水的影响而减弱时，应避免超载运行。

表 3-17 所列为部分机型飞机的 ACR。

表3-17 部分机型飞机的ACR

飞机型号	质量/kg 最大/最小	胎压/MPa	柔性道面土基CBR				刚性道面基层顶面 k/(MN·m^{-3})			
			高 A	中 B	低 C	特低 D	高 A	中 B	低 C	特低 D
			15	10	6	3	150	80	40	20
Aurora(CP-140) (P-3 Orion)	61 224	1.31	35	38	42	45	41	43	45	46
	28 061		14	14	16	18	16	17	18	19
B-52(Bomber)	221 428	1.65	80	86	97	116	103	114	126	136
	153 061		49	53	60	72	62	70	77	85
B1-Bomber (Rockwell)	216 632	1.65	77	87	102	121	77	90	102	113
	142 857		43	47	57	72	43	50	58	65
B707-120,120B	117 346	1.17	32	35	42	55	28	34	40	47
	71 428		17	18	21	27	16	17	20	24
B707-320C	151 428	1.24	41	48	57	66	41	46	55	71
	70 408		15	17	20	23	16	16	18	24
B717-200	55 408	1.13	31	32	37	39	35	36	38	40
	31 122		16	16	18	21	17	18	20	20
B720B	106 632	0.99	25	30	37	43	27	29	36	47
	52 244		10	11	14	16	11	11	13	17
B727-100,100C	77 142	1.14	41	43	49	54	45	48	51	53
	45 918		23	23	25	30	24	26	28	29
B727-200	78 571	1.15	42	44	50	55	47	50	52	54
	45 918		23	23	25	30	25	26	28	30
B727-200 (Advanced)	95 306	1.19	53	57	64	69	60	63	66	69
	45 918		23	23	26	30	25	26	28	30
B727-200F (Advanced)	92 551	1.15	52	54	61	66	57	60	63	66
	45 918		23	23	25	30	25	26	28	29
B737-100	50 349	1.08	25	26	29	33	27	29	31	32
	28 123		13	13	14	16	14	15	16	17
B737-200	58 332	1.25	30	31	35	39	34	36	38	39
	29 602		14	14	15	17	15	16	17	18
B737-300	63 503	1.38	33	35	39	43	38	40	42	43
	32 904		15	16	17	20	17	18	19	20

3.4 机场净空

机场净空是指机场现有的和规划的每条跑道的两端和两侧供飞机起飞、爬升、下滑、着陆、目视所需的规定空间,用于保障飞机安全运行,防止机场周围及其相邻地面上障碍物增多而使机场变得无法使用。

机场净空条件的破坏通常是由于超高障碍物造成的(当然,漂浮物或烟雾、粉尘也会破坏净空条件)。为此,必须规定一些假想的平面或斜面作为净空障碍物限制面,用以限制机场周围天然地形(山、高地等)及人工构筑物的高度。为保障飞机起降安全和机场安全运行,防止由于机场周围障碍物增多而使机场无法使用,规定了几种障碍物限制面,用以限制机场及其周围地区障碍物的高度,如图 3-5 所示。净空障碍物限制面又称为净空面。

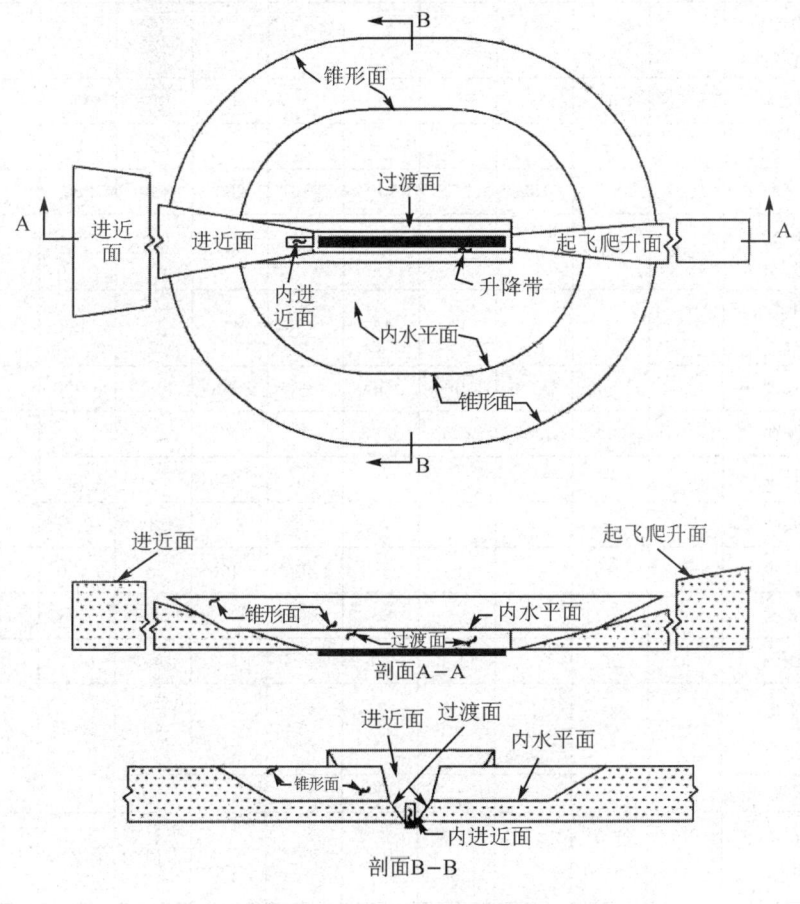

图 3-5 障碍物限制面示意图

3.4.1 障碍物限制面

3.4.1.1 内水平面

表 3-18 所列为机场净空障碍物限制面的尺寸和坡度。

表 3-18 机场净空障碍物限制面的尺寸和坡度(进近跑道)

障碍物限制面尺寸[a]		跑道类别									
		非仪表跑道				非精密进近跑道			精密进近跑道		
		飞行区指标Ⅰ				飞行区指标Ⅰ			Ⅰ类		Ⅱ类或Ⅲ类
									飞行区指标Ⅰ		飞行区指标Ⅰ
		1	2	3	4	1,2	3	4	1,2	3,4	3,4
锥形面	坡度/%	5	5	5	5	5	5	5	5	5	5
	高度/m	35	35	75	100	60	75	100	60	100	100
内水平面	高度/m	45	45	45	45	45	45	45	45	45	45
	半径/m	2 000	2 500	4 000	4 000	3 500	4 000	4 000	3 500	4 000	4 000
内进近面	宽度/m	—	—	—	—	—	—	—	90	120[b]	120[b]
	距跑道入口距离/m	—	—	—	—	—	—	—	60	60	60
	长度/m	—	—	—	—	—	—	—	900	900	900
	坡度/%	—	—	—	—	—	—	—	2.5	2	2
进近面	内边长度/m	60	80	150	150	140	280	280	140	280	280
	距跑道入口距离/m	30	60	60	60	60	60	60	60	60	60
	散开率(每侧)/%	10	10	10	10	15	15	15	15	15	15
	第一段 长度/m	1 600	2 500	3 000	3 000	2 500	3 000	3 000	3 000	3 000	3 000
	第一段 坡度/%	5	4	3.33	2.5	3.33	2	2	2.5	2	2
	第二段 长度/m	—	—	—	—	3 600[c]	3 600[c]	12 000	3 600[c]	3 600[c]	
	第二段 坡度/%	—	—	—	—	2.5	2.5	3	2.5	2.5	
	第三段 长度/m	—	—	—	—	8 400[c]	8 400[c]	—	8 400[c]	8 400[c]	
	第三段 坡度/%	—	—	—	—	15 000	15 000	15 000	15 000	15 000	
过渡面	坡度/%	20	20	14.3	14.3	20	14.3	14.3	14.3	14.3	14.3
	内过渡面坡度/%	—	—	—	—	—	—	—	40	33.3	33.3
复飞面	内边长度/m	—	—	—	—	—	—	—	90	120[b]	120[b]
	距跑道入口距离/m	—	—	—	—	—	—	—	距升降带段的距离	1 800[d]	1 800[d]
	散开率(每侧)/%	—	—	—	—	—	—	—	10	10	10
	坡度/%	—	—	—	—	—	—	—	4	3.33	3.33

注:a. 除另有注明外,所有尺寸均为水平度量。
b. 飞行区指标Ⅱ为F时,该宽度增加到140 m,但能接纳装有数字化航空电子设备以便在复飞操作时提供操纵指令使飞机保持已建立航迹的飞行区指标Ⅱ为F类飞机的机场除外。
c. 可变的长度。
d. 或距跑道端距离,两者取小值。

内水平面是位于机场及其周围以上的一个水平面中的一个面,如图3-5所示。内水平面的起算标高应为跑道两端入口中点的平均标高。以跑道两端入口中点为圆心,按表3-18规定的内水平面半径画出圆弧,再以与跑道中线平行的两条直线与圆弧相切成一个近似椭圆形,形成一个高出起算标高45 m的水平面。

3.4.1.2 锥形面

锥形面是从内水平面周边起向上和向外倾斜的一个面,如图3-5所示。锥形面的起端应从内水平面的周边开始,其起算标高应为内水平面的标高,以1:20的坡度向上和向外倾斜,直到符合表3-18规定的锥形面外缘高度为止。锥形面的界限应包括:

➢ 底边:与内水平面周边相重合;
➢ 顶边:高出内水平面一个规定高度的近似椭圆水平面的周边。

锥形面的坡度应在与内水平面周边成直角的铅垂面中度量。

3.4.1.3 进近面

进近面是在跑道入口前的一个倾斜平面或几个斜面和平面的组合面。进近面的起端由升降带末端开始。斜面向上向外倾斜,其坡度见表3-18。内边(起端边)垂直于跑道中线延长线,其标高等于跑道入口中点的标高,两侧边由内边两端向外散开。进近面外边平行于内边。进近面内边宽度、侧边散开斜率及进近面长度均见表3-18。

进近面的界限必须由下列各边组成:

(1) 一条内边:水平并垂直于跑道中线延长线,且位于升降带末端;
(2) 两条侧边:以内边的两端为起点,由跑道中线延长线均匀地以规定的散开率斜向向外散开;
(3) 一条外边:平行于内边。

进近面是供飞机进近(着陆)使用的一个斜面或组合面,用以限制构筑物的高度。当飞机以某一下滑角度降落时,能与构筑物保持一定的垂直距离。

3.4.1.4 内进近面

内进近面是进近面中紧靠跑道入口前的一块长方形部分,如图3-6所示。内进近面的界限应包括:

(1) 一条内边:与进近面内边的位置重合,一条规定长度且垂直于跑道中线延长线的水平线;
(2) 两条侧边:以内边的两端为起点,平行于包含跑道中线的垂直平面向外延伸;
(3) 一条外边:平行于内边。

3.4.1.5 过渡面

从升降带两侧边缘和进近面部分边缘开始向上向外倾斜,直到与内水平面相交的复合面即称作过渡面。过渡面坡度见表3-18。

过渡面的界限必须由下列各边组成:

(1) 一条底边:由进近面侧边与内水平面交点开始,沿进近面侧边向下延伸至与进近面内边相交,再从该点沿升降带全长与跑道中线相平行;
(2) 一条顶边:位于内水平面内。

底边上各点的标高:沿进近面的侧边等于进近面在该点的标高;沿升降带等于跑道中线或其延长线上最近点的标高。

如果跑道有变坡,即跑道纵剖面是弯曲的,则沿升降带的过渡面将是一个曲面;而如果跑道无变坡,即跑道纵剖面是直线,则沿升降带的过渡面将是一个平面。过渡面与内水平面的交线(即过渡面的顶边)视跑道纵剖面的不同而是一条曲线或直线,对于机场周围的建筑物等,过渡面是其控制障碍物限制面。

设置进近面和过渡面的目的在于保证飞机进近至着陆操纵的最终阶段应有的净空区域。它们的坡度和尺寸随机场的基准代号不同而不同,并且与跑道的导航设施等级有关。

3.4.1.6 内过渡面

内过渡面与过渡面相似,但更接近跑道,如图 3-6 所示。

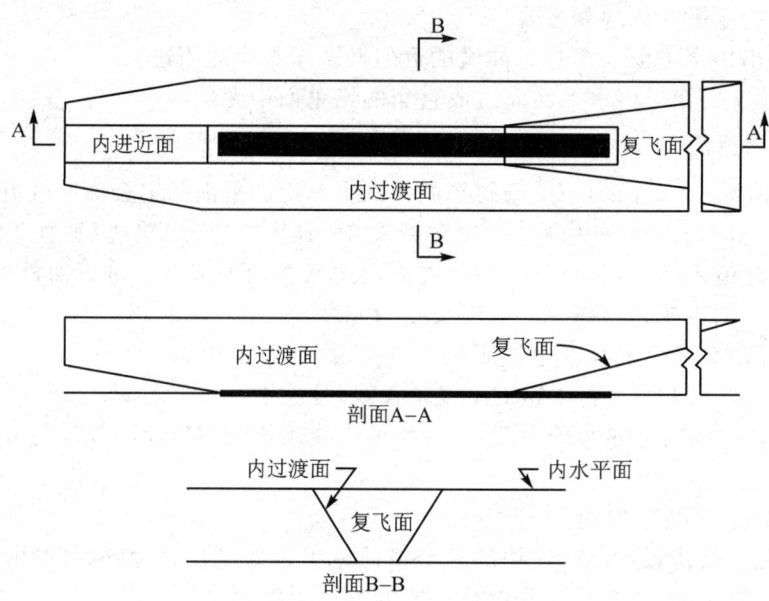

图 3-6 障碍物限制面——内进近面、内过渡面、复飞面

内过渡面的界限由下列各边组成:

(1)底边:从内进近面靠上末端起,沿内进近面的侧边向下延伸到该面的内边,从该点沿升降带平行于跑道中线至复飞面的内边,然后再从此点沿复飞面的侧边向上至该边线与内水平面的交点为止;

(2)顶边:位于内水平面的平面上,即由底边各点向上向外(向跑道两侧)倾斜,直到与内水平面相交而得。倾斜度(坡度)见表 3-18。

底边沿内进近面和复飞面侧边的标高等于该点在内进近面或复飞面上的标高;而沿升降带的底边的标高等于跑道中线或其延长线上最近点的标高。据此,如果跑道纵剖面是曲线,则沿升降带的内过渡面将是一个曲面;如果跑道纵剖面是直线,则沿升降带的内过渡面将是一个平面。内过渡面的顶边亦将视跑道纵剖面的不同而是一条直线或曲线。

内过渡面用于精密进近跑道。内过渡面是作为对助航设备、飞机和其他必须接近跑道的车辆进行控制的障碍物限制面,除非是易折物体,否则不准穿透这个限制面。

3.4.1.7 复飞面

复飞面为位于跑道入口之后,在两侧内过渡面之间延伸的梯形斜面,如图 3-6 所示。

复飞面的界限由下列各边组成:

(1) 内边：一条位于跑道入口之后规定的距离，且垂直于跑道中线的水平线；

(2) 两条侧边：以内边的两端为起点，并从含有跑道中线的垂直平面以规定的比率均匀地向外扩展；

(3) 外边：平行于内边，并位于内水平面内。

内边标高必须等于在内边位置处的跑道中线的标高。

复飞面用于精密进近跑道。

3.4.1.8 起飞爬升面

起飞爬升面是跑道端或净空道端外的一个倾斜平面或其他规定的面，如图3-5所示。起飞爬升面的界限应包括：

(1) 一条内边：位于跑道端外规定距离处，或当设有净空道而其长度超过上述规定距离时位于净空道端处，垂直于跑道中线的一条水平线；内边标高应等于从跑道端至内边之间的跑道中线延长线上最高点的标高，当设有净空道时，内边标高应等于净空道中线上地面最高点的标高；

(2) 两条侧边：以内边的两端为起点，从起飞航道以规定的比率均匀地扩展至一个规定的最终宽度，然后在起飞爬升面的剩余长度内继续维持这一宽度；

(3) 一条外边：垂直于规定的起飞航道的一条水平线。

在起飞航道为直线的情况下，起飞爬升面的坡度应在含有跑道中线的铅垂面内度量。

在起飞航道带有转弯的情况下，起飞爬升面应是一条含有对其中线的水平法线的复合面，该中线的坡度应与直线起飞航道的坡度相同。爬升面的作用是保证飞机在起飞和复飞时能与构筑物保持足够距离，防止飞行事故的发生。起飞爬升面起端宽度、位置、坡度及总长度等规定见表3-19。

表3-19 供起飞用的跑道的障碍物限制面的尺寸和坡度

障碍物限制面及尺寸[a]	飞行区指标Ⅰ		
	1	2	3或4
内边长度/m	60	80	180
距跑道端距离[b]/m	30	60	60
两侧散开斜率/%	10	10	12.5
最终宽度/m	380	580	1 200,1 800[c]
长度/m	1 600	2 500	15 000
坡度/%	5	4	2[d]

注：a. 除另有规定者外，所有尺寸均为水平度量。

b. 设有净空道时，如净空道的长度超出规定的距离，起飞爬升面从净空道端开始。

c. 在仪表气象条件和夜间目视气象条件下飞行，当拟用航道含有大于15的航向变动时，采用1 800 m。

d. 当准备使用该跑道的各种飞机的操作性能要求适合于应付临界的运行条件时，应考虑是否需要减小表3-18所规定的坡度。如果减小了规定的坡度，则应对起飞爬升面进行相应调整，使之提供保障直至末端300 m的高度为止。若已存在的物体没有达到2%(1:50)坡度的起飞爬升面，新物体应限制在保持原有的无障碍物面或保持一个坡度减小至1.6%(1:62.5)的限制面内。

3.4.2 障碍物限制要求

3.4.2.1 障碍物的限制要求

(1) 跑道一端或两端同时供飞机起飞和降落使用时,障碍物限制高度应按表 3-18 和表 3-19 中较严格的要求进行控制;

(2) 内水平面、锥形面与进近面相重叠部分,障碍物限制高度应按较严格的要求进行控制;

(3) 当一个机场有几条跑道时,应按表 3-18 和表 3-19 的规定分别确定每条跑道的障碍物限制范围,其相互重叠部分应按照较严格的要求进行控制。

3.4.2.2 各类跑道对障碍物限制面的要求

对障碍物限制面的要求是在考虑如何使用跑道的基础上规定的,即起飞或着陆以及进近的类型;当按所述情况使用跑道时,应满足所规定的要求。

(1) 非仪表跑道。非仪表跑道应设置内水平面、锥形面、进近面和过渡面 4 个障碍物限制面。

(2) 非精密进近跑道。非精密进近跑道应设置锥形面、内水平面、进近面及过渡面 4 个障碍物限制面。

(3) 精密进近跑道。

Ⅰ类精密进近跑道必须设置锥形面、内水平面、进近面及过渡面 4 个障碍物限制面;建议设置:内进近面、内过渡面及复飞面 3 个障碍物限制面。

Ⅱ或Ⅲ类精密进近跑道应设置锥形面、内水平面、进近面、内进近面、过渡面、内过渡面及复飞面 7 个障碍物限制面。

3.4.2.3 障碍物的遮蔽原则

在机场障碍物限制范围内超过起飞爬升面、进近面、过渡面、锥形面以及内水平面的现有物体应予拆除或搬迁,除非该物体被另一现有不能搬迁的障碍物所遮蔽,或经过航行研究后确定该物体不致有害地影响飞行安全或严重地影响飞机的正常运行,针对该物体应按规定设置障碍灯和(或)标志。遮蔽原则是指当物体被现有不能搬迁的障碍物所遮蔽时,自该障碍物顶点向跑道相反方向为一水平面,向跑道方向为向下 1:10 的平面,任何在这两个平面以下的物体,即为被该不可搬迁的障碍物所遮蔽。

新物体或现有物体进行扩建的高度不应超出起飞爬升面、进近面、过渡面、锥形面以及内水平面,除非该物体被另一现有不能搬迁的障碍物所遮蔽。除由于其功能需要应设置在升降带上的易折物体外,所有固定物体不应超出内进近面、内过渡面或复飞面。在跑道用于飞机着陆期间,不应有可移动的物体高出这些限制面。

障碍物限制面以外的区域内,对航空器飞行运行造成限制或影响的物体应视为障碍物。该区域大小与机场分类、飞行规则相关,最大不超过以机场基准点为圆心、半径 55 km 的范围。

物体未高出进近面,但对目视或非目视助航设备有不良影响时,宜予以移除。经航行研究认为对位于活动区上或活动区内水平面和锥形面范围内空间的飞机有危害的任何物体,应视为障碍物,并应尽可能地将其移除。

3.5 道面标志

3.5.1 对标志的一般要求

跑道标志必须为白色,滑行道标志、跑道掉头坪标志和飞机机位标志必须为黄色。在夜间运行的机场,标志宜使用反光材料涂刷铺筑面标志,以增强其可见性。跑道与滑行道相交处除跑道边线标志可以中断外,跑道的各种标志必须连续显示,滑行道的各种标志必须中断。

在两条跑道相交处,应显示较重要的那条跑道的标志,另一条跑道的所有标志应中断。跑道重要性由高到低的顺序为:精密进近跑道,非精密进近跑道,非仪表跑道。在跑道与滑行道相交处,应显示跑道的各种标志(跑道边线除外),而滑行道的各种标志应中断。

3.5.2 跑道标志

3.5.2.1 跑道号码标志

跑道号码应由两位数字组成,平行跑道的号码应由两位数字后加一个字母组成。在单条跑道、2条平行跑道和3条平行跑道上,此两位数宜是从进近方向看去最接近于跑道磁方位角度数(从磁北方向顺时针方向计算,与向该跑道端进近方向的夹角)的十分之一的整数。在4条或更多的平行跑道上,一组相邻跑道宜按照最接近于磁方位角度数的十分之一编号,而另一组相邻跑道则按次一个最接近的磁方位角度数的十分之一编号。当按上述规则得出的是一位数字时,则在它前面加一个零。跑道号码的确定如图3-7所示。

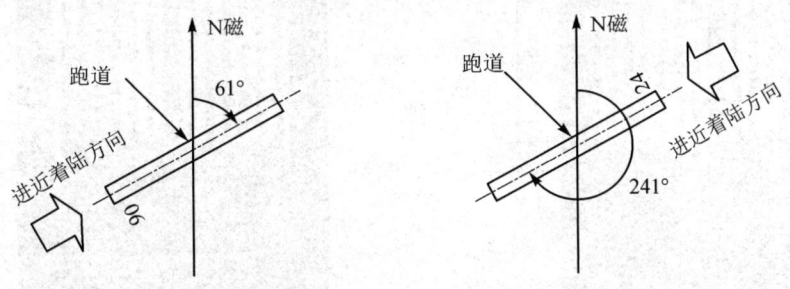

注:跑道号码的确定方法:以航向角(即着陆方向)确定。左图航向角为61°,取其1/10后再四舍五入,即为"06";右图的航向角为241°,取其1/10后再四舍五入,即为"24"。

图3-7 跑道号码的确定示意图

在有平行跑道的情况下,每个跑道号码宜顺序(从进近方向看去自左至右)各增加一个字母:

- 2条平行跑道:"L""R";
- 3条平行跑道:"L""C""R";
- 4条平行跑道:"L""R""L""R";
- 5条平行跑道:"L""C""R""L""R"或"L""R""L""C""R";
- 6条平行跑道:"L""C""R""L""C""R"。

跑道号码标志如图3-8所示。

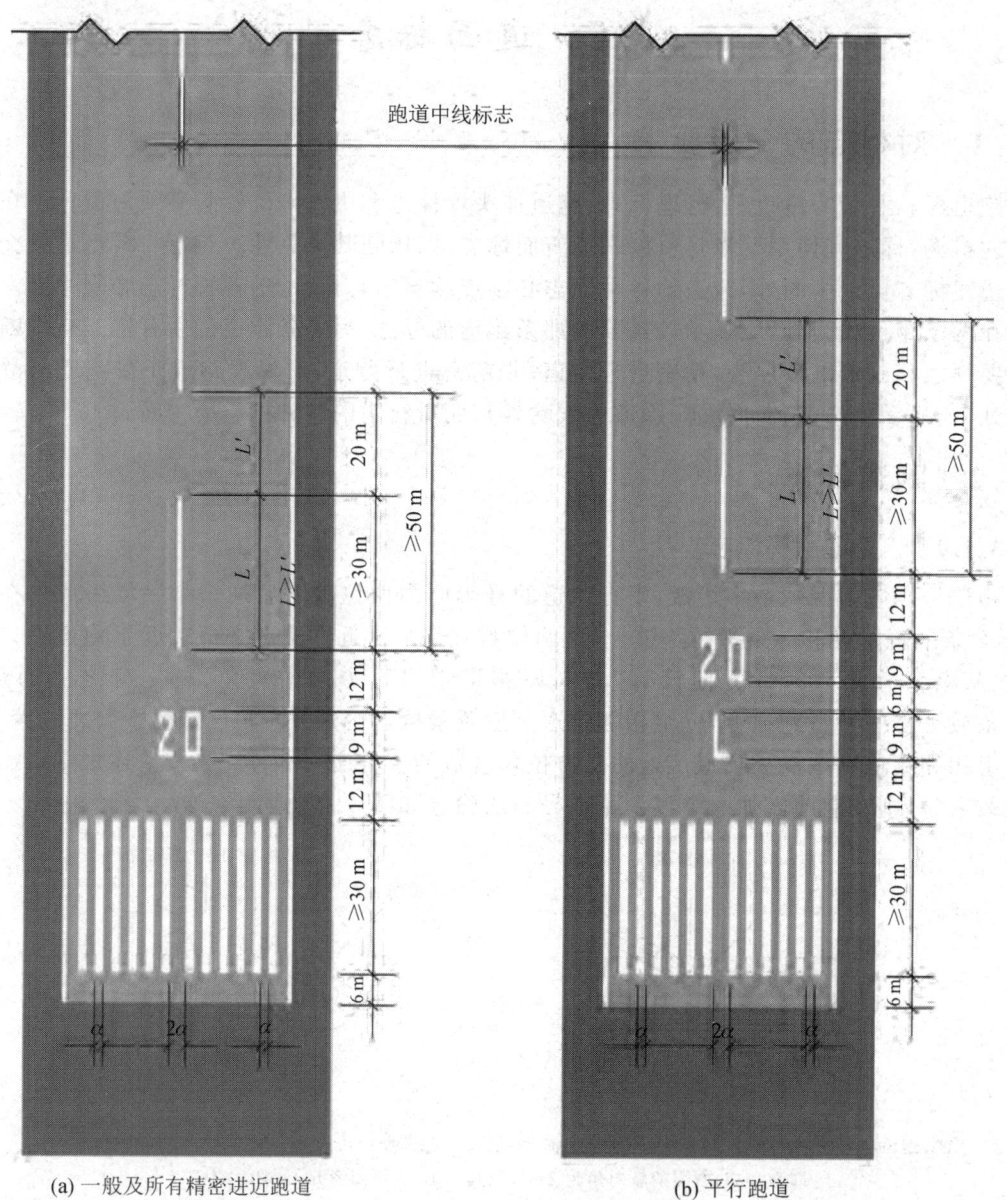

(a) 一般及所有精密进近跑道　　　　(b) 平行跑道

图 3-8　跑道号码、中线和入口标志

3.5.2.2　跑道中线标志

在有铺筑面的跑道上应设置跑道中线标志,跑道中线标志应设置在两端跑道号码标志之间的跑道中线上。跑道中线标志应由均匀隔开的线段和间隙组成,每一线段加一个间隙的长度应不小于 50 m 且不大于 75 m,每一线段的长度应至少等于间隙的长度或 30 m,取较大值。跑道中线标志如图 3-8 所示。

3.5.2.3　跑道中心圆标志

有需要的机场可设置跑道中心圆标志,如图 3-9 所示。跑道中心圆标志的形状为一个圆圈,圆圈线为实线,颜色为白色;圆圈外缘直径为跑道宽度的 1/2,圆圈线条宽度与跑道中线标志同宽；设置在从跑道入口计算的跑道全长的1/2处。

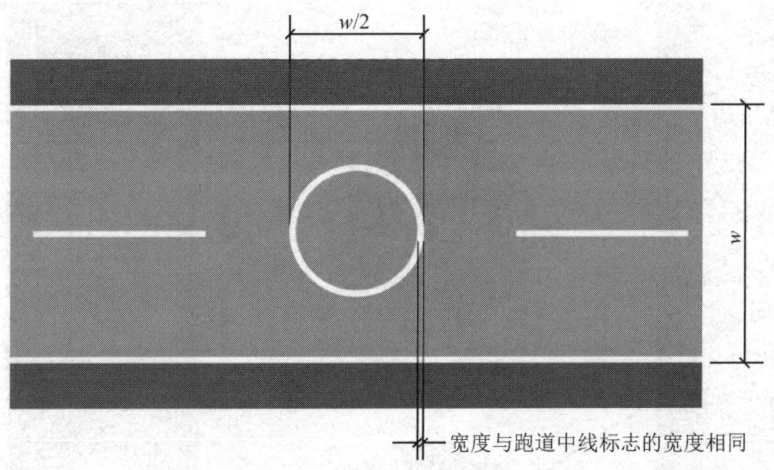

图3-9 跑道中心圆标志示意图

3.5.2.4 跑道入口标志

在有铺筑面的跑道的入口处应设置跑道入口标志，在无铺筑面的跑道的入口处宜设置跑道入口标志。跑道入口标志应由一组尺寸相同、位置对称于跑道中线的纵向线段组成。入口标志的线段应从距跑道入口6 m处开始，线段的总数应根据跑道宽度确定，如表3-20所列。

表3-20 入口标志线段数量

跑道宽度/m	线段总数/条
18	4
23	6
30	8
45	12
60	16

跑道入口内移时，跑道入口标志宜增加一条横向线段，如图3-10所示。当跑道入口永久内移时，应按图3-10(b)所示在内移跑道入口以前的那部分跑道上设置箭头；当跑道入口是从正常位置临时内移时，应按图3-10所示加以标志，将内移跑道入口前除跑道中线标志和跑道边线标志以外的所有标志遮掩，并将跑道中线标志改为箭头。图3-10(a)中靠近跑道入口的一排箭头应对称于跑道中线排列，其数量应根据跑道的宽度确定，如表3-21所列。

表3-21 建议的入口标志箭头尺寸及数量

跑道宽度/m	h 值/m	箭头数量/个
18	10.2	3
23	12	3
30	12	4
45	12	5
60	12	7

3.5.2.5 瞄准点标志

有铺筑面跑道的每个进近端应设置瞄准点标志，如图3-11所示。瞄准点标志的开始端至跑道入口的距离应不小于表3-22的规定，但在跑道装有目视进近坡度指示系统时，标志的

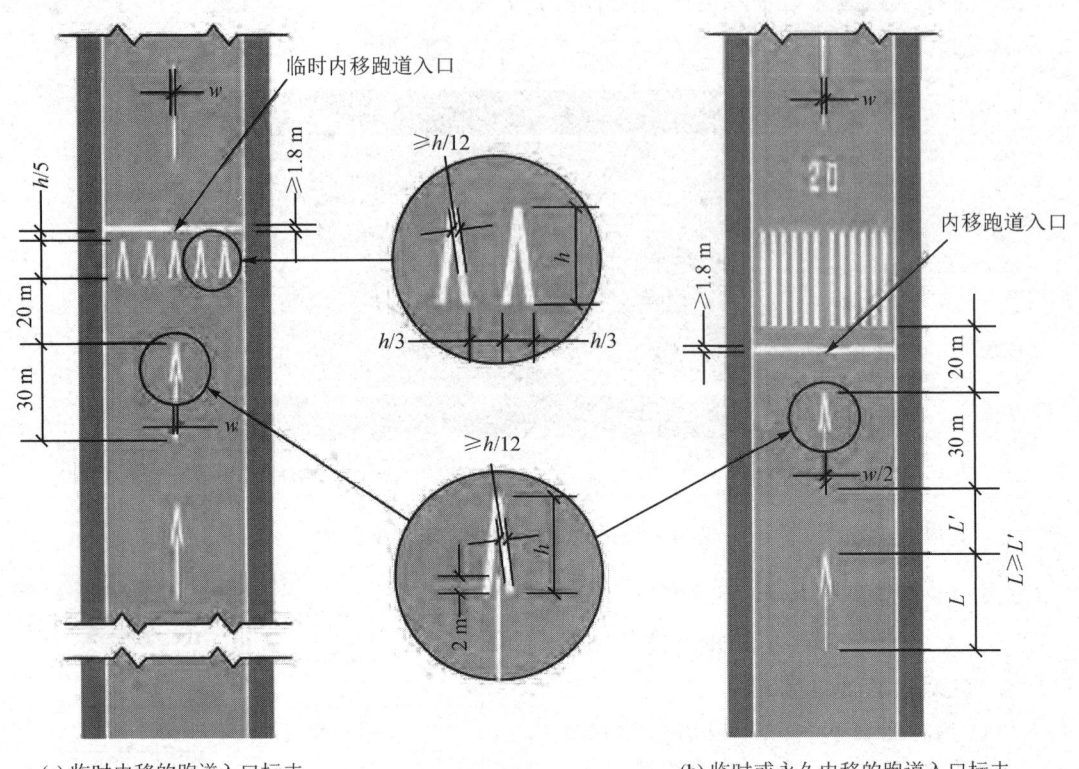

(a) 临时内移的跑道入口标志　　　　(b) 临时或永久内移的跑道入口标志

图 3-10　内移的跑道入口标志

开始端应与目视进近坡度的起点重合。瞄准点标志应由两条对称于跑道中线的明显条块组成，线段的尺寸应符合表 3-22 的规定。标志线段宽度、横向间距可在表 3-22 所列范围内选定，以尽量减小轮胎橡胶淤积对标志的污染，但应与接地带标志的横向间距相等。

表 3-22　瞄准点标志的位置和尺寸

位置和尺寸	可用着陆距离/m			
	<800	800～1 200(不含)	1 200～2 400(不含)	≥2 400
标志开始端至跑道入口	150	250	300	400
标志线段长度	30～45	30～45	45～60	45～60
标志线段宽度	4	6	6～10	6～10
线段内边的横向间距	6	9	18～22.5	18～22.5

3.5.2.6　接地带标志

有铺筑面的仪表跑道和飞行区指标 I 为 3 或 4 的有铺筑面的非仪表跑道应设置接地带标志。接地带标志应由若干对对称于跑道中线的长方形标志块组成，其对数与可用着陆距离有关，当一条跑道两端的进近方向均需设置该标志时，则与跑道两端入口之间的距离有关，如表 3-23 所列。接地带标志应采用图 3-11 所示的两种形式之一。

表 3-23　接地带标志块对数与跑道可用着陆距离的关系

可用着陆距离或两端入口间的距离/m	标志块的对数/对
＜900	1
900~1 200（不含）	2
1 200~1 500（不含）	3
1 500~2 400（不含）	4
≥2 400	6

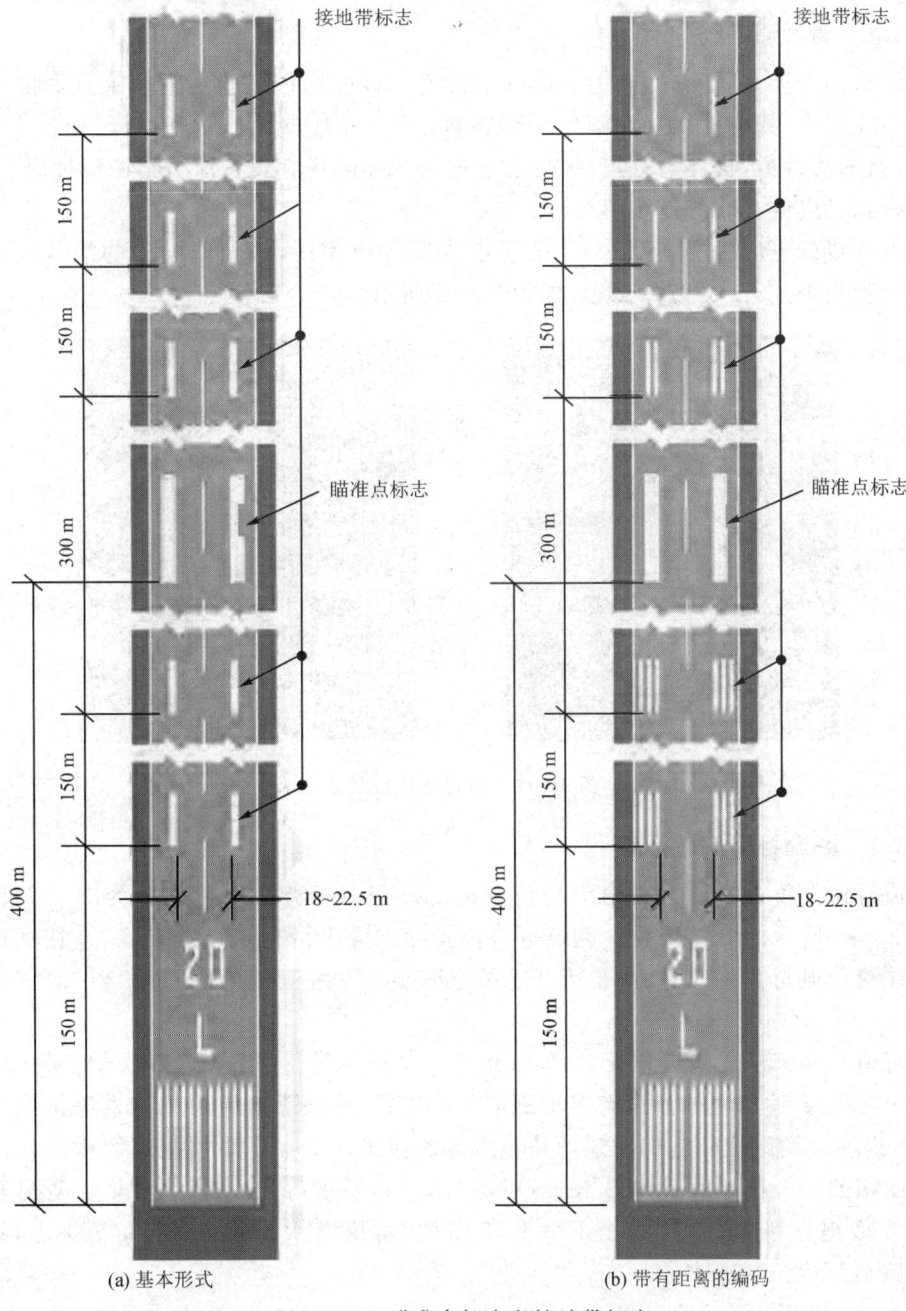

(a) 基本形式　　　　　　　(b) 带有距离的编码

图 3-11　瞄准点标志和接地带标志

3.5.2.7 跑道边线标志

有铺筑面的跑道应在跑道两侧设置跑道边线标志。跑道边线标志与其他跑道或滑行道交叉处应予以中断。跑道边线标志宜由一对设置于跑道两侧边缘的线条组成,每条线条的外边大致在跑道的边缘上;当跑道宽度大于 60 m 时,标志的外边缘应设在距跑道中线 30 m 处。在跑道与跑道掉头坪之间的跑道边线标志宜连续。

3.5.3 滑行道标志

3.5.3.1 滑行道中线标志

飞行区指标Ⅰ为 3 或 4 时,有铺筑面的滑行道、机坪滑行道、机位滑行通道和除冰坪应设置滑行道中线标志,并能提供从跑道中线到各机位之间的连续引导。飞行区指标Ⅰ为 1 或 2 时,有铺筑面的滑行道、机坪滑行道、机位滑行通道和除冰坪宜设置滑行道中线标志,并能提供从跑道中线到各机位之间的连续引导。

滑行道中线标志应为不小于 0.15 m 宽的连续黄色实线,浅色道面上的滑行道中线标志两侧宜设置不小于 0.05 m 宽的黑边,如图 3-12 所示。

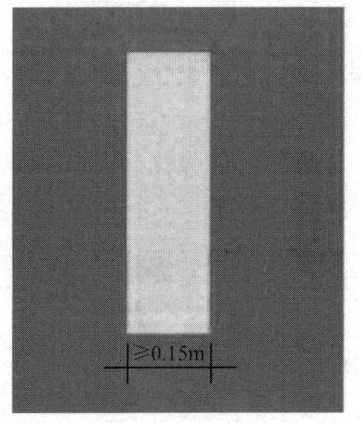 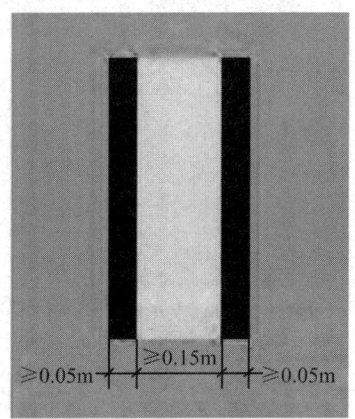

图 3-12 滑行道中线标志

3.5.3.2 跑道等待位置标志

在跑道等待位置处应设置跑道等待位置标志。跑道等待位置标志分为图 3-13 所示的 A 型和图 3-14 所示的 B 型两种。跑道等待位置标志应沿滑行道全宽设置,并宜垂直于滑行道中线。在滑行道与非仪表跑道、非精密进近跑道或起飞跑道相交处,跑道等待位置标志应为 A 型。

在滑行道与精密进近跑道相交处,如仅设有一个跑道等待位置,则该处的跑道等待位置标志应为 A 型。在上述相交处如设有多个跑道等待位置,则最靠近跑道的跑道等待位置标志应采用 A 型,而其余离跑道较远的跑道等待位置标志应采用 B 型。B 型跑道等待位置标志的位置可按拟使用的最大机型以及 ILS/MLS 的临界区/敏感区确定。但当拟设 B 型跑道等待位置标志与 A 型跑道等待位置标志相距小于 15 m 时,宜仅设 A 型跑道等待位置标志,其位置在拟设 B 型跑道等待位置标志处。

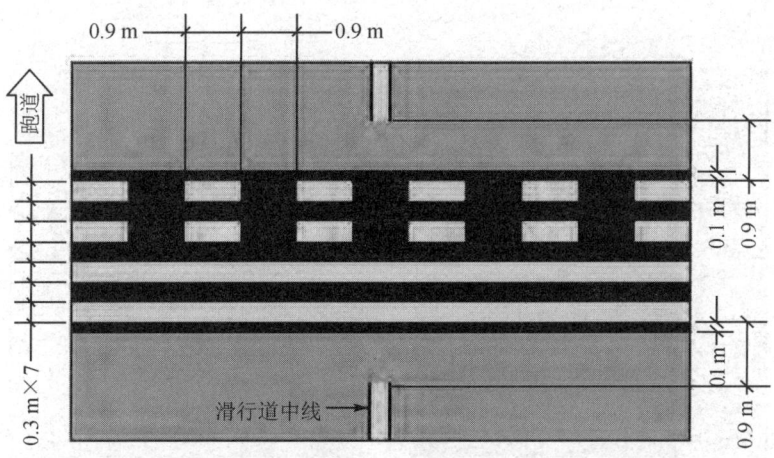

图 3-13 浅色道面上的 A 型跑道等待位置标志

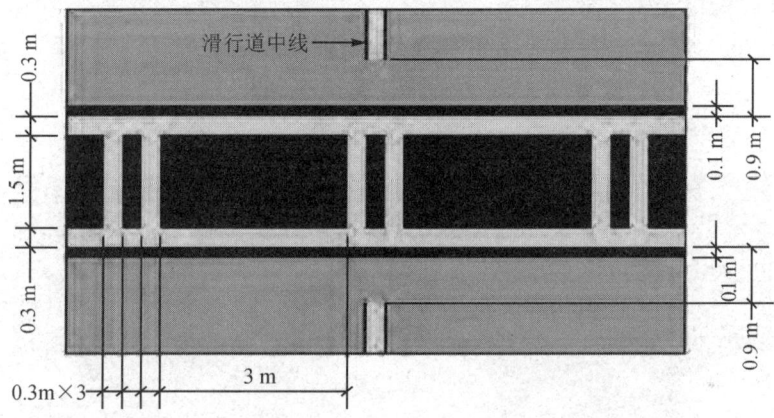

图 3-14 浅色道面上的 B 型跑道等待位置标志

3.5.3.3 中间等待位置标志

在中间等待位置和比邻滑行道的除冰坪出口边界上宜设置中间等待位置标志。在两条有铺筑面的滑行道相交处设置的中间等待位置标志应横跨滑行道,并与相交滑行道的近边有足够的距离,以保证滑行中的飞机之间有足够的净距。中间等待位置标志应采用如图 3-15 所示的单条断续线(虚线)。位于浅色道面上的中间等待位置标志周围宜设置如图 3-15 所示的黑色背景。当两个相邻的中间等待位置距离小于 60 m 时,可仅保留一个中间等待位置标志,并设置于两个相邻的中间等待位置之间的适当位置,如图 3-16 所示。

3.5.3.4 滑行边线标志

凡不易与承重道面区分的滑行道、跑道掉头坪、等待坪和停机坪的道肩以及其他非承重道面,应在非承重表面与承重表面的交界处设置滑行边线标志。滑行边线标志应沿承重道面的边缘设置,使标志的外缘大致在承重道面的边缘上;滑行边线标志应由一对实线组成,每一线条宽 0.15 m,间距 0.15 m,颜色为黄色,如图 3-17 所示。

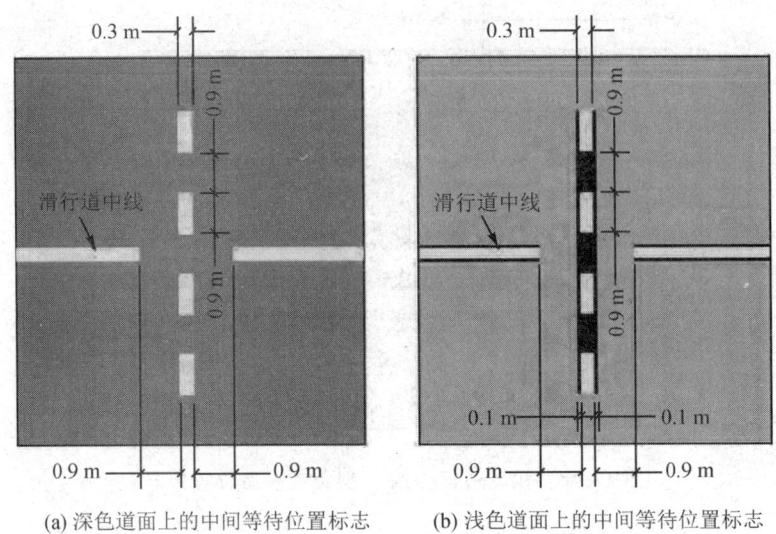

(a) 深色道面上的中间等待位置标志　　(b) 浅色道面上的中间等待位置标志

图 3-15　中间等待位置标志(一)

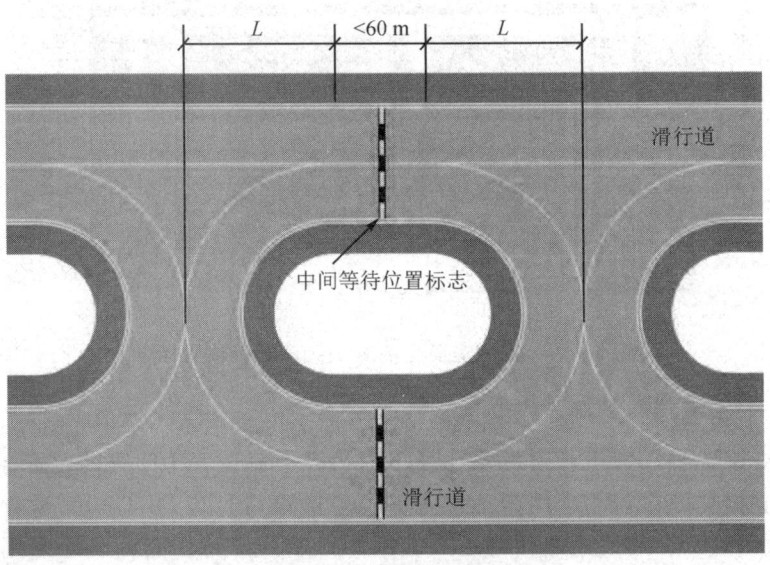

图 3-16　中间等待位置标志(二)

3.5.3.5　滑行道道肩标志

在滑行道转弯处，或其他承重道面与非承重道面需要明确区分处，应在非承重道面上设置滑行道道肩标志。滑行道道肩标志由垂直于滑行边线或滑行边线的切线的线条组成，在弯道上的每一个切点处和沿弯道的若干中间点上应各设一条线条，线条之间的间距应不大于 15 m。线条的宽度应为 0.9 m，长度应为 7.5 m，或应延伸至距道肩铺筑面的外边缘 1.5 m 处（取较短者）。当道肩宽度小于 3.5 m 时，滑行道道肩标志长度可等于道肩宽度。线条的颜色应为黄色，如图 3-17 所示。

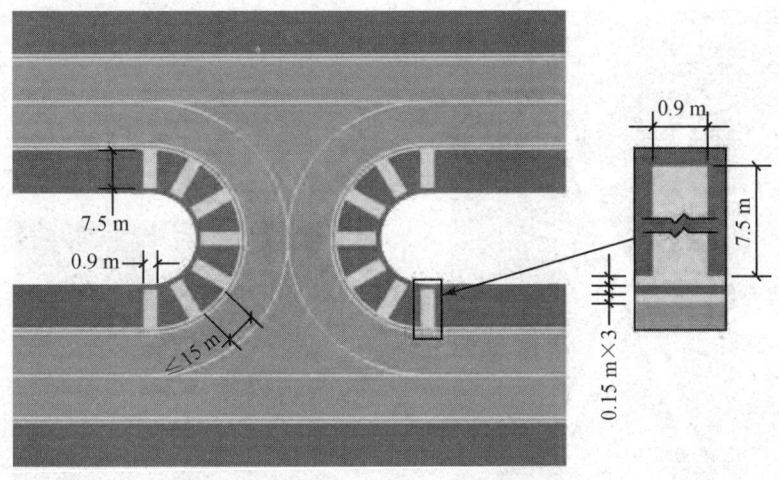

图 3-17 滑行边线及滑行道道肩标志

3.5.4 其他标志

3.5.4.1 关闭标志

永久关闭的跑道、永久或临时关闭的滑行道及其一部分,应在其两端设置关闭标志。若关闭的跑道或平行滑行道长度超过 300 m,还应在中间增设关闭标志,间距不大于 300 m。多跑道机场,因道面不符合运行标准且短时间内难以恢复而临时关闭的跑道,应设置关闭标志。关闭标志设置困难的,宜用合适的方法来明示该关闭区域。关闭标志的最小尺寸如图 3-18 所示,最大宽度应与关闭的跑道或滑行道等宽,长度应按比例放大。跑道上的标志应为白色,划设在浅色道面上的关闭标志宜加黑边;滑行道上的标志应为黄色。当跑道和滑行道或其一部分为永久关闭时,应涂抹掉所有正常使用的跑道和滑行道标志。

3.5.4.2 跑道入口前标志

当跑道入口前设有长度不小于 60 m 的铺筑面,且不适于飞机的正常使用时,应在跑道入口前的全长用">"形符号予以标志。">"形符号应指向跑道方向,如图 3-19 所示。">"形符号应为黄色,线条宽度应不小于 0.9 m;当铺筑面长度不足 60 m 时,其表面颜色宜与跑道表面颜色有显著区别。

3.5.4.3 VOR 机场校准点标志

图 3-20 所示为 VOR 机场校准点标志。当设有 VOR 机场校准点时应设置 VOR 机场校准点标志。VOR 机场校准点标志应为一个直径 6 m 的圆,圆周线条宽 0.15 m。若要求飞机对准某一特定方向进行校准,还应通过圆心增加一条指向该方向的直径,并伸出圆周 6 m,以一个箭头终结。标志的位置应以飞机停稳后能接收正确的 VOR 信号的地点为圆心。标志的颜色应为白色,浅色道面上的标志应加黑边。

3.5.4.4 强制性指令标志

在无法按照要求安装强制性指令标记牌时,应在铺筑面上设置强制性指令标志。在宽度大于 60 m 的滑行道上或为协助防止跑道侵入等运行需要时,宜设置强制性指令标志作为强

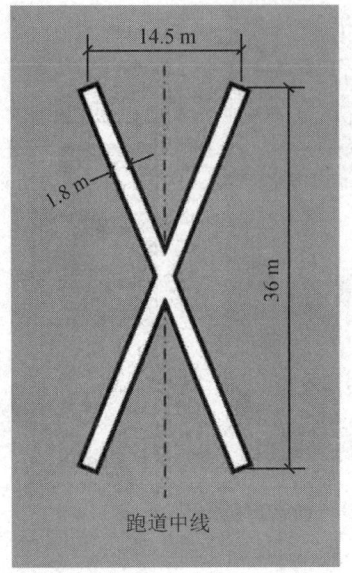
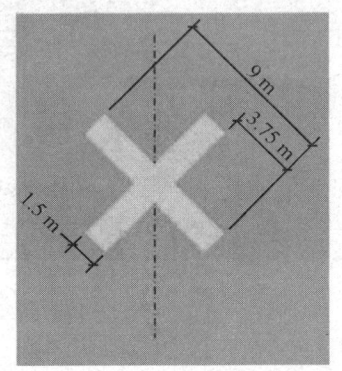

(a) 跑道关闭标志（灰色为道面底色）　　(b) 滑行道关闭标志(灰色为道面底色)

图 3-18　关闭标志

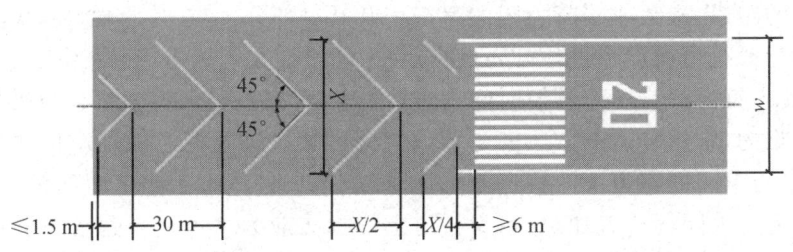

图 3-19　跑道入口前标志

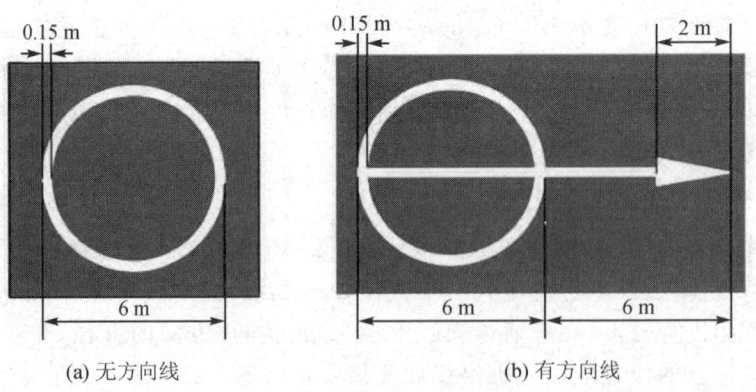

(a) 无方向线　　　　　　(b) 有方向线

图 3-20　VOR 机场校准点标志

制性指令标记牌的补充。除非运行需要，强制性指令标志不应设在跑道上。强制性指令标志应为红底白字。除禁止进入标志外，白色字符应提供与相关的标记牌相同的信息。

滑行道宽度小于 23 m 的强制性指令标志如图 3-21(a)所示,按至滑行道中线两侧距离相等原则横设在滑行道上、跑道等待位置标志的停机等待一侧;滑行道宽度不小于 23 m 的强制性指令标志如图 3-21(b)所示,设在滑行道中线标志的两侧、跑道等待位置标志的停机等待一侧。标志的边界距离滑行道中线标志和跑道等待位置标志应不小于 1 m。

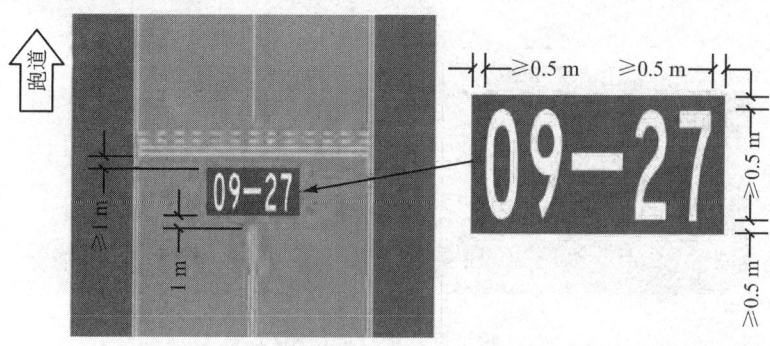

(a) 滑行道宽度小于23 m的强制性指令标志

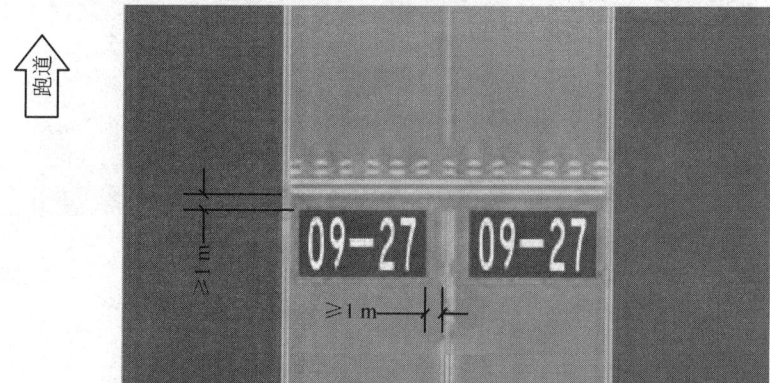

(b) 滑行道宽度不小于23 m的强制性指令标志

图 3-21 强制性指令标志(跑道号码)

仅用作跑道出口的滑行道处可设置禁止进入标志,该标志应为白色的"NO ENTRY"字样,设在红色的背景上,如图 3-22 所示。

当两条滑行道交叉于一条跑道的一端时,强制性指令标志应仅显示这一侧的跑道号码,如图 3-23 所示。

当三条滑行道交叉时,强制性指令标志的设置如图 3-24 所示。

弯曲型跑道等待位置标志和强制性指令标志的设置如图 3-25 所示。

近距跑道的强制性指令标志的设置如图 3-26 所示。

3.5.4.5 信息标志

因受净距要求、地形限制或其他原因导致标记牌只能设置在滑行道右侧时,宜在地面设置信息标志作为标记牌的补充。信息标志应在需要之处横过滑行道或机坪道面设置,其位置应

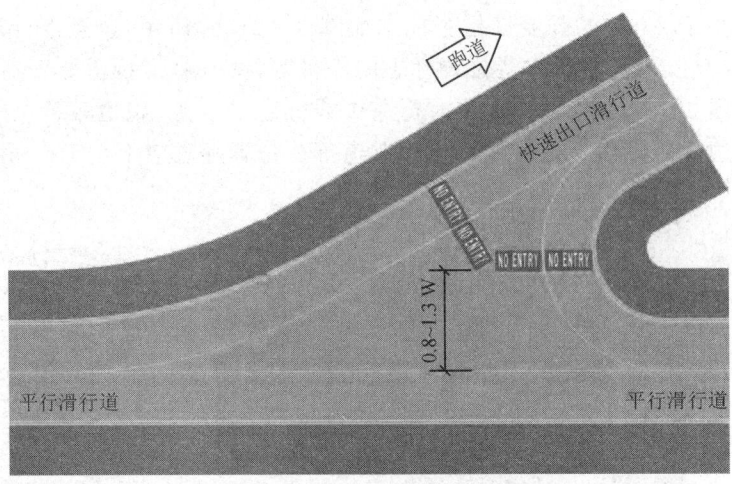

图 3-22 禁止进入滑行道("NO ENTRY")

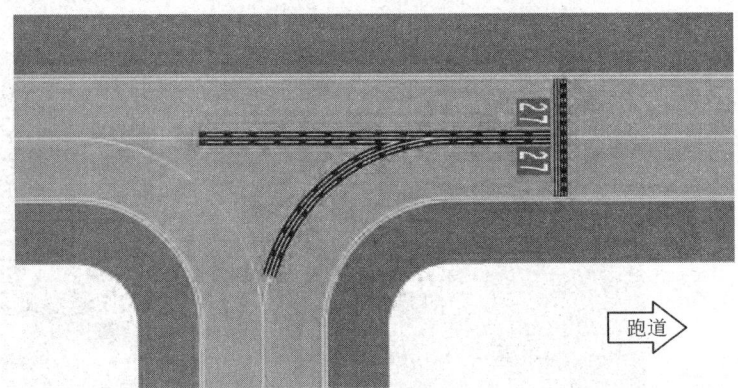

图 3-23 两条滑行道交叉于跑道一端的强制性指令标志

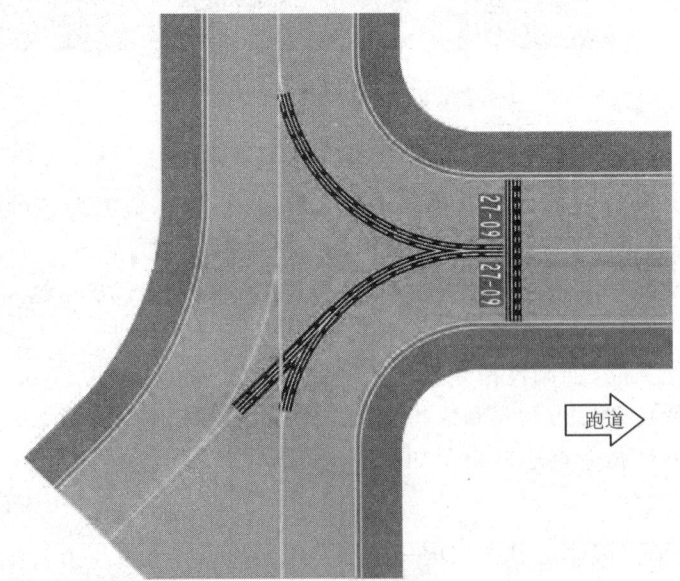

图 3-24 三条滑行道交叉的强制性指令标志

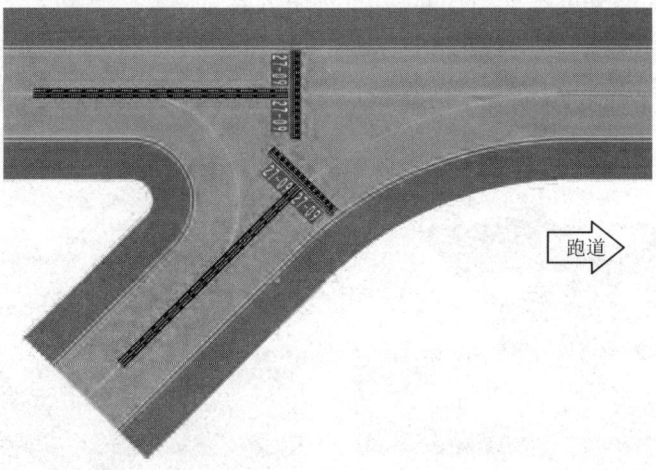

图 3−25 弯曲型跑道等待位置标志和强制性指令标志

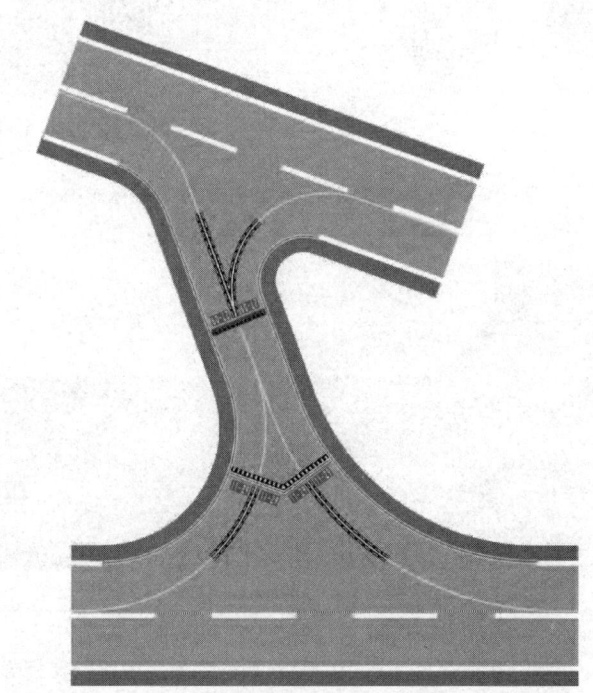

图 3−26 近距跑道的强制性指令标志

使在趋近的飞机驾驶舱内的飞行员能看清楚。在复杂的滑行道相交处,信息标志宜设在中间等待位置标志的前方。

信息标志应采用下列形式:
- 当其替代或补充位置标记牌时,应采用黑底黄字。
- 当其替代或补充方向标记牌或目的地标记牌时,应采用黄底黑字。

信息标志的地点设置要求:
- 要求设置信息标记牌而实际上无法安装之处。

➢ 在复杂的滑行道相交处的前面和后面(表明方向和位置),如图 3-27 所示。
➢ 在运行经验表明增设一个滑行道位置标志可能有助于飞行员的地面滑行之处。
➢ 在很长的滑行道的全长按一定间距划分的各点,宜相距 300～500 m,如图 3-28 所示。

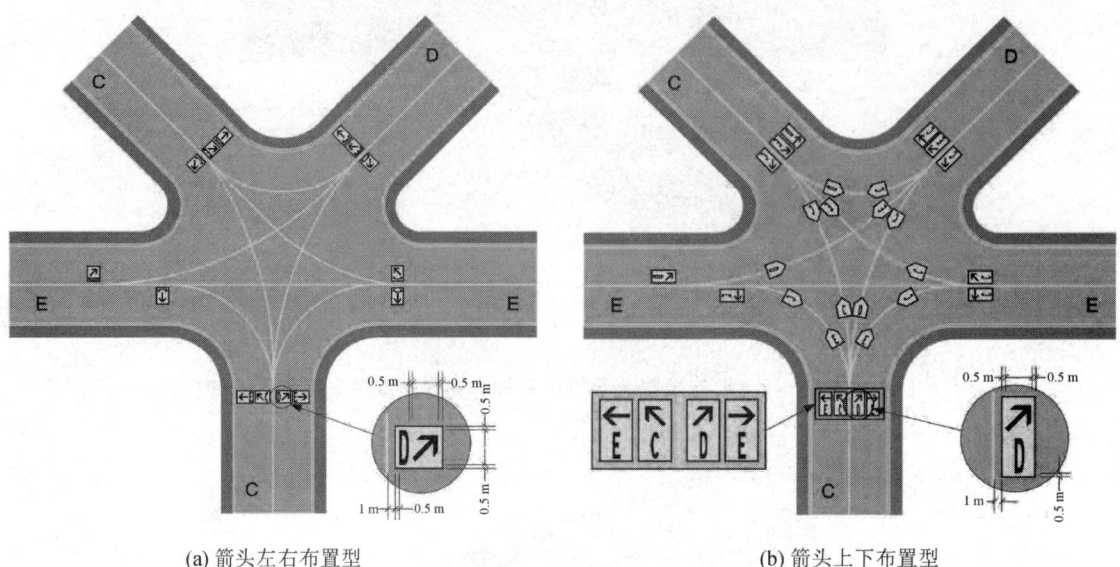

(a) 箭头左右布置型　　　　　　　　　　　　(b) 箭头上下布置型

图 3-27　复杂的滑行道相交处的信息标志

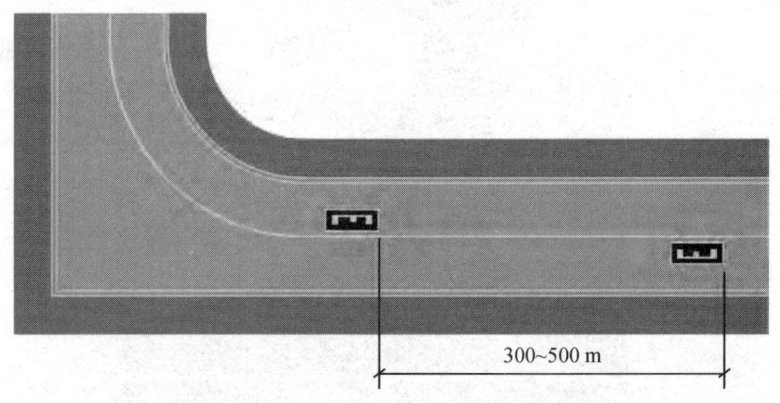

图 3-28　在很长的滑行道的全长按一定间距设置位置标志

3.5.4.6　飞机机位标志

有铺筑面的机坪和除冰坪上宜设飞机机位标志。按照飞机停放位置的不同,飞机机位标志分为飞机直置式机位标志和飞机斜置式机位标志,飞机斜置式机位标志如图 3-29 所示。

应根据机位构形和其他辅助停机设施的需要设置机位编码(机位编码由数字或字母和数字组成)、引入线、转弯开始线、转弯线、对准线、停止线和引出线等机位标志,如图 3-29 所示。

机位编码应设在引入线起端后一小段距离处,如图 3-29 所示。标志的高度应足以从使用该机位的飞机驾驶舱内看清楚,浅色道面上的识别标志应设黑色边框。

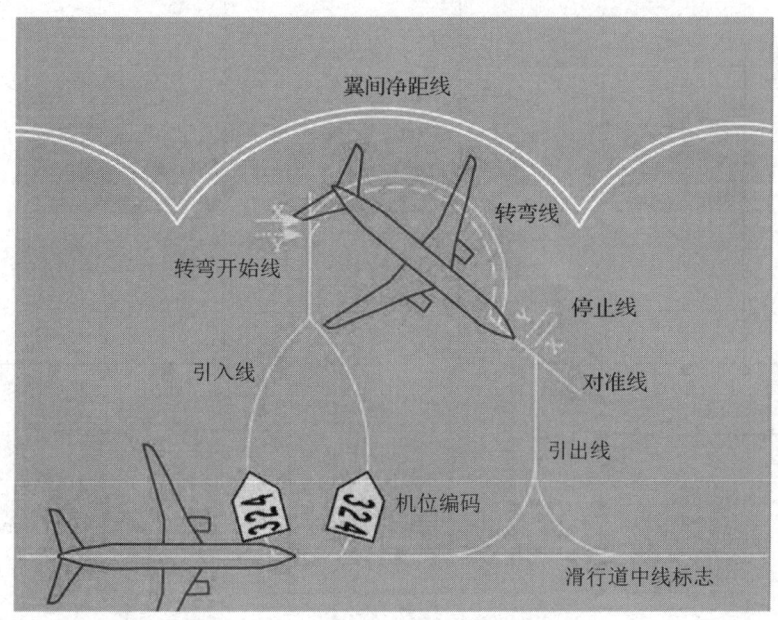

图 3-29 飞机斜置式机位标志示意图

3.6 机场灯光系统

3.6.1 进近灯光系统

3.6.1.1 简易进近灯光系统

拟在夜间使用的飞行区指标 I 为 3 或 4 的非仪表跑道,应设 A 型简易进近灯光系统。拟在夜间使用的非精密进近跑道,应设 B 型简易进近灯光系统。

简易进近灯光系统应由一行位于跑道中线延长线上,并尽可能延伸到距跑道入口不小于 420 m 处的灯具,和一排在距跑道入口 300 m 处一个长 30 m 或 18 m 的横排灯组成,如图 3-30 所示。构成横排灯的灯具应设置在一条尽可能接近水平的直线上,垂直于中线灯线且被其平分。每一中线灯应为：

(1) A 型为一个单灯；
(2) B 型为至少 3 m 长的短排灯。

如果把中线灯延伸到距离跑道入口 420 m 处实际不可行时,则延伸到 300 m 处以包括横排灯。如果这一距离也不可行,则应将中线灯实际可行地向外延伸,并将中线灯改为由至少 3 m 长的短排灯组成,宜在距入口 150 m 处增设一组横排灯。

3.6.1.2 I 类精密进近灯光系统

I 类精密进近跑道应设 I 类精密进近灯光系统。I 类精密进近灯光系统如图 3-31 所示。灯光系统的全长应延伸到距跑道入口 900 m,因场地条件限制无法满足上述要求时可以适当缩短,但总长度应不低于 720 m。长度不足 900 m 的进近灯光系统可能会使跑道的使用受到运行限制。

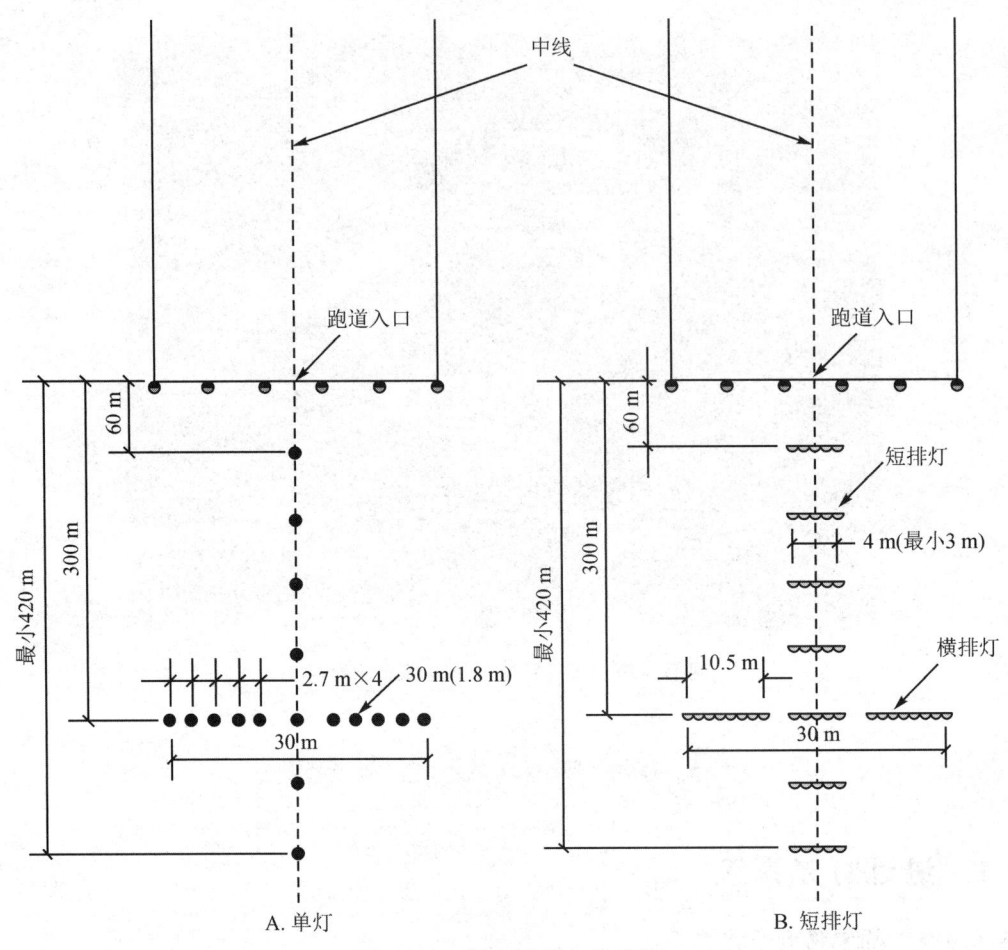

图 3-30 简易进近灯光系统

Ⅰ类精密进近灯光系统应由一行位于跑道中线延长线上并尽可能延伸到距跑道入口 900 m 处的中线灯和一排在距跑道入口 300 m 处构成一个长 30 m 的横排灯组成。Ⅰ类精密进近灯光系统的中线灯和横排灯应是发可变白光的恒定发光灯。每一中线灯应为：

(1) A 型：在中线的最里面 300 m 部分为单灯光源，在中线的中间 300 m 部分为双灯光源，在中线的外端 300 m 部分为三灯光源，用以提供距离信息；

(2) B 型：一个短排灯。

3.6.1.3 Ⅱ类、Ⅲ类精密进近灯光系统

Ⅱ类或Ⅲ类精密进近跑道应设Ⅱ、Ⅲ类精密进近灯光系统。Ⅱ类、Ⅲ类精密进近灯光系统全长宜为 900 m，因场地条件限制无法满足上述要求时可以适当缩短，但总长度不得低于 720 m；应由一行位于跑道中线延长线上并尽可能延伸到距跑道入口 900 m 处的灯具组成，此外还应有两行延伸到距跑道入口 270 m 处的侧边灯以及两排横排灯，一排距跑道入口 150 m，另一排距跑道入口 300 m，如图 3-32 所示。

Ⅱ类、Ⅲ类精密进近灯光系统距入口 300 m 处的横排灯及 300 m 以外的短排灯上，应各附加一个顺序闪光灯。顺序闪光灯应每秒闪光 2 次，从最外端的灯向入口逐个顺序闪光，直到距入口 300 m 处的横排灯。

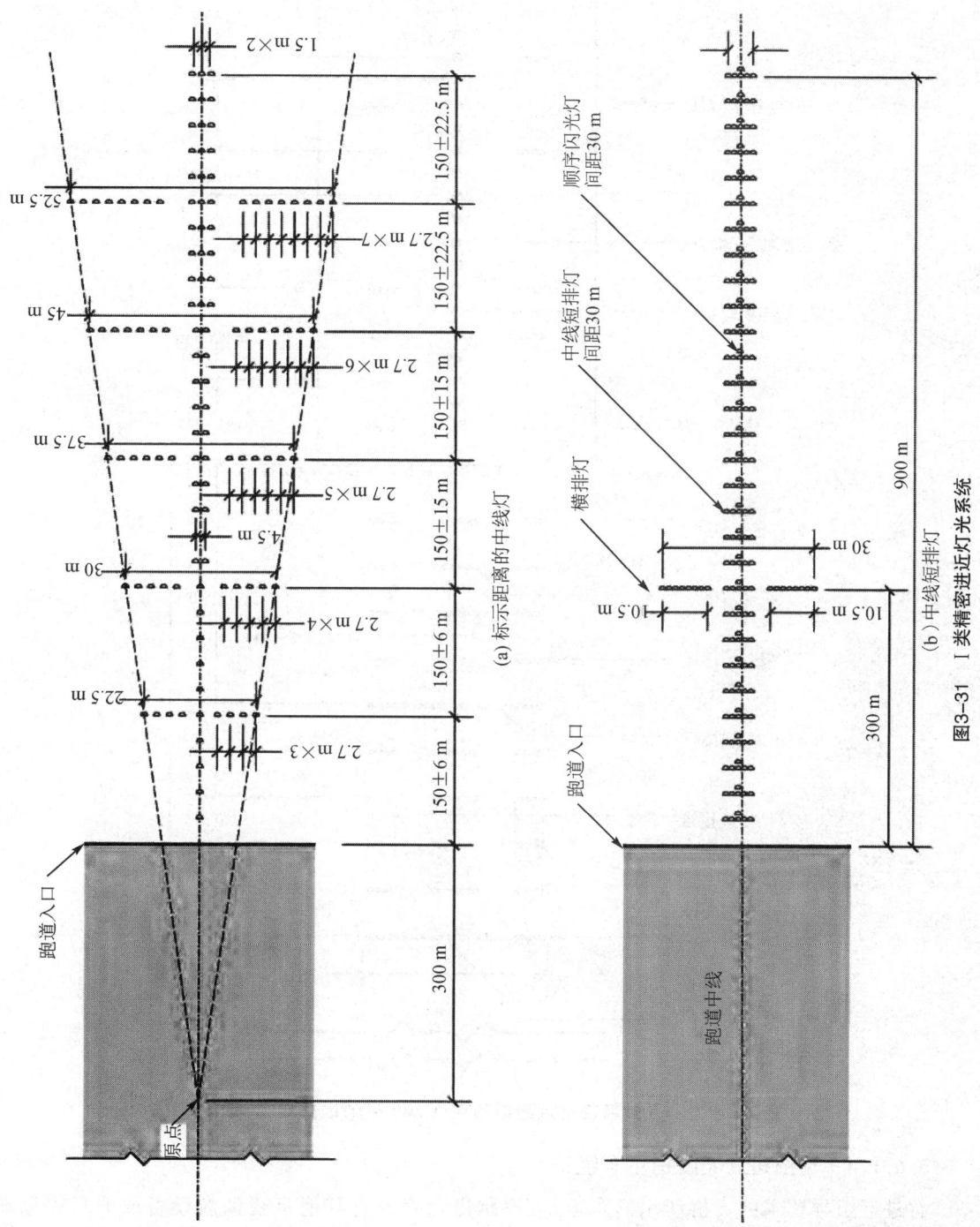

图3-31 I类精密进近灯光系统

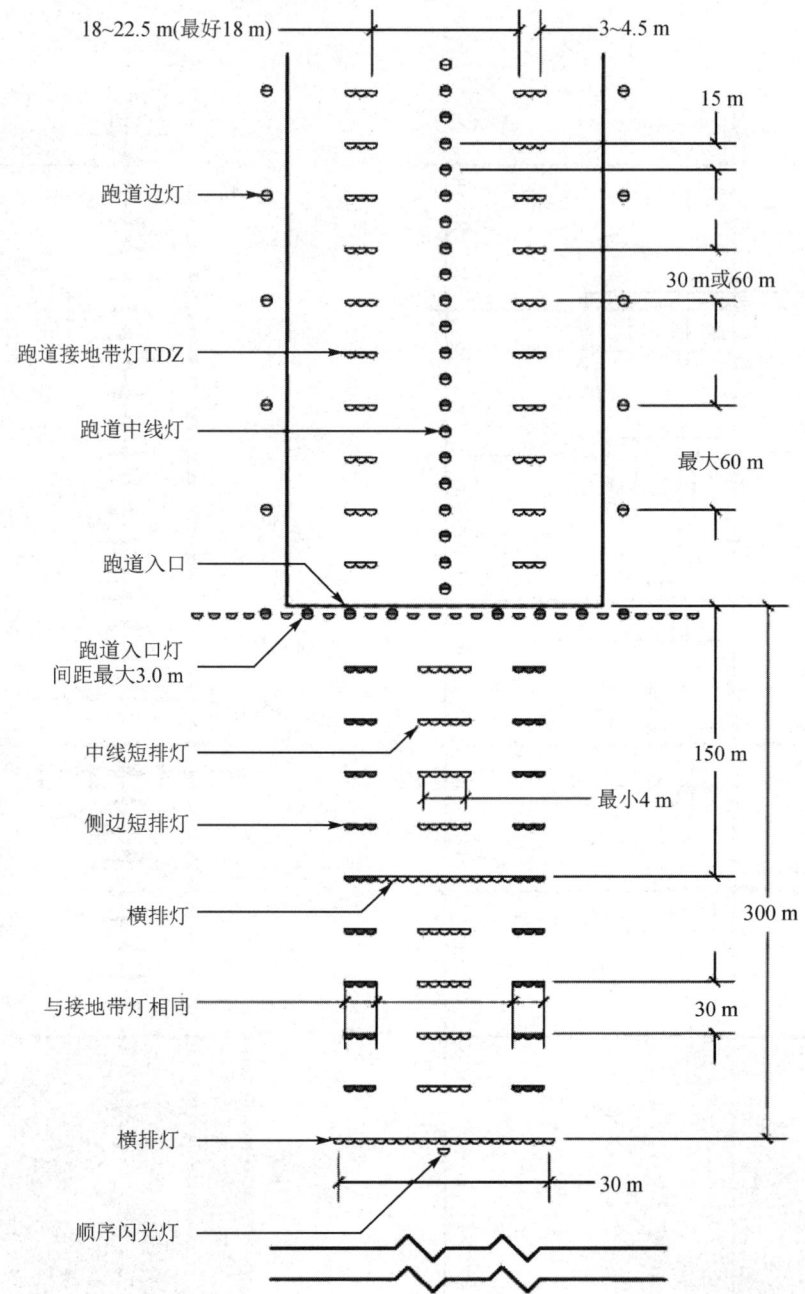

图 3-32　Ⅱ类和Ⅲ类精密进近跑道的内端 300 m 的进近灯光和跑道灯光

3.6.1.4　精密进近坡度指示系统

有进近引导要求的飞机使用的跑道，无论跑道是否设有其他目视助航设备或非目视助航设备，均应设置精密进近坡度指示系统。精密进近坡度指示系统应分为以下两种（如图 3-33 所示）：

（1）简易精密进近坡度指示系统（APAPI）；
（2）精密进近坡度指示系统（PAPI）。

当飞行区指标Ⅰ为1或2时,应设置 PAPI 或 APAPI。当飞行区指标Ⅰ为3或4时,应设置 PAPI,精密进近坡度指示系统应适合于昼间和夜间运行。

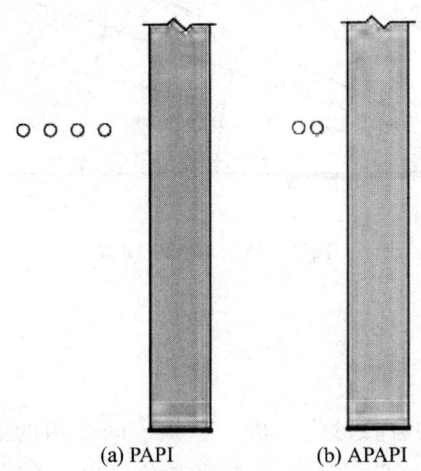

图 3-33　各种精密进近坡度指示系统

PAPI 系统的构造和布置(如图 3-34 所示)应使进近中的飞行员:

(1) 正在或接近进近坡度时,看到离跑道最近的2个灯具为红色,离跑道较远的2个灯具为白色;

(2) 高于进近坡度时,看到离跑道最近的灯具为红色,离跑道最远的3个灯具为白色;在高于进近坡度更多时,看到全部灯具均为白色;

(3) 低于进近坡度时,看到离跑道最近的3个灯具为红色,离跑道最远的灯具为白色;在低于进近坡度更多时,看到全部灯具均为红色。

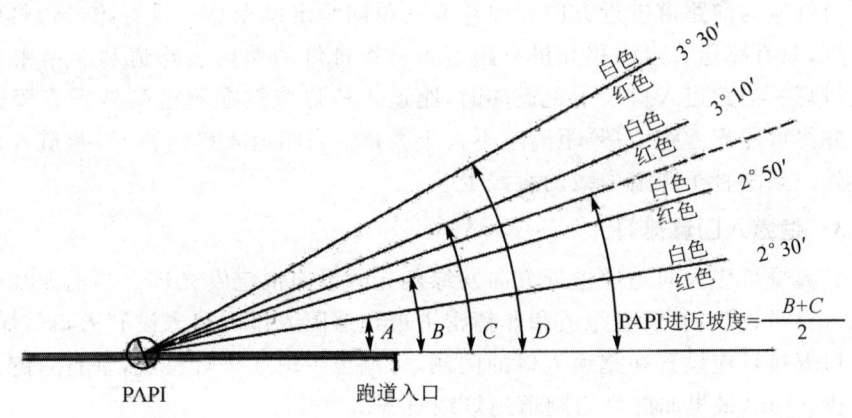

图 3-34　PAPI 图解

APAPI 系统的构造和布置(如图 3-35 所示)应使进近中的飞行员:

(1) 正在或接近进近坡度时,看到离跑道较近的灯具为红色、离跑道较远的灯具为白色;

(2) 高于进近坡度时,看到2个灯具均为白色;

(3) 低于进近坡度时,看到2个灯具均为红色。

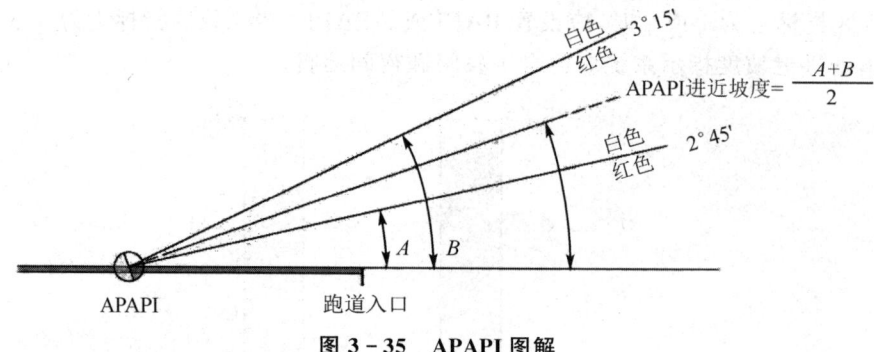

图 3-35 APAPI 图解

3.6.2 跑道灯光系统

3.6.2.1 跑道边灯

图 3-36 所示为跑道上的各种灯光示例。拟供夜间使用的跑道、昼夜使用的精密进近跑道、在昼间跑道视程低于 800 m 的最低运行标准条件下起飞的跑道,应设跑道边灯。跑道边灯应沿跑道全长在与跑道中线等距的两条平行线上,沿着被公布作为跑道使用的地区的边缘或沿边缘以外距离不大于 3 m 处设置。灯具的纵向间距应尽量均匀一致,若为仪表跑道,灯的间距应不大于 60 m,若为非仪表跑道,灯的间距应不大于 100 m。跑道两侧的灯应一一对应,形成一条垂直于跑道中线的直线。

跑道边灯应是发可变白光的恒定发光灯,但在跑道入口内移的情况下,从跑道端至内移跑道入口之间的灯应对进近方向显示红色;跑道末端 600 m 范围内的跑道边灯朝向跑道中部的灯光应为黄色。若跑道长度不足 1 800 m,则发黄色光的跑道边灯所占长度应为跑道长度的 1/3。

3.6.2.2 跑道入口灯

跑道入口灯应为向跑道进近方向发绿色光的单向恒定发光灯。设有跑道边灯的跑道应设置跑道入口灯,只有跑道入口内移并设有跑道入口翼排灯的非仪表跑道和非精密进近跑道可不设跑道入口灯。当跑道入口位于跑道端时,跑道入口灯应设在跑道端外垂直于跑道中线的一条直线上并尽可能靠近跑道端,距离应不大于 3 m。当跑道入口内移时,跑道入口灯应设在内移的入口处一条垂直于跑道中线的直线上。

3.6.2.3 跑道入口翼排灯

跑道入口翼排灯应为向跑道进近方向发绿色光的单向恒定发光灯。当需要加强显示精密进近跑道的入口时,或当非仪表跑道和非精密进近跑道因入口内移未设有入口灯时,应设入口翼排灯。入口翼排灯应设置在跑道入口的两侧,每侧至少由 5 个灯组成,垂直于跑道边灯线并向外延伸至少 10 m,最里面的灯与跑道边灯线对齐。

3.6.2.4 跑道末端灯

设有跑道边灯的跑道应设置跑道末端灯,跑道末端灯应为向跑道方向发红色光的单向恒定发光灯。跑道末端灯应设在跑道端外垂直于跑道中线的一条直线上,并尽可能靠近跑道端,距离应不大于 3 m。跑道末端灯至少应由 6 个灯组成,可在两行跑道边灯线之间均匀分布,也可对称于跑道中线分为两组,每一组灯应等距布置,在两组之间留一个不大于两行跑道边灯之间距离一半的缺口。

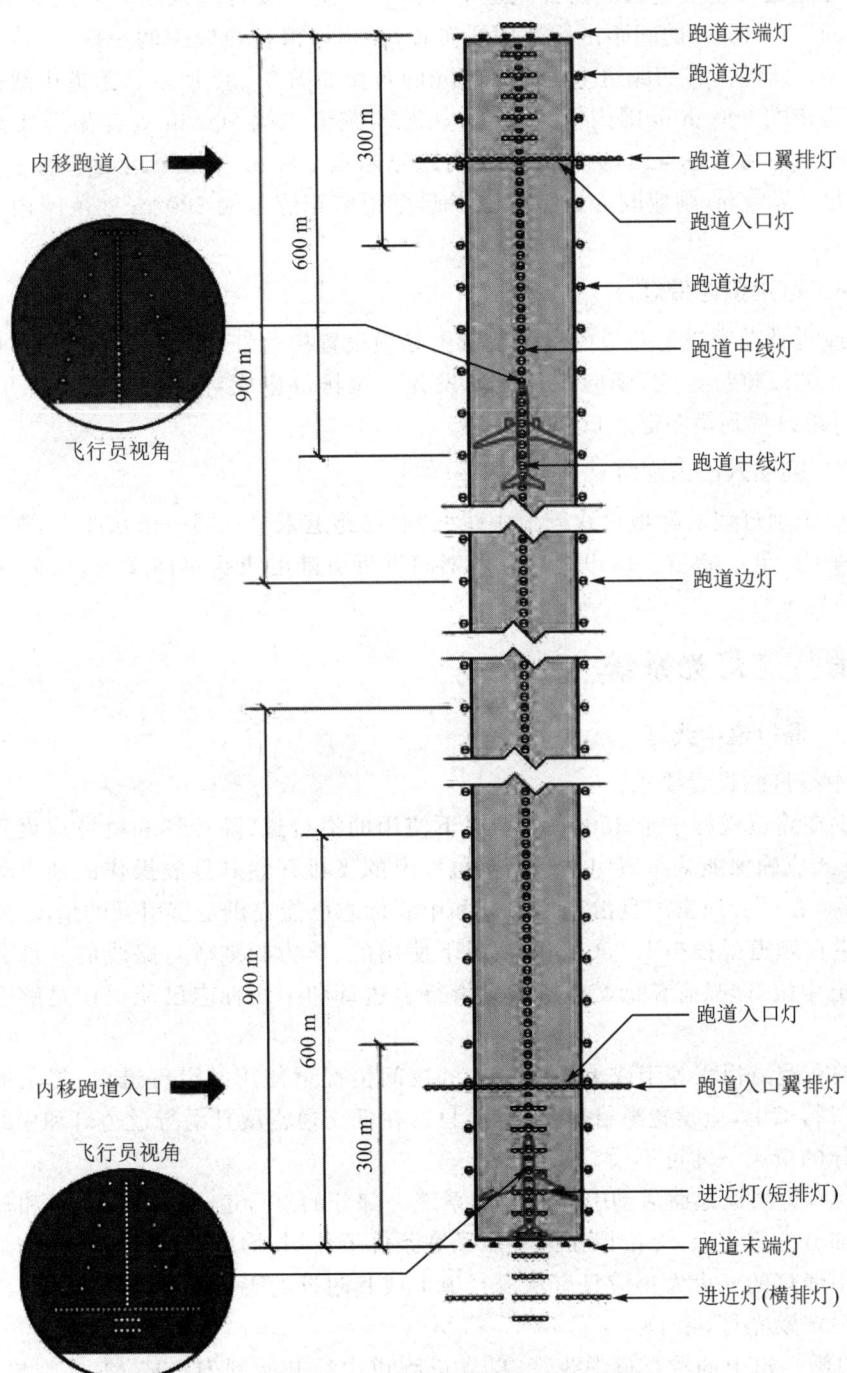

图 3-36 跑道上的各种灯光示例

3.6.2.5 跑道中线灯

精密进近跑道及起飞跑道应设置跑道中线灯。跑道中线灯应采用嵌入式灯具,在跑道入口至末端之间以约 15 m 的间距沿跑道中线布置,在出口滑行道较少的一侧,允许偏离跑道中线至多 0.6 m。入口内移的跑道上的各种灯光的布置如图 3-37 所示。跑道中线灯灯光自入口至距离跑道末端 900 m 范围内应为白色;从距离跑道末端 900 m 处开始至距离跑道末端 300 m 的范围内应为红色与白色相间;从距离跑道末端 300 m 开始至跑道末端应为红色。若跑道长度不足 1 800 m,则应改为自跑道中点起至距离跑道末端 300 m 处范围内为红色与白色相间。

3.6.2.6 跑道接地带灯

在Ⅱ类或Ⅲ类精密进近跑道的接地地带上必须设置接地带灯。接地带灯应由嵌入式单向恒定发白色光的短排灯组成,朝向进近方向发光。短排灯应成对地从跑道入口开始以 30 m 或 60 m 的间距设置到距跑道入口 900 m 处。

3.6.2.7 跑道入口识别灯

跑道入口识别灯应对称地设在跑道中线两侧、与跑道入口在同一条直线上,在跑道两侧边灯线以外约 10 m 处。跑道入口识别灯应为朝向进近着陆的飞机单向发光、每分钟闪光 60~120 次的白色闪光灯。

3.6.3 滑行道灯光系统

3.6.3.1 滑行道中线灯

滑行道中线灯的设置要求:

(1) 拟供在跑道视程小于 350 m 的情况下使用的滑行道、除冰坪和机坪应设置滑行道中线灯,设置方式应确保能从跑道中线开始至机坪上的飞机开始其停放操作的地点为止提供连续的引导,只有在低交通密度且滑行道边灯和中线标志已能提供足够引导的情况下才可不设。

(2) 拟供在跑道视程小于 350 m 的情况下使用的、作为标准滑行路线的一部分的跑道上应设置滑行道中线灯,只有在低交通密度且滑行道边灯和中线标志已能提供足够引导的情况下才可不设。

(3) 拟供在跑道视程等于或大于 350 m 的夜间情况下使用的滑行道上、复杂的滑行道相交处和出口滑行道上,应设置滑行道中线灯,只有在低交通密度且滑行道边灯和中线标志已能提供足够引导的情况下才可不设。

(4) 规定作为高级地面活动引导和控制系统一部分的滑行道、除冰坪、机坪和作为标准滑行路线的一部分的跑道上,无论拟在何种能见度条件下使用,均应设置滑行道中线灯。

滑行道中线灯的光束大小应只有从滑行道上或其附近的飞机上才能看得见。滑行道中线灯应为绿色恒定发光灯,除了:

(1) 出口滑行道上的滑行道中线灯,自靠近跑道中线开始到 ILS 或 MLS 临界/敏感区的边界或内过渡面的底边(取二者之中离跑道较远者)为止,应为绿色与黄色恒定发光交替设置。出口中线上的第一个灯应为绿色,最靠近上述边界的灯应为黄色。

(2) 进入跑道的滑行道上的滑行道中线灯,自 ILS 或 MLS 临界/敏感区的边界或内过渡面的底边(取二者之中离跑道较远者)至下述位置为止,应为绿色与黄色恒定发光交替设置:

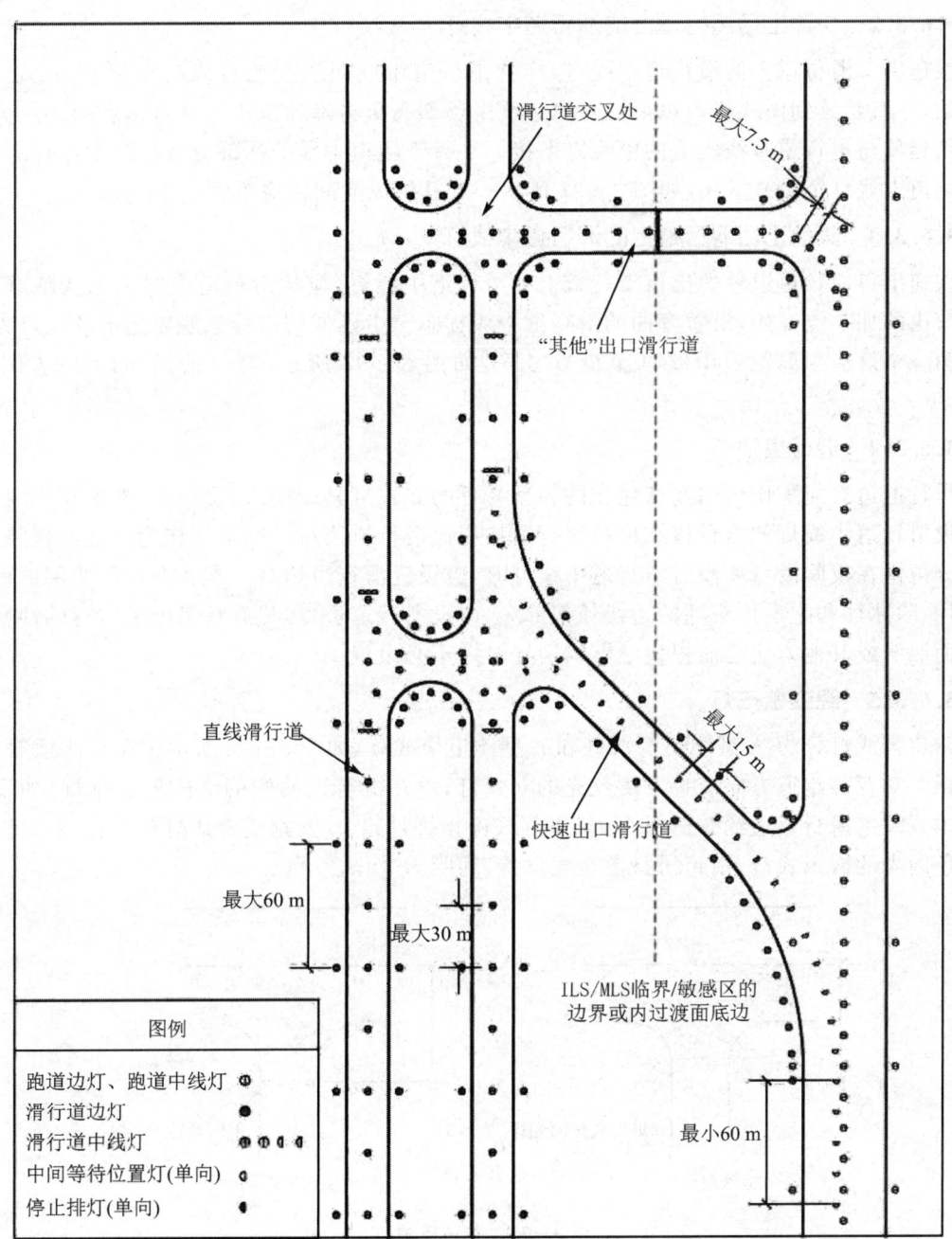

图 3-37 滑行道灯

➤ 其靠近跑道中线的末端点；或
➤ 如果滑行道中线灯穿越跑道,则直至 ILS 或 MLS 临界/敏感区对面的边界或内过渡面的底边(取二者之中离跑道较远者)。

3.6.3.2 快速出口滑行道上的滑行道中线灯

快速出口滑行道上的滑行道中线灯,应从滑行道中线曲线起始点以前至少 60 m 处的一点开始,一直延续到曲线终点以后滑行道中线上预期飞机将降速至正常滑行速度的一点为止,或继续延伸与滑行道直线段上的中线灯衔接。平行于跑道中线的那部分滑行道中线灯应始终距离跑道中线灯至少 0.6 m,如图 3-37 所示。灯具的纵向间距应不大于 15 m。

3.6.3.3 其他出口滑行道上的滑行道中线灯

快速出口滑行道以外的出口滑行道上的滑行道中线灯,应从滑行道中线标志从跑道中线开始弯出的那一点开始,沿着弯曲的滑行道中线标志至少延伸到该标志脱离跑道的地点为止。

第一个灯应距离跑道中线灯至少 0.6 m,如图 3-37 所示,灯具的纵向间距应不大于 7.5 m。

3.6.3.4 滑行道边灯

滑行道边灯应采用全向发蓝色光的轻型易折的立式灯具或嵌入式灯具。准备在夜间使用的未设滑行道中线灯的滑行道和出口滑行道均应设滑行道边灯。跑道上作为标准滑行路线的一部分拟供在夜间滑行而没有滑行道中线灯时,应设置滑行道边灯。准备在夜间使用的机坪、等待坪、除冰坪和跑道掉头坪的边缘任何部分,应设滑行道边灯,只有在考虑了运行的性质,确认地面照明或其他方法已能提供足够的引导时才不必设置。

3.6.3.5 跑道警戒灯

跑道警戒灯分为 A 型跑道警戒灯和 B 型跑道警戒灯,如图 3-38 所示。A 型跑道警戒灯应包括两对背离跑道方向交替发黄色光的立式灯,设在滑行道两侧的立式停止排灯(如设有)的外侧或距离滑行道边约 3 m 处(如未设立式停止排灯)。B 型跑道警戒灯应为背离跑道方向发黄色闪光的嵌入式灯,横跨滑行道全宽设置,间距为 3 m。

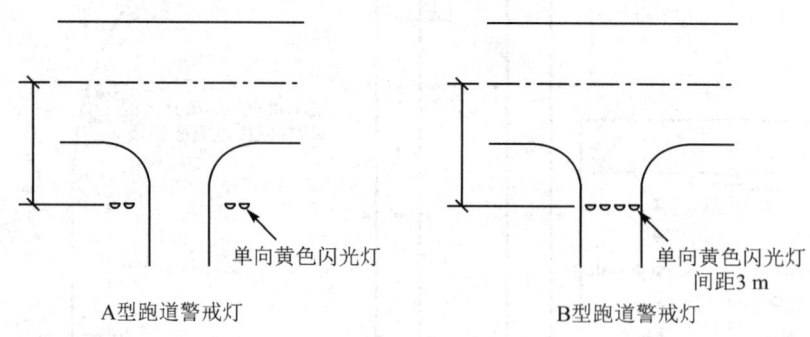

图 3-38 跑道警戒灯

3.6.4 其他灯光系统

3.6.4.1 机坪泛光灯

拟在夜间使用的机坪应设置机坪泛光灯。机坪泛光灯应能对所有机坪工作地区提供足够的照明,并应尽量降低朝向在飞行中的和地面上的飞行员、塔台和机坪管制员及机坪上其他人员的眩光。尤其应防止跑道附近的除冰坪的泛光灯对飞行员的眩光。泛光灯的布置和朝向要尽量使每个飞机机位都能从两个或更多方向受光,以减少阴影。

3.6.4.2 航空灯标

准备夜间使用的机场,在运行需要的场合应设置机场灯标或识别灯标。机场灯标的位置选择,应确保其在各重要方向上不被物体遮蔽,并对进近着陆中的飞行员不产生眩光。陆地机场的识别灯标应显示绿色闪光。水上机场的识别灯标应显示黄色显光。准备夜间使用的机场如果存在下列任一条件时应设置机场灯标:

(1) 飞机主要以目视方式飞行;
(2) 经常出现低能见度;
(3) 由于周围灯光或地形难以从空中确定机场位置。

3.6.4.3 "T"字灯

在未设有精密进近坡度指示系统的跑道入口以内,应设"T"字形标志(仅供白天使用时)。"T"字标志应设置在跑道入口左侧,距跑道近边 15 m 处,至跑道入口的距离应约为跑道长度的 1/15～1/10,根据使用机型确定。"T"字的横划应与跑道中线垂直,且由进近方向看为字母"T",如图 3-39 所示。

"T"字标志应为白色。当供夜间使用时,着陆方向标应以灯光标示,灯具布置如图 3-40 所示。灯具应发白色光,以勾画出"T"字标志的轮廓,灯具应低矮、轻质且易折。

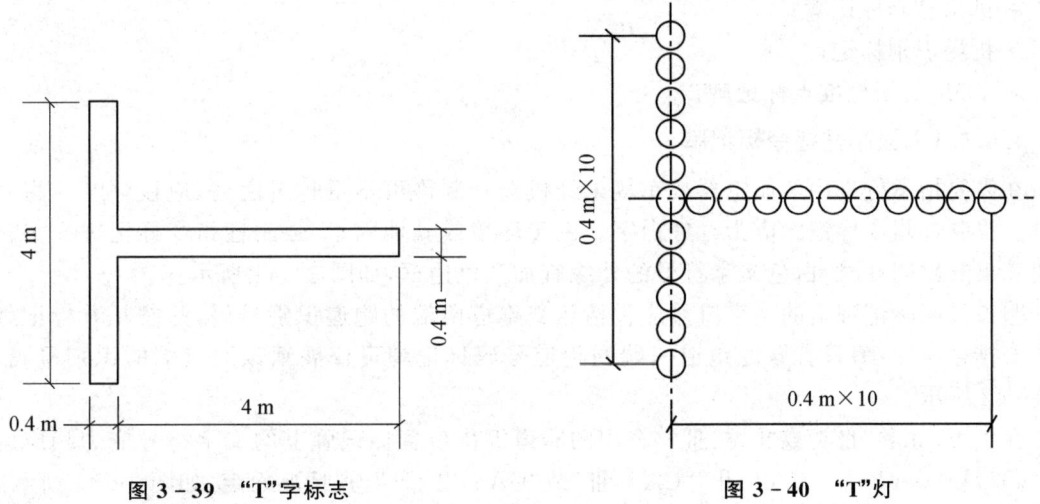

图 3-39 "T"字标志　　　　　图 3-40 "T"灯

3.6.5 标记牌

为保障机场活动区内航空器和车辆的运行安全和效率,应设置标记牌系统,供飞行员和车辆驾驶员使用。

标记牌包括滑行引导标记牌、机位号码标记牌、道路等待位置标记牌、机场识别标记及VOR机场校准点标记牌,其中滑行引导标记牌包括:跑道号码标记牌,Ⅰ类、Ⅱ类或Ⅲ类等待位置标记牌,跑道等待位置标记牌,禁止进入标记牌,强制等待点标记牌,位置标记牌,方向标记牌,目的地标记牌,滑行道终止标记牌,跑道出口标记牌,跑道脱离标记牌,交叉点起飞标记牌,滑行位置识别点标记牌。

标记牌按功能划分为：
(1) 强制性指令标记牌,包括：
➢ 跑道号码标记牌；
➢ Ⅰ类、Ⅱ类或Ⅲ类等待位置标记牌；
➢ 跑道等待位置标记牌；
➢ 道路等待位置标记牌；
➢ 禁止进入标记牌；
➢ 强制等待点标记牌。
(2) 信息标记牌,包括：
➢ 位置标记牌；
➢ 方向标记牌；
➢ 目的地标记牌；
➢ 滑行道终止标记牌；
➢ 跑道出口标记牌；
➢ 跑道脱离标记牌；
➢ 交叉点起飞标记牌；
➢ 滑行位置识别点标记牌；
➢ 机位号码标记牌；
➢ 机场识别标记；
➢ VOR机场校准点标记牌。

3.6.5.1 强制性指令标记牌

在需要指示行进中的航空器或车辆未经机场管制许可不得越过之处,应设强制性指令标记牌。强制性指令标记牌应为红底白字。由于环境或其他因素,强制性指令标记牌文字符号需要突出其鲜明性时,白色文字符号的外缘宜加黑色边框,如图3-41所示。

跑道号码标记牌上的文字符号应包括相交跑道两端的跑道识别号码,并按观看标记牌的方向安排号码顺序,只有靠近跑道一端的跑道号码标记牌可仅展示该跑道端的识别号码,如图3-42所示。

在Ⅰ类、Ⅱ类、Ⅲ类或Ⅱ类、Ⅲ类合用的跑道等待位置标记牌上的文字符号应为相应的跑道号码后加"CAT Ⅰ""CAT Ⅱ""CAT Ⅲ"或"CAT Ⅱ/Ⅲ",视情况而定,如图3-43所示。

3.6.5.2 信息标记牌

1. 位置标记牌

在需要向飞行员提供其所在位置的信息之处应设置位置标记牌,标出所在滑行道的编号。位置标记牌应为黑底黄字,单独设置的位置标记牌应增加一个黄色边框,如图3-44所示。

2. 方向标记牌

在运行需要标明在一相交点的滑行道的识别代码和方向时,应设置一块方向标记牌。方向标记牌应为黄底黑字。方向标记牌应包括滑行道编号和用以识别转弯方向的箭头。箭头的

(a) 位置/跑道号码(左侧)　　(b) 位置/跑道号码(右侧)

(c) 位置/跑道号码(左侧)　　(d) 位置/跑道号码(右侧)

(e) 跑道等待位置　　(f) 跑道号码/Ⅱ类等待位置

(g) 禁止进入

(h) 道路等待位置标记牌

(i) 增加了黑边的白色字

(j) 强制等待点标记牌

图 3-41　强制性指令标记牌

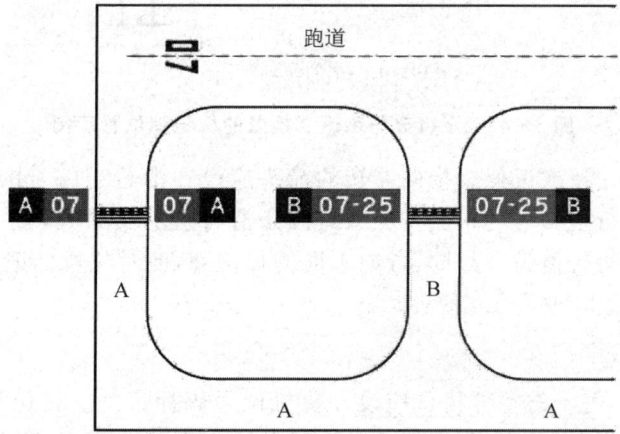

图 3-42　跑道号码标记牌

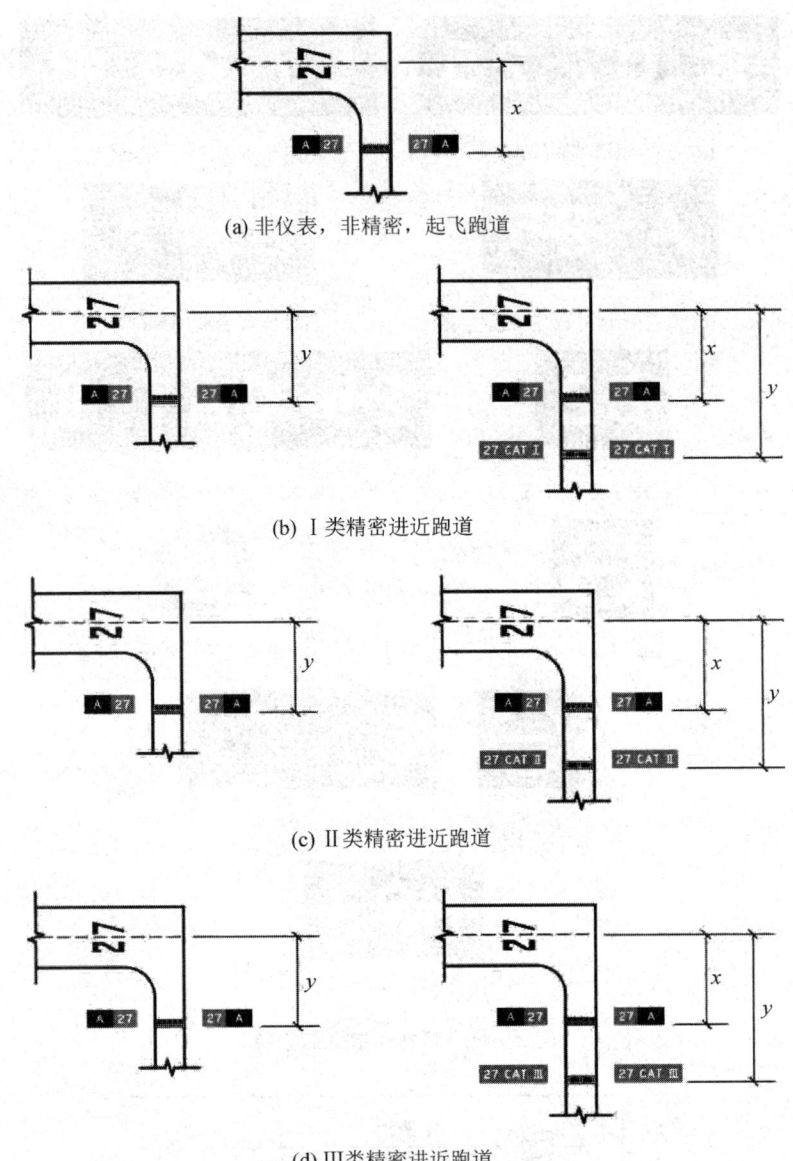

图 3-43 滑行道与跑道交接处的标记牌位置示例

方向应与指示的方向一致或近似。指向左转的箭头应设在滑行道编号的左侧,指向右转的或直行的箭头应设在滑行道编号的右侧。在只有两条滑行道的交叉处,宜用一个带两个箭头的方向标记牌代替两个滑行道编号相同、方向不同的标记牌,此时位置标记牌应设在方向标记牌左侧,如图 3-44 所示。

3. 机位号码标记牌

在可能的情况下,每个航空器机位应设一块机位号码标记牌。机位号码标记牌应为黄底黑字,如图 3-45(a)所示。机位号码标记牌牌面字符应为机位号码,机位号码标记牌宜标示经纬度,如图 3-45(b)所示。

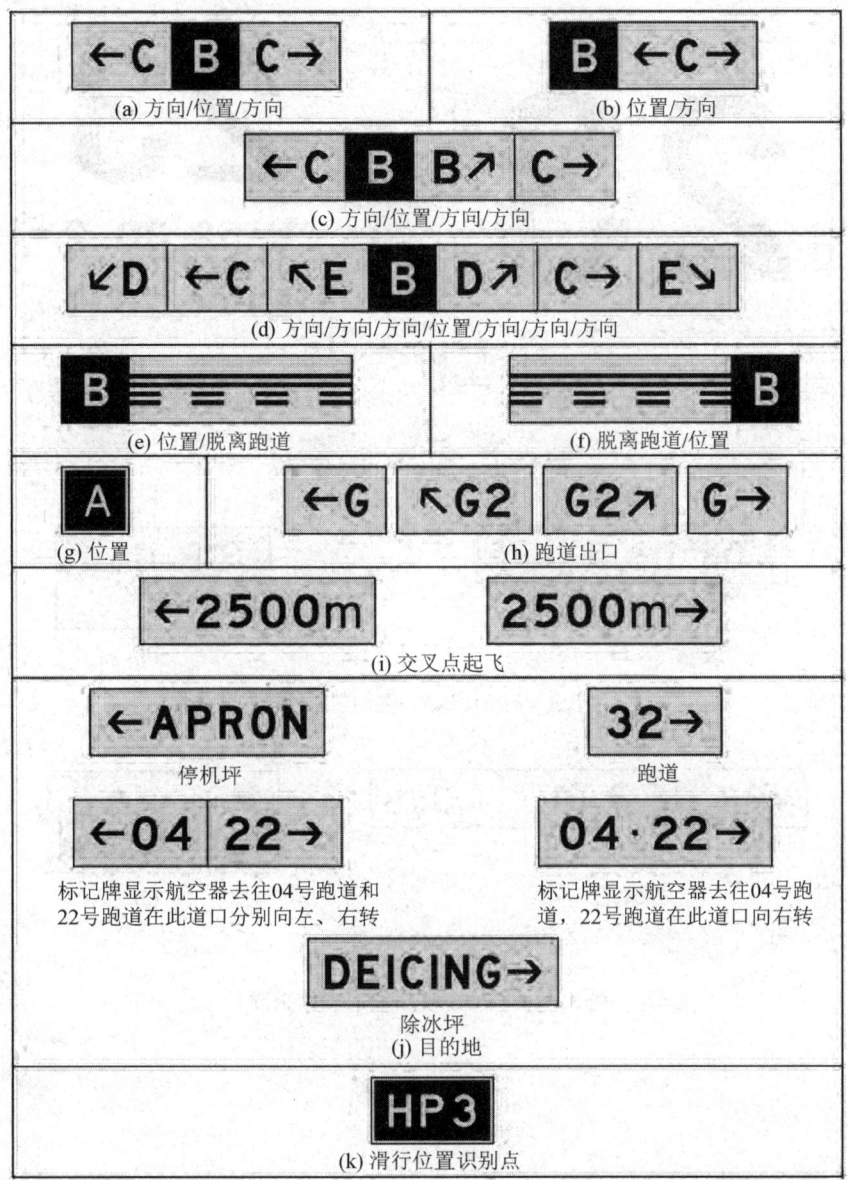

图 3-44 信息标记牌

4. VOR 机场校准点标记牌

当设有 VOR 机场校准点时,应以 VOR 机场校准点标志和 VOR 机场校准点标记牌来标明。VOR 机场校准点标记牌应尽可能地靠近校准点,使从正确地位于 VOR 机场校准点标志上的航空器驾驶舱里能看到标记牌上的字样。VOR 机场校准点标记牌应含有在黄色背景上的黑色文字,见图 3-46。

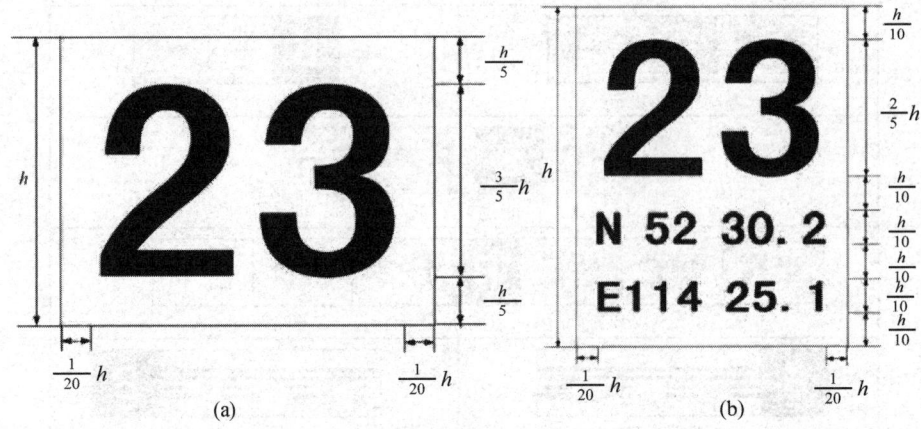

(a)   (b)

图 3-45　机位号码标记牌

(a)　　　　　　　　　　　　　(b)

用于没有测距仪装在一起的甚高频全向信标台

(c)　　　　　　　　　　　　　(d)

用于有测距仪装在一起的甚高频全向信标台

图 3-46　VOR 机场校准点标记牌

思考题

（1）什么是机场基准点？

（2）什么是机场标高？

（3）简述道面系统的组成。

（4）已知某 18-36 号跑道长 3 600 m，宽 45 m，跑道两端停止道各长 60 m，18 号跑道净空道长 300 m，36 号跑道净空道长 260 m，且 18 号跑道向跑道中部内移 120 m，请计算 18 和 36 号跑道的四个可用距离。

（5）简述道面标志的组成以及跑道和滑行道道面标志的颜色。

（6）简述机场灯光系统的组成，以及跑道灯光系统的组成、位置和颜色。

（7）进近灯光系统有哪几种？如何识别？

（8）简述精密进近灯光系统（PAPI）在航空器进近过程中的作用。

第四章　民用航空图

民用航空图是指以满足民用航空运行以及其他航空活动的需要为目的,表示各种航空要素以及必要的自然地理和人文要素的专用地图。

4.1　民用航空图概述

4.1.1　航图的基本要求

(1) 航图的设计与编绘应精确。航图中所有要素的标绘应准确、清晰、规范、布局合理。图面的颜色和字体大小,应保证飞行人员在驾驶舱内的人为或自然光线下易于判读。

(2) 航图的设计与制作应满足航空器运行各个阶段的需要,即满足航空器从停机位置至起飞点的滑行、起飞爬升至加入航路、沿航路飞行、进场飞行、进近着陆及复飞和着陆滑行至航空器停机位置等阶段的需要。

(3) 航图的编排形式应保证飞行人员在与其工作量和工作条件相适应的合理时间内获取有关资料。

(4) 每种航图应适用于相应的飞行阶段。在使用时,应能从一种航图顺利过渡到另一种航图。

(5) 不同类别的航图在基准色调上应有所区别,以方便用户的使用。航图的色调应以冷色调为基调,尽量避免使用原色。航图的颜色应能使飞行人员在机舱内、机舱外,人工或自然光源条件下易于判读,不产生误解。

(6) 航图定向应为上北下南,北方向宜与真北方向一致,航路图和需要折叠的图可例外,但是总方向应为上北下南。

(7) 按规定比例尺编绘的航图应表示线段比例尺或同时表示线段比例尺和数字比例尺。当平面图和剖面图同时表示在一张图上时,还应分别注明水平比例尺和垂直比例尺。不按比例尺编绘的航图,图中主要制图要素的相关位置应与实际情况基本一致。图中应注明"不按比例"。

(8) 可使用等高线法描绘地貌。可用单色描绘等高线的曲线,也可用曲线之间分层设色法描绘地貌,还可使用单色套不同网目分层设色描绘地貌。

(9) 高或高度应以米(m)为单位,如需要,可增加标注英尺(ft)。两种单位的表示方法应有明显区别。距离以米(m)或千米(km)为单位,或用米、英尺和千米、海里(n mile)两种单位同时表示,两种单位的表示方法应有明显区别。

4.1.2　航图的分类

为对应每个飞行阶段的使用,国际民航组织给出了如下航图种类的建议:
(1) 机场障碍物图-ICAO A 型(运行限制);

(2) 机场障碍物图-ICAO B 型；
(3) 航空地形与机场障碍物图-ICAO(电子)；
(4) 精密进近地形图-ICAO；
(5) 航路图-ICAO；
(6) 区域图-ICAO；
(7) 标准仪表离场图(SID)-ICAO；
(8) 标准仪表进场图(STAR)-ICAO；
(9) 仪表进近图-ICAO；
(10) 目视进近图-ICAO；
(11) 机场/直升机场图-ICAO；
(12) 机场地面活动图-ICAO；
(13) 航空器停放/停靠图-ICAO；
(14) 世界航图-ICAO 1:1 000 000；
(15) 航空图-ICAO 1:500 000；
(16) 航空领航图-ICAO 小比例；
(17) 作业图-ICAO；
(18) 电子航图显示器-ICAO；
(19) ATC 监视最低高度图-ICAO。

在各国航空资料汇编中以 ICAO 建议格式出版的航图，都会在航图标题上标注"ICAO"文字予以说明航图格式。

各国际民航组织缔约国根据《国际民用航空公约》附件 4 的建议与自身使用需求，分别颁布了能保证运行需求的各类航图。我国目前颁布的航图种类主要包括：
(1) 机场图；
(2) 停机位、停机位置图；
(3) 标准仪表进离场图；
(4) 仪表进近图；
(5) 目视进近图；
(6) 放油区图；
(7) 机场障碍物 A 型图；
(8) 精密进近地形图；
(9) 航路图；
(10) 区域图。

4.2 机场障碍物图-ICAO A 型(运行限制)

机场障碍物图——A 型(运行限制)由以下几部分组成(见图 4-1)：
(1) 平面图，包括航空、地理要素及水平线段比例尺。航空要素包括升降带及以内的跑道、滑行道、停止道，净空道，起飞航径区和起飞航径区内的重要障碍物；地理要素包括地物、地貌和重要自然障碍物。

(2) 剖面图,包括跑道剖面、净空道剖面、跑道两端标高、重要的跑道变坡点标高及相应的分段坡度、净空道末端标高、起飞航径区垂直剖面的坐标网格,1.2%(或一个特别批准的梯度)坡度线、重要障碍物和垂直线段比例尺。

(3) 公布可用距离表,此表位于剖面图的跑道剖面上方的中央,按跑道公布可用起飞滑跑距离(TORA)、可用起飞距离(TODA)、可用加速停止距离(ASDA)、可用着陆距离(LDA)。

(4) 图例表,表中对图中主要要素的符号予以说明。

(5) 修订表,表内有序号、日期和修订人。

(6) 图框内、外注记和图内必要的说明。

4.2.1 机场障碍物图-ICAO A 型(运行限制)一般要求

(1) 航图的要素应包括图廊外要素和图廊内要素。其中,图廊内要素包括一般性要素、平面图要素和剖面图要素。

(2) 应标出每条跑道及与其相连的停止道(如设有)、净空道(如设有)、起飞航径区、起飞航径区内障碍物的平面图和剖面图。起飞航径区内障碍物的剖面图,应包括平面图内所有障碍物的线状投影。剖面图应绘制在相应的平面图正上方。跑道同时设计直线离场和偏置离场程序时,应同时标画所有标称航迹的起飞航径区,离场起飞航径区应延伸至转弯点位置或不再出现重要障碍物或 10 km 的一点,以距离较短为准,对于起飞航径梯度小于 1.2%,起飞航径区范围应增加至不小于 12 km。

(3) 当一个障碍物不是重要障碍物时,则不需要绘制。对于移动障碍物,应在平面图中标绘包含在起飞航径区水平范围内的移动轨迹。如有必要,该移动轨迹可延伸至起飞航径区水平范围之外的适当位置。

4.2.2 机场障碍物图-ICAO A 型(运行限制)图中要素

4.2.2.1 图廊外要素

(1) 图名:NAIP 图名为"机场障碍物图-A 型(运行限制)"。

示例:

机场障碍物图-A型(运行限制)

(2) 识别名称:识别名称包括机场所在城市名称和机场名称。识别名称表示为"城市名称/机场名称"。

示例:

上海/浦东

(3) 机场地名代码:采用 ICAO《地名代码》(Doc 7910)中的代码作为机场地名代码。

示例:

ZSPD

(4) 跑道号码:跑道号码的表示方式为"RWY 跑道号码"。

示例:

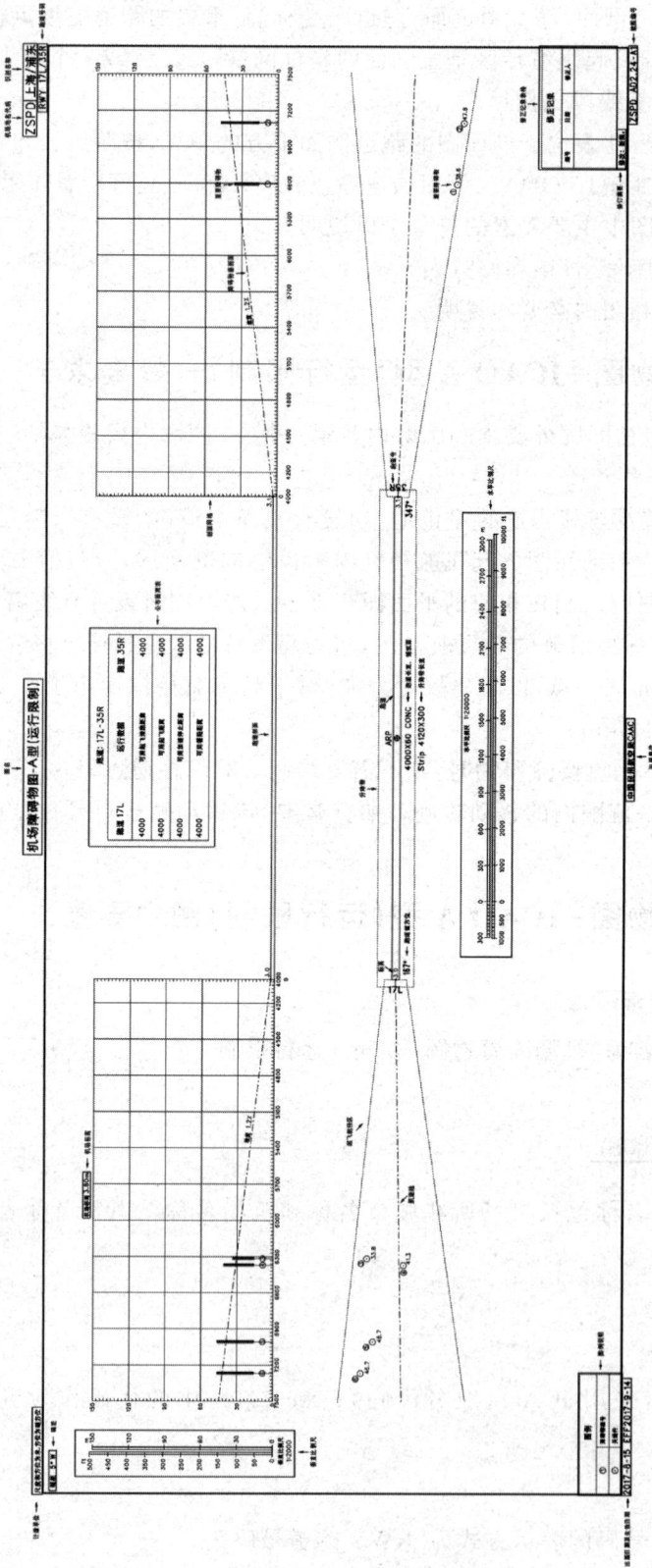

图4-1 NAIP机场障碍物图-A型(运行限制)样图

RWY 17L/35R

(5) 计量单位:在航图上注明所采用的计量单位。在 NAIP 航图上标注"尺度和标高为米,方位为磁方位"。

示例:

尺度和标高为米,方位为磁方位

(6) 出版日期和生效日期:出版日期采用北京时间,表示方式为"年-月-日"。年为四位数字,月为一位或两位数字,日为一位或两位数字;生效日期采用 AIRAC 日期。NAIP 航图采用北京时间,表示方式为"EFF 年-月-日"。其中,年为四位数字,月为一位或两位数字,日为一位或两位数字。

示例:

2017-8-15 EFF2017-9-14

(7) 出版单位:出版单位标注为"中国民用航空局 CAAC"。

中国民用航空局CAAC

(8) 航图编号:航图编号表示方式为"机场地名代码 AD2.24-序号"。NAIP 的序号一般为 A,若同一机场需要公布多张机场障碍物图—A 型(运行限制),则每幅图的序号依次为 A1,A2,…。

示例:

ZSPD AD2.24-A1

4.2.2.2 图廓内一般性要素

(1) 磁差:应在图框内左上角标注磁差,精确到 0.1°。

示例:

磁差 5°W

(2) 机场标高:应在图左上角剖面图上方标注机场标高,精确至 0.1 m。

示例:

机场标高 3.8 m

(3) 公布距离表:按照要求公布可用起飞滑跑距离、可用起飞距离、可用加速停止距离、可用着陆距离。凡因跑道只能单向使用而不提供公布距离时,则应说明该跑道"不能用于起飞"或"不能用于着陆"或"不能起落"。

示例:

跑道：17L-35R

跑道17L	运行数据	跑道35R
4000	可用起飞滑跑距离	4000
4000	可用起飞距离	4000
4000	可用加速停止距离	4000
4000	可用着陆距离	4000

(4) 图例说明：应列表说明平面图和剖面图中障碍物所采用的图例样式。

示例：

图例	
①	障碍物编号
⊙	天线杆

(5) 水平比例尺：应根据跑道的长度和障碍物分布情况来确定制图比例尺，采用 1∶10 000 或 1∶15 000 或 1∶20 000，并绘制公制和英制对照水平线段比例尺、注记文字比例尺。米制比例尺以 300 m 为间隔注记长度值，英制比例尺以 1 000 ft 为间隔注记长度值。NAIP 航图的表示方式为："水平比例尺 比例尺数值"。

示例：

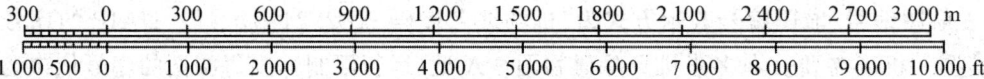

(6) 垂直比例尺：垂直比例尺为水平比例尺的 10 倍，应绘制公制和英制对照垂直线段比例尺，并注记文字比例尺。米制比例尺以 30 m 为间隔注记高度值，英制比例尺以 50 ft 为间隔注记高度值。线段比例尺的零点位置应和剖面图网格的垂直坐标零点位置对齐。NAIP 航图上文字比例尺的表示方式为"垂直比例尺（另起一行）比例尺数值"。

示例：

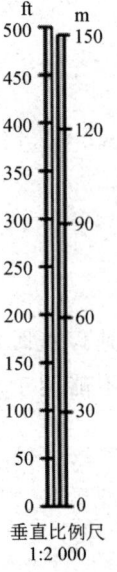

(7) 修正记录表格:修正记录用于记录机场障碍物图-A 型(运行限制)修订情况,包括修正编号、修正日期和修正人。

示例:

修正记录		
编号	日期	修正人

4.2.2.3 图廓内平面图要素

1. 跑道及升降带

应依比例尺用实线绘制跑道轮廓,注记跑道长度、宽度、道面性质(CONC 表示水泥、ASPH 表示沥青)、编号、磁方位(精确至 1°)、跑道入口和跑道变坡点的标高(精确至 0.1 m)。通常,将小号跑道注记在左侧。如果跑道基准点(ARP)位于跑道上或位于升降带以内,则还应在图上绘出 ARP 的位置并注记。只需绘制跑道,不必绘制滑行道。公布非全跑道起飞公布距离时,绘制相应滑行道,并标注滑行道名称。用短虚线绘制升降带,注记升降带的长度和宽度,如"Strip 4120×300"。

示例:

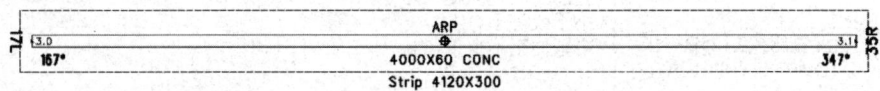

2. 停止道及净空道

用虚线绘制停止道轮廓,注记识别名称(SWY)、长度、宽度及道面性质。用虚线绘制净空道轮廓,注记识别名称(CWY)、长度和宽度。

示例:

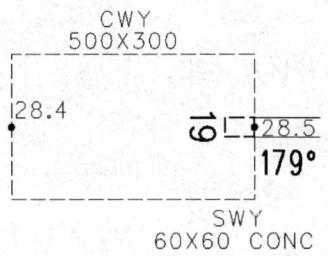

3. 起飞航径区

(1) 起飞航径区通常从跑道末端或净空道末端开始。如果有净空道,一般以净空道末端为起点,否则都以跑道末端为起点。

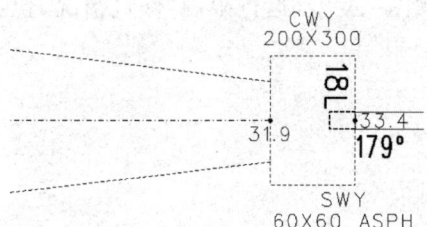

(2) 起飞航径区起始端的宽度为跑道中线延长线两侧各 90 m,总宽度为 180 m,以此宽度为基准,以 25%D(D 为距起飞航径区起点的距离)的比率(或 12.5%梯度向两侧)扩张至 1 800 m 的宽度。然后保持 1 800 m 的宽度延伸至某一点,在此点以远不再有重要障碍物,或延伸至 10 km,其两者以较短的为准。

如果因航空器运行限制而使用低于 1.2%的起飞航径区障碍物鉴别面时,则 1 800 m 的宽度可延伸至不少于 12 km 处。同时,剖面图中的 1.2%梯度障碍物鉴别面应降至 1%或以下。只有当没有障碍物穿透 1.2%的坡度面时,才需要考虑小于 1%的梯度。当 1%坡度面没有触及障碍物时,此平面还可降低,直至接触到第一个障碍物为止。

示例:

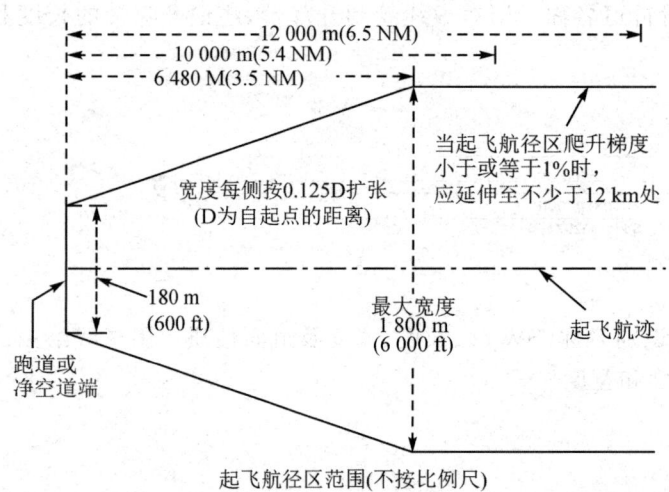

起飞航径区范围(不按比例尺)

(3) 用虚线绘制起飞航径区边线,用长短虚线标绘起飞航径区航迹线。

示例:

(4) 当起飞航径区内存在障碍物(包括突出的地形)并因此设计了转弯离场程序时,起飞航径区需要调整,使其中心线处于标称航迹上,而不是跑道中线延长线上。应标明转弯点位置、转弯圆心、转弯半径、从跑道起始端至转弯点的距离。

示例：

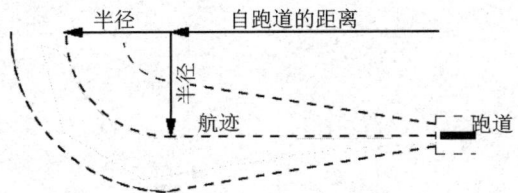

4. 障碍物

(1) 平面图上的障碍物应与剖面图上的障碍物一一对应。应绘制每一重要障碍物的准确位置、识别编号、标高（精确至 0.1 m）以及代表其类型的符号。通常，先对小号跑道起飞航径区内的障碍物沿起飞方向从小到大顺次编号。

示例：

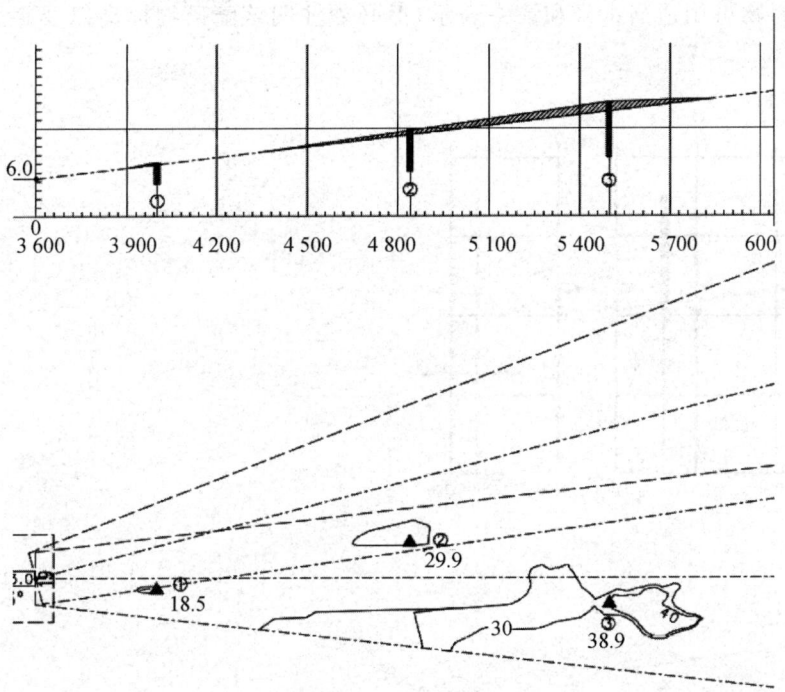

(2) 当障碍物大面积穿透起飞航径区障碍物鉴别面（比如地形）时，应采用加粗线描绘其与坡度面相交的边线，适用时，用等高线法表示该边线以内的地形。

采用等高线标绘穿透起飞航径区障碍物鉴别面的地形，等高线应延伸至起飞航径区边线外 5 mm 处。等高线应以整百米或整千米注记，整个限制面内的等高线注记不宜过密，宜从山头数第一或第二条计曲线注记，字头总的方向朝图框北、朝山头方向。最高的山头应有标高注记。

示例：

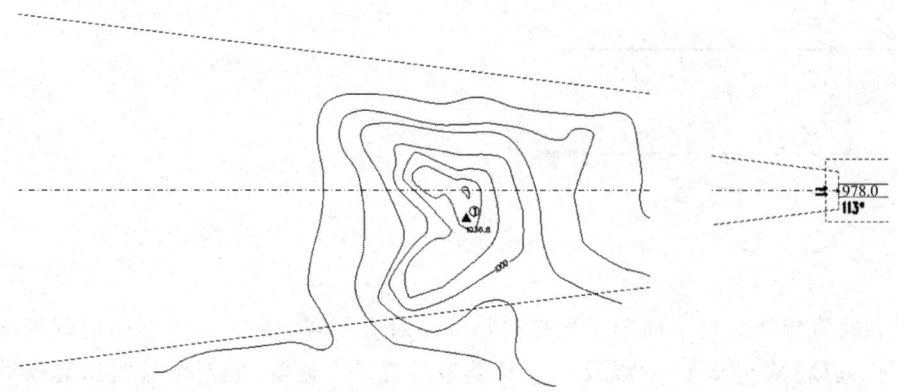

(3) 为节省图幅,当重要障碍物都集中在远处时,可以将起飞航径区截断,并对应截断剖面图。孤立且较远的障碍物可用适当符号和箭头表示,但必须注明该障碍物标高以及距跑道起始端的距离、方位。

远处重要障碍物示例:

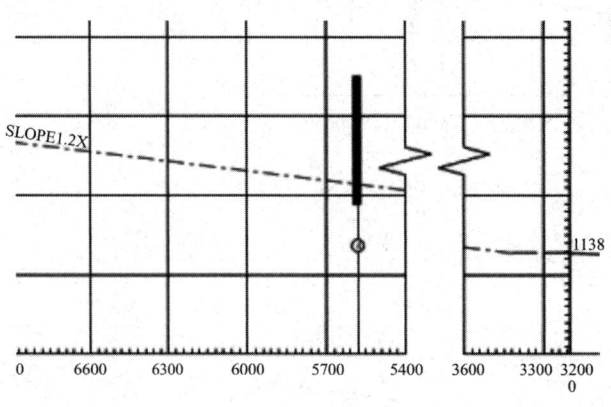

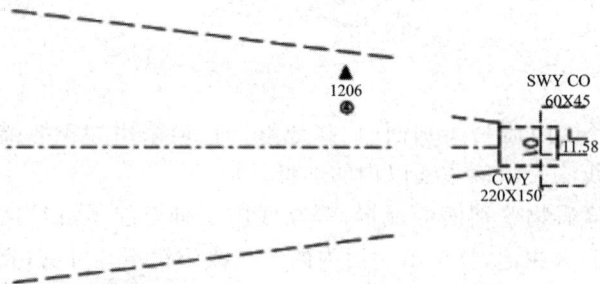

远处孤立障碍物示例:

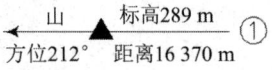

(4) 绘制转弯区域外侧和附近的障碍物。

示例：

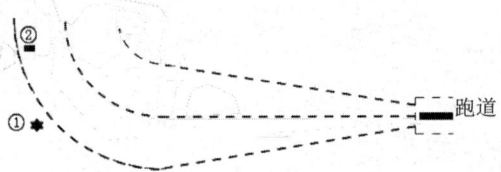

4.2.2.4 图廓内剖面图要素

1. 剖面图网格

在剖面图上按比例尺绘制代表跑道的水平直线并在其左右两侧各绘制一个剖面图网格，剖面图网格由水平网格线和垂直网格线组成，每个剖面网格的垂直坐标零点为平均海平面、水平坐标零点为距起飞航径最远的跑道端。水平网格线从起飞跑道末端以 300 m 间隔绘制网格线，以 30 m 间隔绘制刻度线。垂直网格线以 30 m 间隔绘制网格线，以 3 m 间隔绘制刻度线。网格线及刻度线应沿网格边缘标绘。

示例：

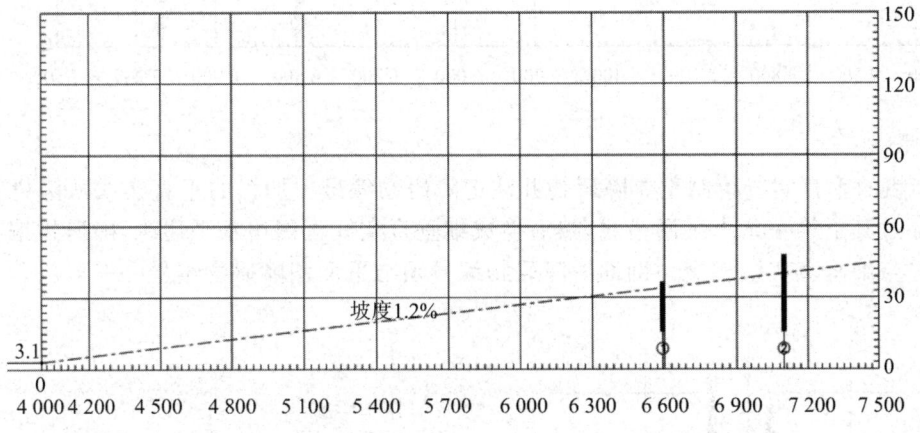

2. 跑道剖面

根据跑道两端入口标高、变坡点的标高，用粗实线绘出跑道剖面图，并在跑道剖面线上方，注记跑道两端和变坡点的标高及变坡值（精确至万分之一）。在剖面图网格之间表示跑道长度的直线上，用刻划线绘制变坡点对应的跑道位置，并标注变坡点间距。

示例：

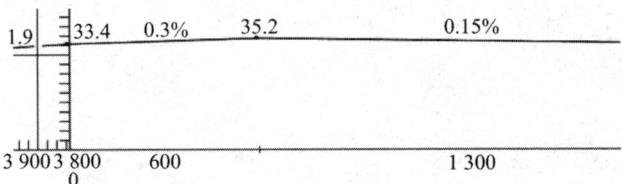

3. 停止道/净空道剖面

停止道、净空道在垂直坐标网格内,根据道面标高用粗虚线绘制。

示例:

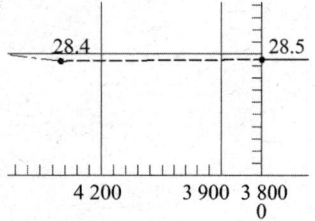

4. 障碍物鉴别面

用障碍物鉴别面的梯度线代表障碍物鉴别面,1.2%(或一个特别批准的梯度)梯度线的起点对应于平面图起飞航径区起始点,用长短虚线绘制。

示例:

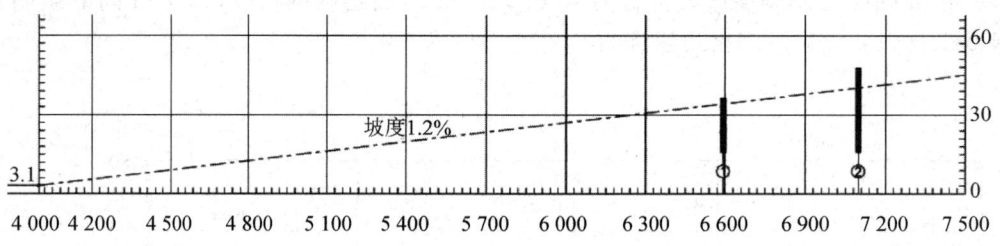

5. 障碍物

(1)用加粗的垂直实线绘制重要障碍物并注记障碍物编号。加粗的垂直实线从障碍物顶部标高开始穿过其下第一条水平网格线,然后换成细垂直实线至网格水平边缘,障碍物编号放置在圆圈内并与细垂直实线相交。剖面图障碍物编号须与平面图障碍物编号一一对应。

示例:

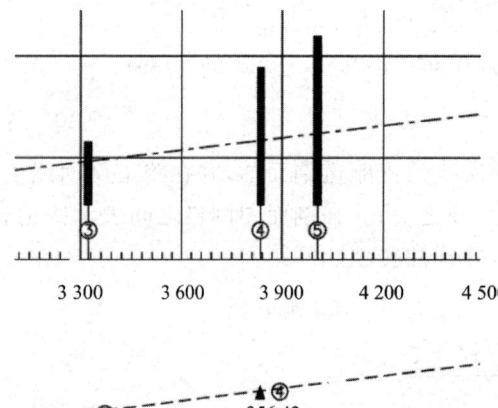

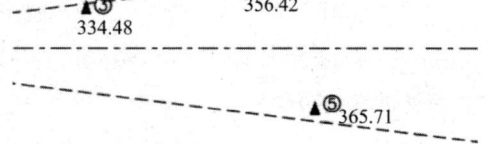

（2）剖面图障碍物能否与平面图上同一障碍物垂直对应，取决于起飞离场程序。直线离场时，两者垂直对应，见示例1。转弯离场时，剖面图上从跑道起始端至转弯区域障碍物的距离应该沿着航迹量取至障碍物正切航迹的点，见示例2。转弯离场时，两者无法垂直对应，见示例3。

示例1：

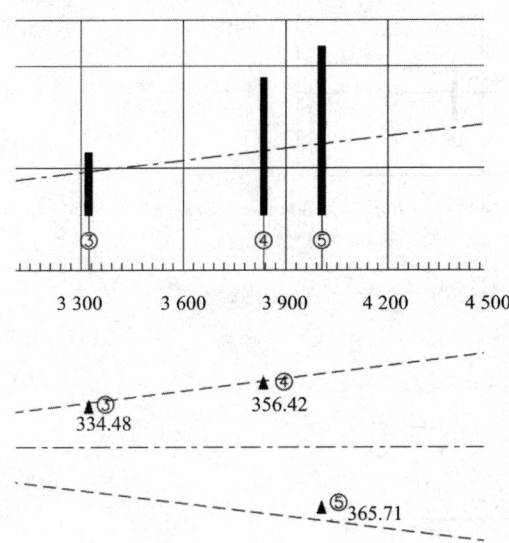

示例2：

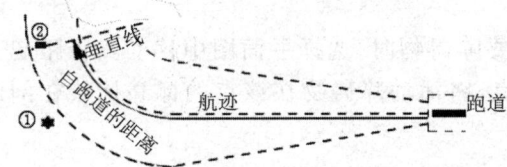

示例3：

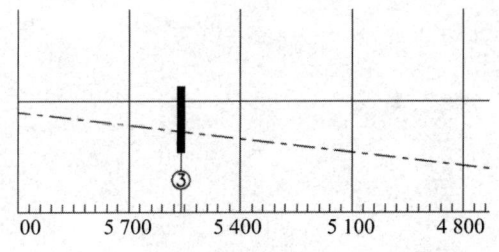

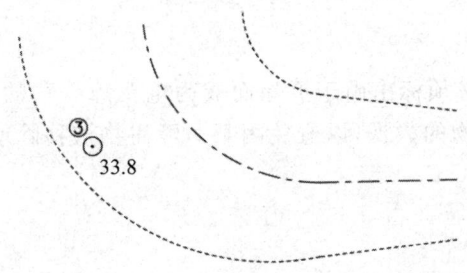

(3) 当自然地物穿透1.2%梯度(或一个特别批准的梯度)障碍物鉴别面,并已构成重要障碍物时,用细实线画出范围和体积,体积范围内应套以网目表示。

示例:

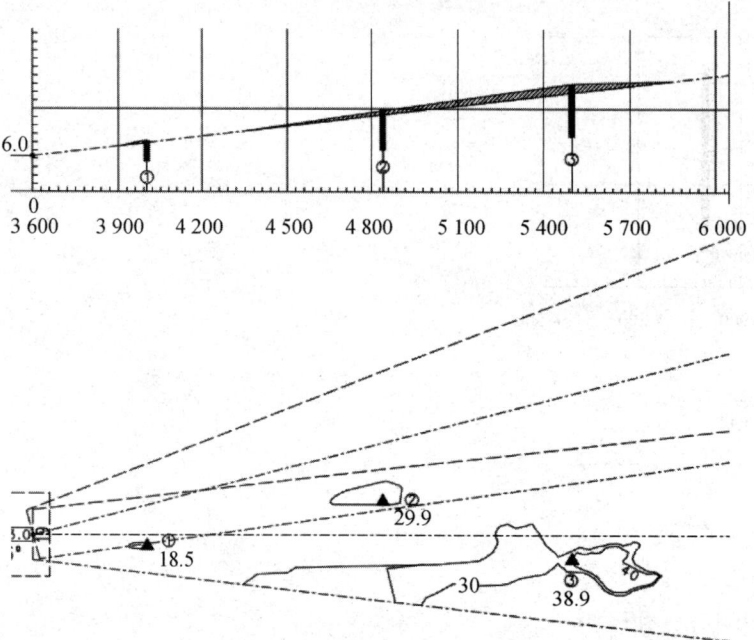

(4) 当活动障碍物穿过起飞航径区构成重要障碍物时,选择平面图中移动路径距起飞航径区起始端最近的点,作为活动障碍物的位置点,将活动障碍物在该点的标高标绘在剖面图上,活动障碍物符号应有别于其他障碍物。

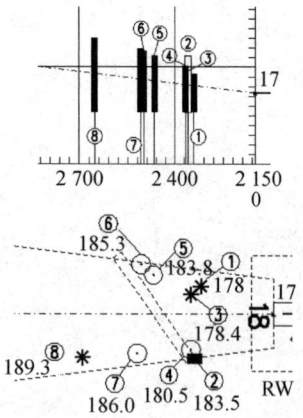

(5) 当产生阴影的重要障碍物被拆除时,则必须标出由于拆除而成为重要障碍物的物体。由于可能出现意料不到的变化,应保存所有障碍物的数据,以避免因某一障碍物被移除或机场布局发生变化时需要重新测量。

4.3 精密进近地形图

精密进近地形图用于提供在最后进近划定区内地形剖面的详细资料(包括自然和人工物体),以便航空器运营人能够通过使用无线电高度表来评估地形对确定决断高度所产生的影响。运行Ⅱ、Ⅲ类精密进近跑道的机场,必须绘制精密进近地形图(见图 4-2)。

4.3.1 精密进近地形图的组成

航图要素应包括图廓外要素和图廓内要素。其中,图廓内要素包括一般性要素、平面图要素和剖面图要素。

4.3.2 精密进近地形图的制图范围

平面范围为:跑道中心延长线两侧各 60 m 宽,从入口沿跑道中心线至 900 m 长。

剖面范围为:从入口沿跑道中心线延长线至 900 m 长的地形剖面。凡离跑道入口 900 m 以远的地形为山区或对本图使用者有重要意义时,剖面图绘制范围可超过 900 m,但不应超过 2 000 m。

4.3.3 精密进近地形图的一般要求

(1) 精密进近地形图应满足实际运行需要,准确标绘各项数据。

(2) 当出现任何重要变化时,如障碍物高度的变化超过±3 m 或下滑角度发生变化时,应及时更新数据,以便保证精密进近地形图的及时性、准确性和完整性。

(3) 精密进近地形图应按比例尺绘制。水平比例尺通常采用 1:2 500 或 1:5 000,垂直比例尺采用 1:500。

(4) 距离采用公制计量单位,高采用公制和英制计量单位。采用黑色制作。

4.3.4 精密进近地形图图中要素

4.3.4.1 图廓外要素

(1) 图名:NAIP 图名为"精密进近地形图-ICAO"。

示例:

<u>精密进近地形图-ICAO</u>

(2) 识别名称。

(3) 机场地名代码。

(4) 跑道号码。

(5) 计量单位。

(6) 出版日期及生效日期。

(7) 出版单位等规定与 4.2 节一致。

(8) 航图编号:航图编号表示方式为"机场地名代码 AD2.24-序号"。NAIP 的序号一般为 D,若同一机场需要公布多张精密进近地形图,则每幅图的序号依次为 D1,D2。

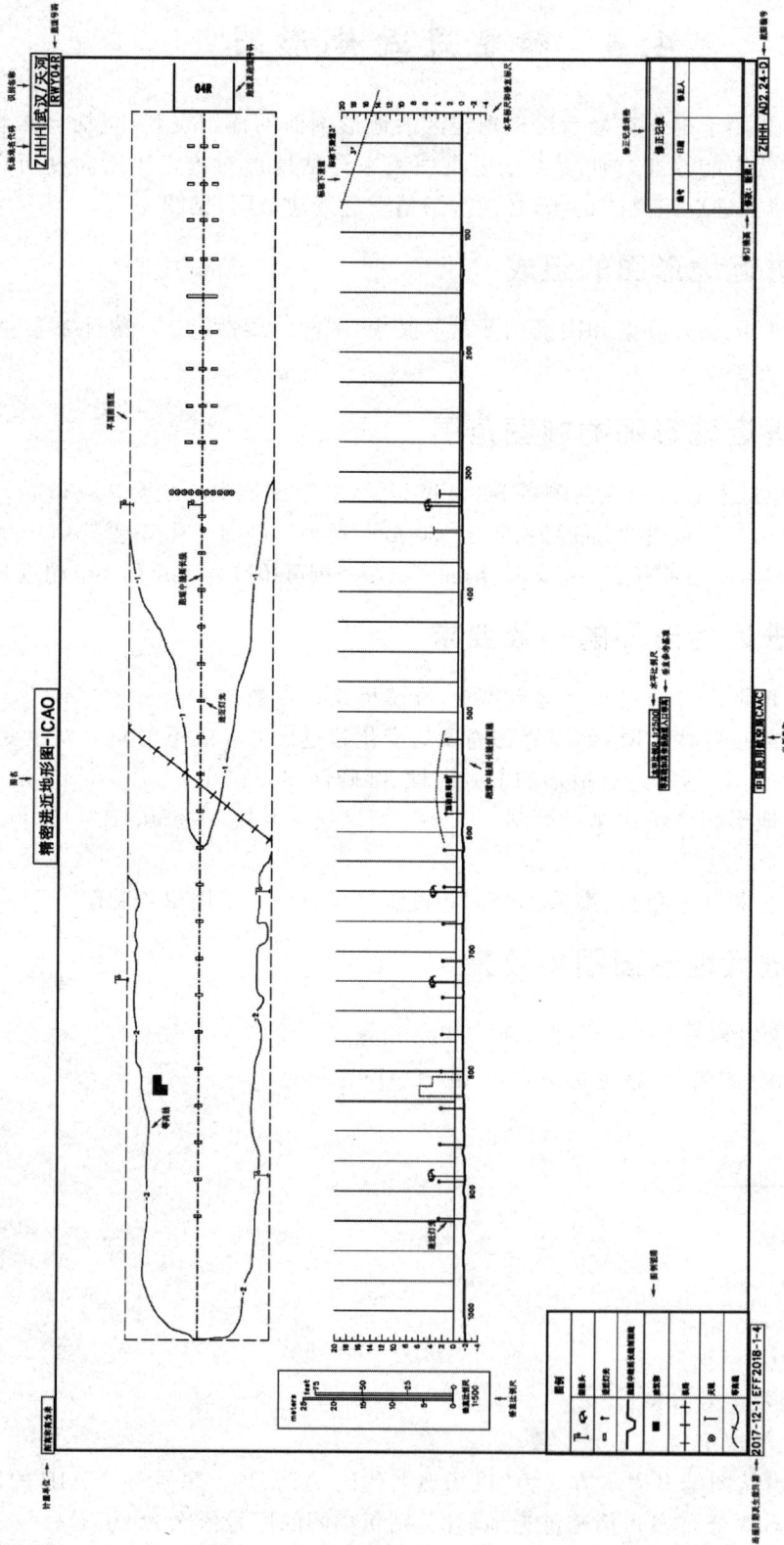

图4-2 NAIP精密进近地形图图样图

示例：
$\overline{\text{ZWWW AD2.24-D}}$

4.3.4.2 图廓内一般性要素

(1) 图例说明：应列表说明平面图和剖面图中地形、地物等要素所采用的图例样式。

示例：

图例	
⊸ ↑	进近灯
∨	剖面中线
- - - - -	道路
————	围界
⊙ T	航向台天线阵
⌒	等高线

(2) 垂直参考基准：NAIP 航图上标注"等高线和高依据跑道入口标高"。

示例：

等高线和高依据跑道入口标高

(3) 水平比例尺：水平比例尺一般采用 1∶2 500，当地形剖面从跑道入口向外超过 900 m 时，可采用 1∶5 000。当用 1∶2 500 制图，超过制图范围图幅过大时，也可选用 1∶5 000。只需注记文字比例尺。NAIP 航图的表示方式为："水平比例尺 比例尺数值"。

示例：

水平比例尺　1∶2 500

(4) 垂直比例尺：垂直比例尺采用 1∶500。应绘制公制和英制对照垂直线段比例尺，并注记文字比例尺。米制比例尺以 5 m 为间隔注记高度值，英制比例尺以 25 ft 为间隔注记高度值。线段比例尺的零点位置应和垂直标尺的零点位置对齐，且线段比例尺一般和跑道入口位于同一侧，也可根据实际情况调整其位置。NAIP 航图上文字比例尺的表示方式为："垂直比例尺 比例尺数值"。

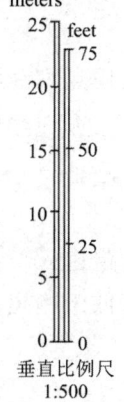

(5) 修正记录表格:当平面图内的地形或地形上的任何物体(含活动障碍物)的高差变化超过±3 m时,应对航图进行修订并记录。修正记录用于记录精密进近地形图修订情况,包括修正编号、修正日期和修正人。

示例:

修正记录		
编号	日期	修正人

4.3.4.3 图廓内平面图要素

(1) 平面图范围:平面图范围的宽度为跑道中线延长线两侧各60 m,长度为从跑道入口向外沿跑道中线延长线至900 m。若离跑道入口900 m以远的地形为山区或对本图使用者有重要意义时,平面图范围的长度可超过900 m,但不超过2 000 m。应用虚线绘出平面图的范围。

示例:

(2) 跑道及跑道号码:从跑道入口向内绘制2 cm(图上距离)代表跑道。跑道号码小于等于18的跑道应位于图的右侧,跑道号码大于18的跑道应位于图的左侧。应在跑道入口居中位置处按航空器进近方向标注跑道号码。

示例:

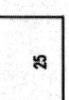

(3) 跑道中线延长线:从跑道入口向外标出跑道中线延长线至图幅结束,应用点划线标出跑道中线延长线。

示例:

— · — · — · — · — · — · — · —

(4) 等高线:在平面图范围内,按1 m等高距绘制等高线,注记等高值。以跑道入口标高为0 m等高线基准,高于跑道入口标高为正,注记的数值前不用标注符号"+",低于跑道入口标高为负,在注记的数值前标注符号"—"。

示例:

(5) 地物:在平面图范围内,应采用相应的符号绘制高差大于或等于 3 m 的地物,进近灯光系统除外。

(6) 活动障碍物:在平面图范围内,应绘制高差大于或等于 3 m 的活动障碍物的活动范围。

(7) 进近灯光:当进近灯光中有部分灯光高差大于或等于 3 m 时,应把进近灯光系统从跑道端沿着跑道中线延伸的全长标在平面图上。

示例:

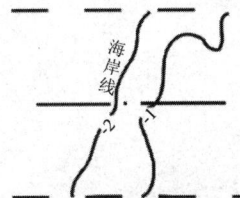

(8) 水域:当跑道最后进近航道位于水域上方而使航空器进近受潮水涨落或雨季、旱季影响时,有必要在平面图上用实线绘制水域边界线。NAIP 航图在水域边界线旁标注"海岸线"。

示例:

4.3.4.4 图廓内剖面图要素

(1) 剖面图范围:剖面图绘制的长度与平面图一致,由水平标尺和垂直标尺围成。

(2) 水平标尺及垂直标尺:

① 水平标尺:对应于平面图起止位置,绘制一条水平线,长度与平面图一致。当水平比例尺为 1∶2 500 时,沿水平线以 25 m 为间隔绘制垂直线,以 100 m 为间隔注记距跑道入口长度。当水平比例尺为 1∶5 000 时,以 100 m 为间隔绘制垂直线,以 100 m 为间隔注记距跑道入口长度。垂直线的长度应与垂直标尺的最大刻度值一致。

② 垂直标尺:在水平标尺的首末垂直线上,以 1 m 间隔绘制短刻度线,以 2 m 间隔绘制长刻度线并注记高度数值。垂直标尺最大注记值应大于 RDH,最小注记值应小于制图范围内等高线的最小值。

示例:

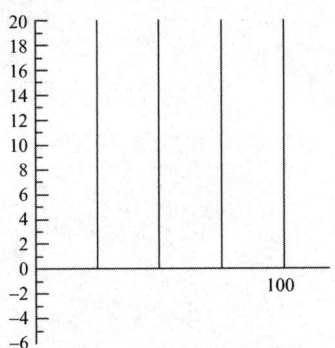

（3）跑道中线延长线剖面线：在制图范围内绘制跑道中线延长线剖面线。首先确定平面图上跑道中线延长线与等高线的交点，该点垂直投影到剖面图范围内，其对应的垂直标尺的高度值应与等高线值一致。将这些点用平滑实线连起来，就是跑道中线延长线剖面线。

示例：

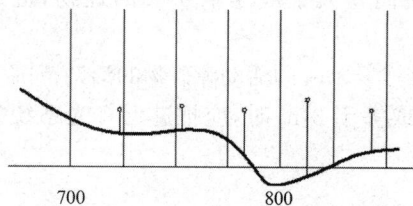

（4）地形、地物和活动障碍物：

① 对应于平面图上高差大于或等于 3 m 的地形，应采用短虚线绘制其剖面线。用虚线绘制的剖面线可在空中中止。

示例：

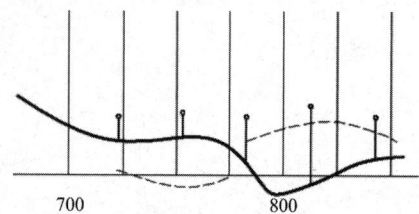

② 对应于平面图上绘制的地物（进近灯光系统除外），应采用短虚线绘制其剖面线。用虚线绘制的剖面线可在空中中止。

示例：

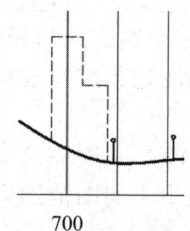

③ 当平面图上绘制了活动障碍物的活动范围时，应采用短虚线绘制其剖面线。在 NAIP 航图上标注"活动障碍物"。

示例：

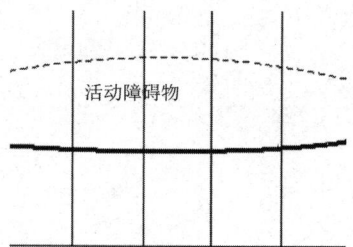

(5) 进近灯光:当平面图绘制了进近灯光时,应用实线绘制高差大于或等于 3 m 的进近灯光剖面线。

示例:

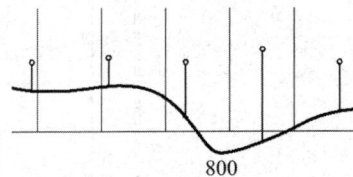

(6) 标称下滑道:在跑道入口一侧的垂直标尺上,用虚线表示 ILS 基准高及标称下滑道,虚线的倾斜角度为下滑角度,下滑角度精度为 0.1°。需对标称下滑道进行注记。在 NAIP 航图上标注"标称下滑道""下滑角度"。

示例:

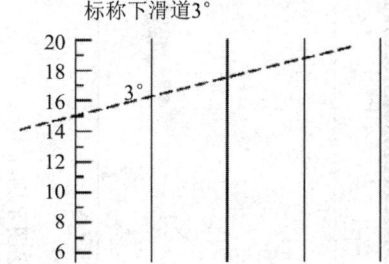

(7) 水域:当跑道最后进近航道位于水域上方而使航空器进近受潮水涨落或雨季、旱季影响时,有必要绘制该水域。在剖面图上用实线绘制最高水位、用虚线绘制最低水位,在 NAIP 航图上标注"注意水位涨落""高水位""低水位"。

示例:

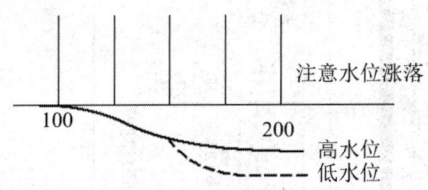

4.4 机场图

4.4.1 机场图的组成

机场图包括图廓外要素和图廓内要素(见图 4-3)。其中,图廓外要素包括图名、机场基准点坐标、机场标高等要素,图廓内要素包括一般性要素、跑道相关要素、滑行道相关要素、停机坪相关要素、助航灯光及设施相关要素、运行提示要素、直升机运行相关要素、起飞最低标准及主要灯光要素。

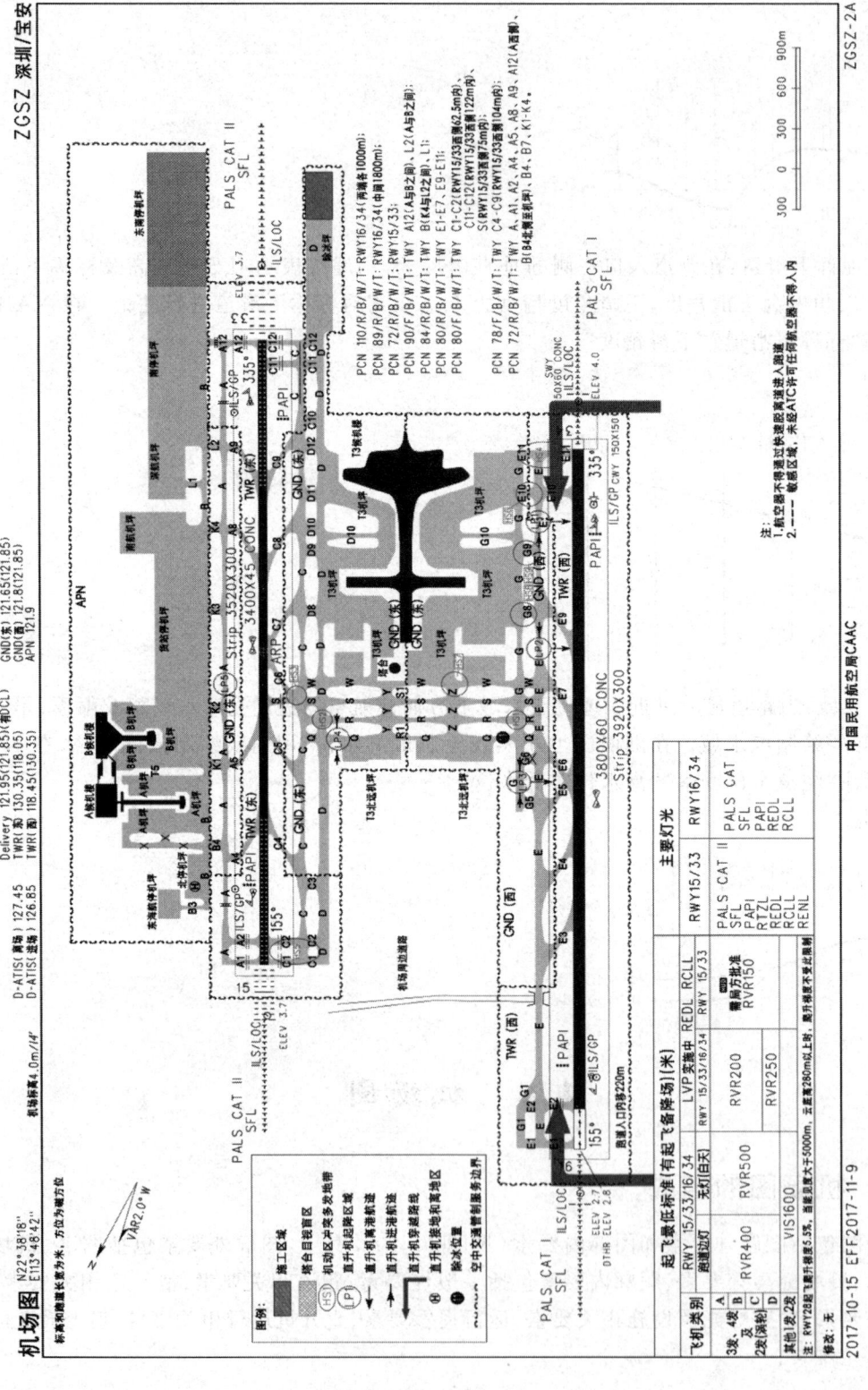

图4-3 机场图示例

4.4.2 机场图的一般要求

(1) 机场图覆盖的范围和比例尺应尽量大,以便能够清楚地标出机场图的所有要素。当资料繁杂或航站设施复杂而不能在机场图上清楚地注明资料时,应绘制停机位置图、滑行路线图等,作为机场图的补充。

(2) 机场图应按比例绘制,比例尺应足够大到能覆盖机场图的所有要素。

(3) 机场图应满足实际运行需要,准确标绘各项数据。

4.4.3 机场图的组成要素

4.4.3.1 图廓外要素

(1) 图名:NAIP 的图名为"机场图"。

示例:

机场图

(2) 机场基准点坐标:NAIP 的表示方式为 N 度°分′秒″E 度°分′秒″,精度均为 1 秒。其中,北纬的"度"、"分"和"秒"均为两位数字;东经的"度"为三位数字,"分"和"秒"为两位数字。

示例:

N22°38′18″
E113°48′42″

(3) 机场标高:NAIP 的表示方式为"机场标高××m/××",标高的精度为 0.1 m(公制单位),取整方式为四舍五入。NAIP 需标注英尺标高,精度为 1 ft(英制单位),取整方式为向上取整。

示例:

机场标高4.0 m/14′

(4) 无线电通信频率:

① 表示方式为"通信服务代号""主用频率(备用频率)(备注)"。备注应包括该频率的适用范围和特殊说明,但是不需要公布频率单位和工作时间。

② 若无线电通信频率是整数,则保留小数点后一位,如 123.0;若无线电通信频率不是整数,则按照实际情况公布,如 128.45。

③ 若机场具备数字化放行系统,且有 DELIVERY 频率,则 NAIP 在 DELIVERY 频率的备注中标明"有 DCL";若机场具备数字化放行系统,但无 DELIVERY 频率,则依次在 GND 频率或 TWR 频率的备注中标明"有 DCL"。

示例:

D-ATIS(离场) 127.45	Delivery 121.95(121.85)(有DCL)	GND(东) 121.65(121.85)
D-ATIS(进场) 126.85	TWR(东) 130.35(118.05)	GND(西) 121.8(121.85)
	TWR(西) 118.45(130.35)	APN 121.9

(5) 机场地名代码。

(6) 识别名称。

(7) 出版日期及生效日期。

(8) 出版单位等规定与本书第 4.2 小节一致。

(9) 航图编号:NAIP 的表示方式为"机场地名代码-编号"。当需要编绘单张机场图时,编号为 2,当需要编绘多张机场图时,编号应为 2A/2B/2C……。

示例:

$$\overline{\text{ZGSZ-2}} \text{ 或 } \overline{\text{ZGSZ-2A}}$$

4.4.3.2 图廓内一般性要素

(1) 计量单位:一般在图廓内左上角注明所采用的计量单位,NAIP 的表示方式为"标高和跑道长宽为米,方位为磁方位"。

示例:

标高和跑道长宽为米,方位为磁方位

(2) 线段比例尺:线段比例尺的单位长度应设定为 1 cm,线段比例尺范围通常在 1:20 000~1:50 000,尽量避免使用个位非 0 或非 5 的线段比例尺。

示例:

300　　0　　300　　600　　900 m

(3) 指北针和磁差:图上应标出真北箭头、磁北箭头和磁差,表示方式为"VAR 磁差",磁差的精度为 0.1°,取整方式为四舍五入,不需要公布磁差年变率。

示例:

(4) 图例框:在图例框中,对于机场图中的相关特殊符号,可在图例框中进行示例与说明。

示例:

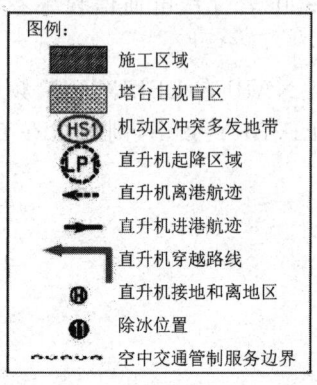

4.4.3.3 图廓内跑道相关要素

(1) 机场基准点:机场基准点位置应根据机场基准点坐标进行绘制。具体位置确定后,一般不会变化。

示例:

(2) 跑道:
① 应标绘本机场的所有跑道,包括废弃的和正在修建的跑道。
② 跑道长度应按比例绘制,一般跑道宽度不按比例绘制。
③ 跑道的两端应注明跑道磁向,精度为1度,用3位数字表示,不足位数值前面补零。
④ 跑道编号应在跑道两端进行标注。跑道编号用两位数字或两位数字加一位英文字母表示。
⑤ 对于多跑道机场,各条跑道的相对位置应注意按比例绘制。图幅范围内其他机场的跑道也应按比例绘制其轮廓,但使用的铺筑面颜色应与本场跑道有区别,并加注文字提示及在轮廓外加上框线等。
⑥ 若跑道设置有掉头坪,应在机场图中进行标绘。

示例:

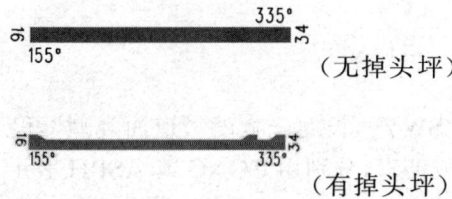

(3) 跑道长度、宽度和道面类型:表示方式为"长度×宽度 道面类型"。道面类型为水泥混凝土或沥青,分别用CONC或ASPH表示。跑道长度、宽度的精度为1 m。若一条跑道不同分段的道面类型不同,则需分段标注。

示例:

3800×60 CONC

(4) 跑道强度:表示方式为"PCN值:RWY跑道编号"。若多条跑道的道面强度不同,应按PCN值从大到小排序,同时按跑道编号顺序排列。若一条跑道不同分段的道面强度不同,应按PCN值从大到小排序。相同的跑道强度和滑行道强度、停机坪强度、停机位强度、机坪滑行线强度可以合并表示。

示例:
PCN 72/R/B/W/T:RWY15/33;

(5) 跑道入口高度:表示方式为"ELEV ××"。标高的精度为0.1 m,取整方式为四舍五入。

示例：

ELEV 3.7

(6) 跑道入口内移：跑道入口内移应按比例进行绘制。NAIP 的表示方式为"跑道入口内移 XX m"。

示例：

跑道入口内移220 m

(7) 内移跑道入口标高：表示方式为"DTHR ELEV ××"。标高的精度为 0.1 m，取整方式为四舍五入。如果存在跑道入口内移的情况，既需要公布内移跑道入口标高，也需要公布跑道入口标高。

示例：

　　　ELEV 2.7
DTHR ELEV 2.8

(8) 停止道：应按比例绘制停止道长度。停止道宽度一般不按比例绘制，但应与跑道宽度一致。停止道不需要标绘编号。

示例：

(9) 停止道长度、宽度和道面类型：表示方式为"SWY 长度×宽度 道面类型"，停止道长度和宽度的精度为 1 m。道面类型为水泥混凝土或沥青，分别用 CONC 或 ASPH 表示。

示例：

SWY 60X60 ASPH

(10) 净空道：应按比例绘制净空道长度、宽度。净空道不需要标绘编号。

示例：

(11) 净空道长度和宽度：表示方式为"CWY 长度×宽度"，净空道长度和宽度的精度为 1 m。

示例：

CWY 200X300

(12) 升降带：应按比例绘制升降带长度、宽度。升降带不需要标绘编号。

示例：

(13) 升降带长度和宽度：表示方式为"Strip 长度×宽度"，升降带长度和宽度的精度为 1 m。

示例：

Strip 3920X300

4.4.3.4 图廓内滑行道相关要素

(1) 滑行道：滑行道应按比例绘制长度。滑行道应标绘编号，一般用字母、字母和数字的组合来表示。

示例：

(2) 滑行道强度：

① 表示方式为"PCN 值：TWY 滑行道编号"。

② 若多条滑行道的道面强度不同，应按 PCN 值从大到小排序，同时按滑行道编号顺序排列。若一条滑行道不同分段的道面强度不同，应按 PCN 值从大到小排序。

③ 相同的滑行道强度和跑道强度、停机坪强度、停机位强度、机坪滑行线强度可以合并表示。

示例：

```
PCN 80/F/B/W/T：TWY C1-C2(RWY15/33西侧62.5m内)、
                    C11-C12(RWY15/33西侧122m内)、
                    S(RWY15/33西侧75m内);
PCN 78/F/B/W/T：TWY C4-C9(RWY15/33西侧104m内);
PCN 72/R/B/W/T：TWY A、A1、A2、A4、A5、A8、A9、A12(A西侧)、
                    B(B4北侧至机坪)、B4、B7、K1-K4。
```

(3) 跑道等待位置：跑道等待位置有两种类型，分别为 A 型跑道等待位置和 B 型跑道等待位置。

示例：

— — — —（A 型跑道等待位置）

（B 型跑道等待位置）

(4) 等待点：机场图和停机位置图中均应公布等待点。若无停机位置图或停机位置图无法公布全部的等待点，应在机场图中公布。等待点应标绘编号，编号方式无特殊要求，可根据需要自行设定，例如 HP、PB、AH1、EOT2、EOP3 等。不同类型等待点的具体用途可在注释信息中明确。

示例：

（5）除冰位置（除冰点）：机场图和停机位置图中均应公布除冰位置（除冰点）。若无停机位置图或停机位置图无法公布全部的除冰位置（除冰点），应在机场图中公布。除冰位置（除冰点）应标绘编号，相关的运行限制可在注释信息中明确。

示例：

4.4.3.5 图廓内停机坪相关要素

（1）停机坪：停机坪应按比例进行绘制。停机坪如有编号，应标绘编号。编号方式一般采用字母、数字、字母和数字组合。NAIP 的表示方式一般为"停机坪编号停机坪"。

示例：

1号停机坪

（2）停机坪强度：

① 停机坪强度一般不在机场图中公布，而是公布在停机位置图中。若无停机位置图，应在机场图中公布。停机位强度一般与所在停机坪强度一致，如果不一致，需要单独表示。

② NAIP 的表示方式为"PCN 值：停机坪编号停机坪"。AIP 的表示方式为"PCN 值：APRON Nr. 停机坪编号"。

③ 若多个停机坪的道面强度不同，应按 PCN 值从大到小排序，同时按停机坪编号顺序排列。若一个停机坪不同区域的道面强度不同，应按 PCN 值从大到小排序。

示例：

PCN 110/R/B/W/T：东海航停机坪，T3机坪，T3货机坪；
PCN 90/R/B/W/T：卫星厅停机坪；
PCN 89/R/B/W/T：东南停机坪；

（3）停机位：停机位一般不在机场图中公布，而是公布在停机位置图中。若无停机位置图，则应在机场图中公布。停机位应按比例进行绘制，一般不需要在停机位上绘制航空器模型。

示例：

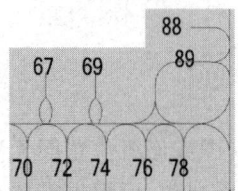

（4）停机位强度：停机位强度一般不在机场图中公布，而是公布在停机位置图中。若无停

机位置图,则应在机场图中公布。停机位强度一般与所在停机坪强度一致,如果不一致,则需要单独表示。NAIP 的表示方式为"PCN 值　停机位编号　停机位"。

示例:

PCN 70/R/B/W/T:318、319号停机位;

(5) 停机位坐标:停机位置坐标一般不在机场图中公布,而是公布在停机位置图中。若无停机位置图,应在机场图中公布。NAIP 的表示方式为"N 度°分′秒″""E 度°分′秒″"。北纬和东经在一行表示,精度均为 0.1 秒。其中,北纬的"度"和"分"为两位数字,"秒"的整数部分为两位数字,并保留小数点后一位;东经的"度"为三位数字,"分"为两位数字,"秒"的整数部分为两位数字,并保留小数点后一位。

示例:

N31°59′59.9″
E113°59′59.9″

4.4.3.6　图廓内助航灯光及设施相关要素

(1) 简易进近灯光系统:在灯光表格中依照所属跑道标注为"SALS"。

示例:

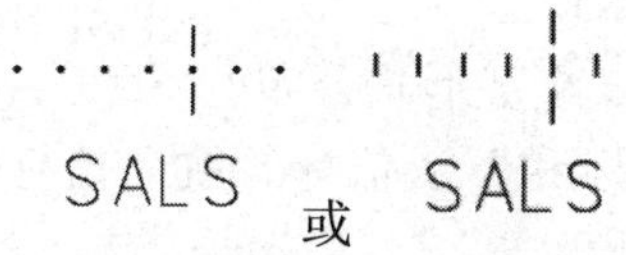

SALS　或　SALS

(2) 一类进近灯光系统:在灯光表格中依照所属跑道标注为"PALS CAT Ⅰ"。

示例:

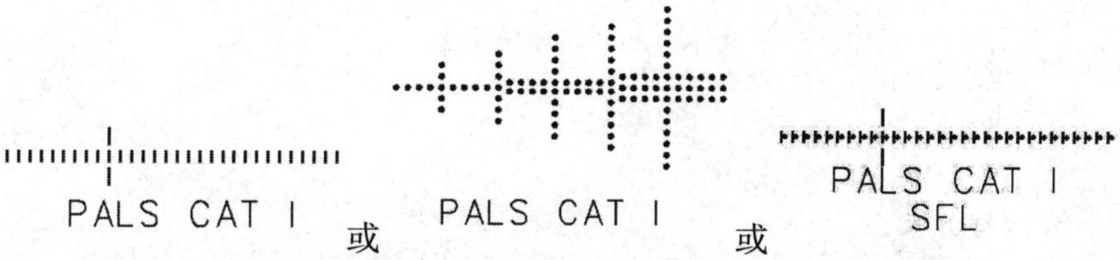

PALS CAT Ⅰ　或　PALS CAT Ⅰ　或　PALS CAT Ⅰ SFL　(有 SFL)

(3) 二类进近灯光系统:在灯光表格中依照所属跑道标注为"PALS CAT Ⅱ"。

示例:

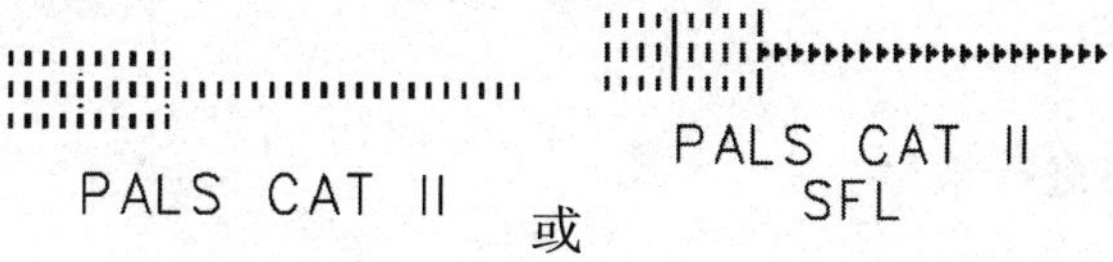

PALS CAT Ⅱ　或　PALS CAT Ⅱ SFL　(有 SFL)

(4) 三类进近灯光系统:在灯光表格中依照所属跑道标注为"PALS CAT Ⅲ"。

示例:

PALS CAT Ⅲ SFL

(5) 顺序闪光灯:顺序闪光灯无单独图例,一般与一类/二类/三类进近灯光系统合并公布。在灯光表格中依照所属跑道标注为"SFL"。

(6) 跑道接地地带灯:二类及以上进近灯光系统应设置跑道接地地带灯。在灯光表格中依照所属跑道标注为"RTZL"。

示例:

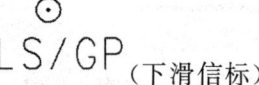

(7) 精密进近航道指示器:在灯光表格中依照所属跑道标注为"PAPI"。

示例:

对于(1)~(7)中的灯光及设施以图形和文字两种形式公布。图形部分根据机场细则中的位置数据,并按相对位置在跑道的对应处标绘。文字部分应在主要灯光表格中公布。

(8) 跑道中线灯:在灯光表格中依照所属跑道标注为"RCLL"。

(9) 跑道边灯:在灯光表格中依照所属跑道标注为"REDL"。

(10) 跑道末端灯:在灯光表格中依照所属跑道标注为"RENL"。

对于(8)~(10)中的灯光及设施,不需公布图形部分,单独以文字形式公布。

(11) 无线电助航设施:无线电助航设施的类型包括航向信标和下滑信标。航向信标的表示方式为"ILS/LOC",下滑信标的表示方式为"ILS/GP"。

示例:

ILS/LOC(航向信标)

ILS/GP(下滑信标)

(12) 跑道视程设备:RVR 设备应标绘编号,编号方式采用英文字母顺序排列。

示例:

A 或 B

(13) 风向标/灯光:风向标/灯光不需要进行编号。

示例:

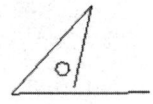

(14) 着陆方向标/灯光：着陆方向标/灯光不需要标绘编号。
示例：

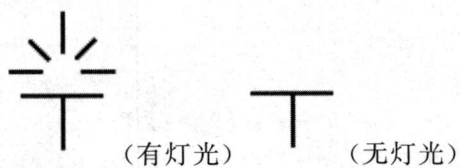

（有灯光）　　（无灯光）

对于(11)~(14)中的灯光及设施，应根据机场细则中的位置数据，并按相对位置在所属跑道的对应处标绘。

4.4.3.7　图廓内起飞最低标准及主要灯光要素

应以列表方式公布每条跑道对不同机型起飞所要求的起飞最低标准及每条跑道设立的主要灯光。

(1) 起飞最低标准应根据跑道编号、航空器类别、跑道灯光、是否实施低能见度程序、是否有起飞备降场等因素进行分类表示。

(2) 其中，航空器类别有两种分类方式，一种是按照航空器速度划分，另一种是按照航空器发动机数量划分。

(3) 起飞最低标准一般采用 RVR/VIS 数值表示，是否公布 RVR 数值与是否设立 RVR 设备有关。必要时，还应当公布云底高。

(4) 在主要灯光中，应公布每条跑道所设立的相关灯光类型。按照实际情况，灯光类型包括 SALS、PALS CAT Ⅰ、PALS CAT Ⅱ、PALS CAT Ⅲ、SFL、PAPI、RTZL、REDL、RCLL 和 RENL 等。

示例：

飞机类别		起飞最低标准(有起飞备降场)(米)				主要灯光	
		RWY 15/33/16/34		LVP实施中 REDL RCLL		RWY15/33	RWY16/34
		跑道边灯	无灯(白天)	RWY 15/33/16/34	RWY 15/33		
3发、4发 及2发 (涡轮)	A B C D	RVR400	RVR500	RVR200	HUD 需局方批准 RVR150	PALS CAT Ⅱ SFL PAPI RTZL REDL RCLL RENL	PALS CAT Ⅰ SFL PAPI REDL RCLL
				RVR250			
其他1发,2发		VIS1600					
注：RWY28起飞爬升梯度5.5%，当能见度大于5 000 m，云底高280 m以上时，爬升梯度不受此限制							
修改：无							

4.5　停机位置图

停机位置图是一份补充图(见图4-4)，当航站设施复杂，机场图无法把资料标绘得十分清楚时，应当提供停机位置图。停机位置图的组成、一般要求、图中要素同本书4.4节"机场图"。

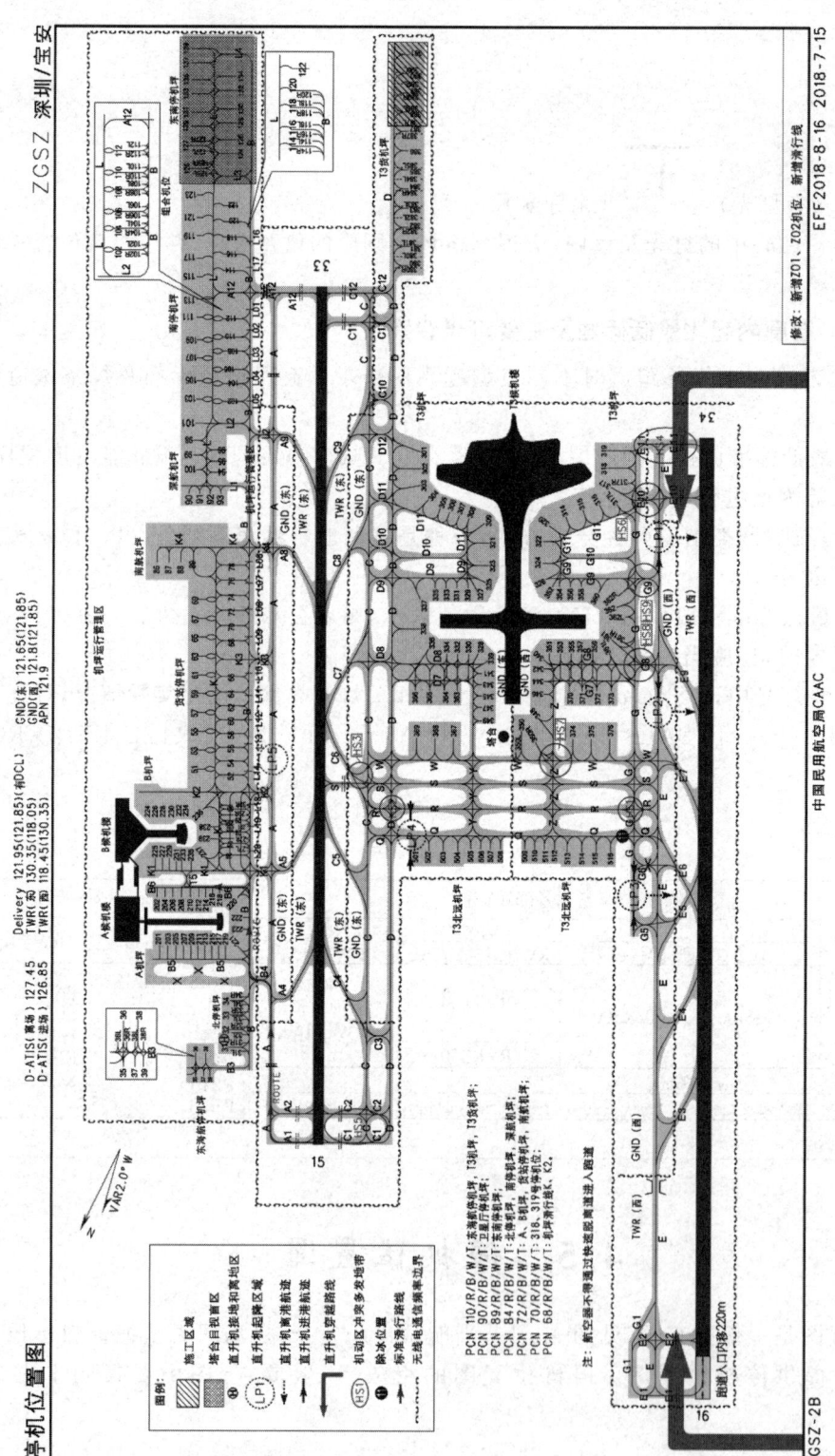

图4-4 停机位置图示例

4.6 航路图、区域图

4.6.1 航路图和区域图的一般要求

（1）民用航空仪表航路图及区域图应满足实际运行需要，准确标注各项数据，图中要素和注记标绘应清晰、易读。

（2）民用航空仪表航路图应当按统一比例尺绘制，NAIP航路图通常采用1∶2 500 000，区域图通常采用1∶1 000 000 或 1∶500 000。

（3）NAIP航路图应覆盖北京、广州、昆明、兰州、上海、沈阳、三亚、武汉、乌鲁木齐等9个飞行情报区及防空识别区。

（4）当航路图中内容过于密集而无法清晰标绘时，应绘制区域图。区域图的覆盖范围需根据实际情况确定，以清晰表示航图要素为宜。

（5）NAIP航路图印制品分为6幅，编号1～6；正反面印刷，第1、2幅，第3、4幅，第5、6幅互为正反面。

（6）NAIP航路图折叠后尺寸为：长度220 mm，宽度130 mm。NAIP区域图折叠后尺寸为：长度250 mm，宽度176 mm。

4.6.2 航路图的分幅原则

（1）航路图应根据需要进行分幅。在保证航路图的可读性的前提下，应尽量减少图幅数量。

（2）应根据航线走向，按尽量减少飞行人员在飞行过程中使用图幅数的原则，确定分幅方案。

（3）图幅大小应以方便飞行人员在航空器驾驶舱中的使用为基本原则，综合考虑印刷纸张的大小来确定。相邻图幅应有2 cm以上的接边资料重叠。

4.6.3 图幅的编号方式

（1）航路图系列用英文字母"ERC"后接数字进行编号；
（2）高空航路图系列用英文字母"ERC H"后接数字进行编号；
（3）低空航路图系列用英文字母"ERC L"后接数字进行编号；
（4）高/低空航路图系列用英文字母"ERC H/L"后接数字进行编号；
示例1："ERC 1"表示第一幅航路图。
示例2："ERC H1"表示第一幅高空航路图。
示例3："ERC L1"表示第一幅低空航路图。
示例4："ERC H/L1"表示高/低第一幅航路图。

4.6.4 航路图的组成要素

航路图的要素应包括图廓外要素和图廓内要素。其中,图廓外要素包括封面要素、其他图廓外要素。

4.6.4.1 航路图封面要素

(1) 图名:NAIP 图名为"航路图"。

示例:**航 路 图**

(2) 发行机构标识:NAIP 发行机构标识由发行机构图标和中文名称两部分组成。

示例:

(3) 图幅指示标记:图幅指示标记用于指示正、反两面航图,由"ERC{图幅号}{指示箭头}"构成。

示例:◀2 ERC ERC 1▶

(4) 出版日期:NAIP 采用北京时间,表示方式为:"出版日期{年}年{月}月{日}日"。其中,年为四位数字,月为一位或两位数字,日为一位或两位数字。

示例:出版日期 2018年6月15日

(5) 生效时间:生效日期必须是 AIRAC 共同生效日期。NAIP 航图采用北京时间,表示方式为:"生效时间{年}年{月}月{日}日零时"。其中,年份为四位数字,月为一位或两位数字,日为一位或两位数字。

示例:生效时间 2018年7月19日零时

(6) 索引图:索引图用于说明航路图的分幅方法。索引图中应绘制每幅图的图幅范围、图幅识别名称、重要城市的位置及名称、区域图的范围。

(7) 飞行高度层配备标准示意图及说明:公布飞行高度层配备标准示意图及简要的使用说明。

示例:

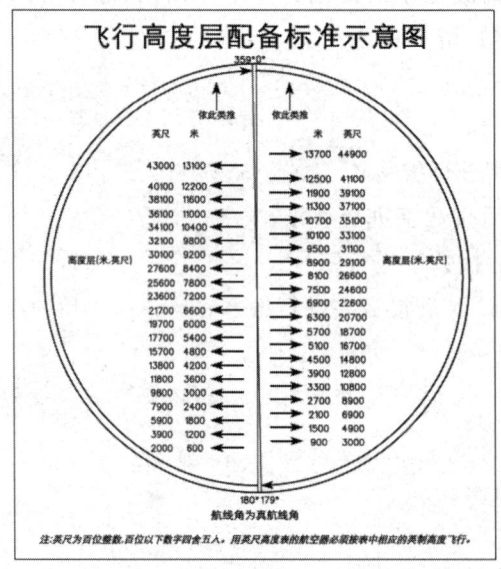

4.6.4.2 航路图图廓内要素

1. 经纬网

应根据所选比例尺和分幅方法,计算并绘出图幅内所有偶数经线和偶数纬线,形成网格。以 4°为间隔在经、纬线上分别标注经度、纬度刻划,每 1°绘一长刻划,每 30′绘一中刻划,每 5′绘一短刻划。

应在每一条经线和纬线两端标注经度、纬度值。如果经线、纬线较长,应在中间适当位置标注经度、纬度值。

示例:

2. 水文地理要素

应标绘图幅内的主要水文地理要素,尤其是具有明显地标作用,或机场周边对飞行员具有领航参考价值的水域,包括常年湖泊、河流、运河、水库等,通常不标注其名称。应用淡蓝色绘出图上面积大于 20 mm² 的海洋、湖泊,NAIP 还应标注其名称。

示例:

应用淡蓝色绘出实际长度在 500 km 以上的河流,NAIP 还应标注其名称。

示例:

3. 网格最低安全高度

网格最低安全高度是在经线和纬线围成的网格区域内的最高地形海拔高度基础上,以 30 m 向上取整后的数值。千位用大号字,百位和十位用小号字,个位不表示,例如:"339"表示 3 390 m。

示例:

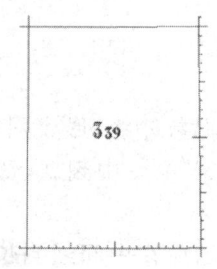

4. 机　场

机场分为民用机场、军用机场、军民合用机场、军用备降机场、民用直升机场，不同类型的机场所使用的符号应有所不同，应根据机场基准点坐标准确地在航路图及区域图中标绘出机场符号。

示例：

- ○ 民用机场　　◎ 军民合用机场
- ◉ 军用机场　　○ 军用备降机场
- Ⓗ 民用直升机场

应在机场符号附近注明机场识别名称和机场标高，机场识别名称由机场所在城市名称和机场名称构成，机场标高以 m 为单位，四舍五入取整到 1 m。

示例：

北京/首都
35

5. 无线电导航设施

（1）VOR/DME 导航台及注记：制供航路使用的 VOR 和 DME 导航设施，并标绘其注记框。注记框的内容包括导航设施名称、频率、识别、波道、摩尔斯电码、地理坐标，地理坐标精确到 0.1′。

示例：

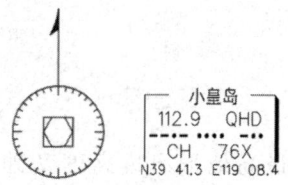

（2）NDB 导航台及注记：供航路使用的 NDB 导航台，并标绘其注记框。注记框的内容包括导航设施名称、频率、识别、摩尔斯电码、地理坐标（精确到 0.1′）。

示例：

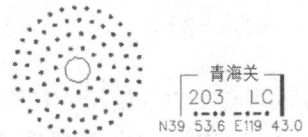

6. 报告点

(1) 报告点分类及符号：报告点分为强制报告点和要求报告点。对于强制报告点，传统航路采用实心三角形绘制，区域导航航路则采用实心四角星符号绘制。对于要求报告点，传统航路采用空心三角形绘制，区域导航航路则采用空心四角星符号绘制。

示例：

(2) 报告点注记：注记由报告点名称和地理坐标组成。其中，报告点名称包括五字名称代码、以字母 P 开头后接数字的名称代码（仅在 NAIP 中使用），地理坐标的经度和纬度分两行标注，精确到 0.1′。

示例：

NIXAL　　　　P294
N43 12.6　　　N38 57.0
E110 53.1　　　E110 24.2

7. 航路航线

(1) 航路符号：用实线绘制航路中心线，中心线两侧使用阴影表示航路宽度。

示例：

(2) 航线符号：用实线表示航线。

示例：

用带有箭头的实线表示单向航线。

示例：

(3) 目视航线及直升机航线符号：用点状虚线表示目视航线、直升机航线。

示例：

(4) 脱离航线符号：用虚线表示脱离航线。

示例：

(5) 航路或航线代号：应标注航路或航线的识别代号。传统航路或航线代号格式为"{字母代码}{数字代码}"。PBN 航路代号格式为"{字母代码}{数字代码}{导航规范代码}"。字母代码按照国际民航组织相关规定确定；数字代码为 1~999 的数字；导航规范代码选择 P 或 R，P 代表 RNP，R 代表 RNAV；双向航路代号边框用矩形表示，单向航路代号边框用⌂表示。

示例：

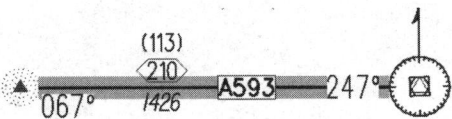

（6）航段数据：应当沿航路、航线方向标注磁航迹角，四舍五入取整到1°；始于VOR台的磁航迹角标绘在航线上，始于其他航路台或报告点的磁航迹角标绘在航线一侧；航段距离，以千米或海里为单位分别四舍五入取整。NAIP航路图中公布千米和海里数据；航段最低飞行高度，以米为单位向上取整；对于距离较短，无法清楚标注数据的航段，可采用数据框的形式予以注记。

示例：

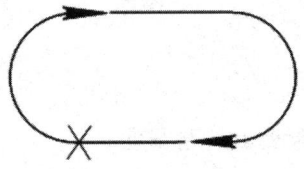

8. 航路等待

绘制等待航线时，如果等待点不是导航台或报告点，则用"×"符号绘制；应以注记形式说明等待相关信息，包括：航路等待程序的识别名称（如适用）、等待定位点名称、坐标及位置，入航航迹，转弯方向，出航时间或距离信息，最大指示空速和（或）最大转弯半径，等待高度。等待信息可就近或集中放置。

示例：

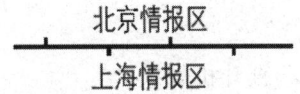

9. 空　域

（1）飞行情报区：飞行情报区边界，在飞行情报区边界两侧注明飞行情报区名称或代码。

示例：

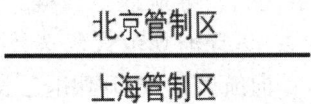

（2）管制区：管制区边界及名称：应以灰色实线标绘出管制区边界，在管制区边界两侧注明管制区名称。

示例：

北京管制区
———————
上海管制区

(3) 管制扇区分界线及注记：应以电话线型标绘出管制扇区分界线；NAIP 航路图在管制扇区边界两侧注明管制扇区名称及垂直范围。

示例：

北京05扇9800米(含)以下
北京16扇9800米(不含)以上
上海03扇

(4) 管制区通信频率及工作时间表：应在适当位置，以注记框的形式标注通信频率及工作时间；通信频率应包括主用频率、备用频率（如适用），格式为："{主用频率}({备用频率})"；工作时间应采用 24 小时制，格式为："{起始时分}{一}{终止时分}"，否则用 H24、HO、HR、by ATC 等表示。

示例：

大连管制区		
01扇区	120.275 (124.2)	0700-2300
02扇区	126.35	H24
	130.0	
高空	6616 (11306)	0800-2000
	5481 (11306)	2000-0800
低空	5598 (8816)	0800-2000
	5481 (8816)	2000-0800

(5) 限制性空域：

① 限制性空域边界及编号：图幅范围内的禁区、限制区和危险区应注明其识别名称；识别名称表示方式为"{所属情报区四字地名代码的首两位字母}({空域属性}){序号}"，空域属性用大写英文字母 P、R、D 分别代表禁区、限制区、危险区，序号为三位数的阿拉伯数字；蓝色实线表示空域边界范围，内侧表示浅蓝色阴影。

示例：

② 限制性空域数据表：在图幅内的适当位置列出限制区、危险区和禁区数据表，并对限制空域予以说明，包括编号、高度下限和上限、限制时间。

示例：

限制空域数据表

ZB(P)001	ZB(R)037,038,039
GND-无限高	GND-18000m
每日0时-24时	每日0时-24时
ZB(D)002,003	ZB(R)040,041
GND-30000m	GND-18000m
每日0时-24时	每日0时-24时
ZB(D)004	ZB(R)044
GND-11000m	9000m-18000m
每日0时-24时	不定

4.6.5 区域图的组成要素

区域图的覆盖范围视所在区域制图要素的复杂程度而定,应延伸达到有效地标出进离场航线。区域图的编号由制图区域内的主要机场四字代码加数字和(或)英文字母组成,格式为:××××-××。

4.6.5.1 与航路图相同的要素

区域图与航路图相同的要素包括:国界线和特别行政区行政区域界线、网格最低安全高度、机场、无线电导航设施、报告点、航路航线、航路等待、空域(不含区域管制扇区、限制性空域)、航图要素注记等。

4.6.5.2 与航路图不同的要素

(1) 经纬网及经纬度数标注:根据所选比例尺和区域图范围,计算并绘出图幅内所有整度数(1:1 000 000)或半度数(1:500 000)经线和纬线。在经线、纬线上分别标绘经度、纬度刻划:1:1 000 000 比例尺下每30′绘一长刻划;每10′绘一中刻划;每1′绘一短刻划;1:500 000 比例尺下每15′绘一长刻划;10′绘一中刻划;每1′绘一短刻划。应在图中每一条经线和纬线两端标注经度、纬度数值。

示例:

(2) 地貌:采用等高线、等高值、高程值和分层设色法标绘地貌。

等高线的选择方法:应当以充分描绘地形地貌、便于飞行人员辨识的原则,选择等高线。通常,将机场标高之上的下一个百米等高线作为第一条等高线,在此基础上,选择图幅范围内的其他等高线,公布等高线原则上不超过3层,等高距应以规则的间隔表现高程变化情况。如果机场位于山顶,可能需要标绘出低于机场标高的等高线。等高线应有一套等高值。等高值应系统地、阶梯性地放置在每条等高线上,字头朝向高处,便于使用者判读。

分层设色方法:用 5%、15%、25% 的黑色,从低到高填充两条等高线之间的封闭区域。

示例:

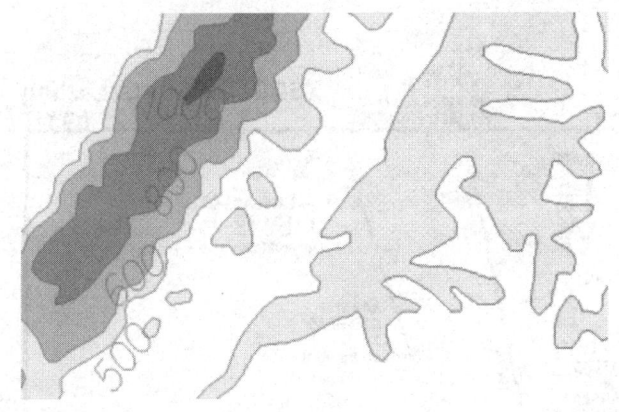

4.7 标准仪表进场图

标准仪表进场图(Standard Terminal Approach route,简称 STAR)是为机组提供从航路阶段过渡到进近阶段的资料,使其能够从航路阶段至进近阶段遵照规定的标准仪表进场航线飞行。标准仪表进场图的覆盖范围应能清楚地表示航路终点至起始进近定位点的各航段情况。图4-5所示为标准仪表进场图示例。

4.7.1 标准仪表进场图的组成

标准仪表进场图包含以下几部分:

(1) 标题栏部分:包括标题信息与图片标注信息,包含了图中采用的图名、磁差、通信频率、城市/机场名、跑道号、图的出版与生效日期、图的出版单位、航图编号。

(2) 平面图部分:展示跑道方位、进场航线走向、航线数据、无线电导航设施、定位点、过渡高度/过渡高度层、等待程序、扇区最低安全高度、制图比例尺、限制信息、特殊说明、本期修订等信息。

(3) 扇区最低安全高度:注明扇区中心导航台的识别,并标示出扇区的起始和结束方位,同时标注沿该方位线向台飞行时的磁航向。应注明每一个扇区的最低安全高度。

(4) 图框下边部分:包括出版日期、生效日期及航图编号。

4.7.2 标准仪表进场图的比例尺

按比例尺绘制时,其比例尺应根据进场航线所涉及的范围以及图幅尺寸确定。通常采用1:500 000 的比例尺至1:1 000 000 的比例尺。应在图中适当的位置绘出线段比例尺。不按比例尺绘制时,应在图中适当的位置标明"不按比例"(NOTTO SCALE),但各个进场航线的方位应与实际基本相同。变比例尺绘制时,因制图的图幅太小,部分方向的航迹不按比例尺绘制,应在该航迹上和航图的其他方向使用比例中断符号。当起始进近定位点附近图素过于拥挤时,拥挤部分可放大比例尺,图素之间的相对关系不变。

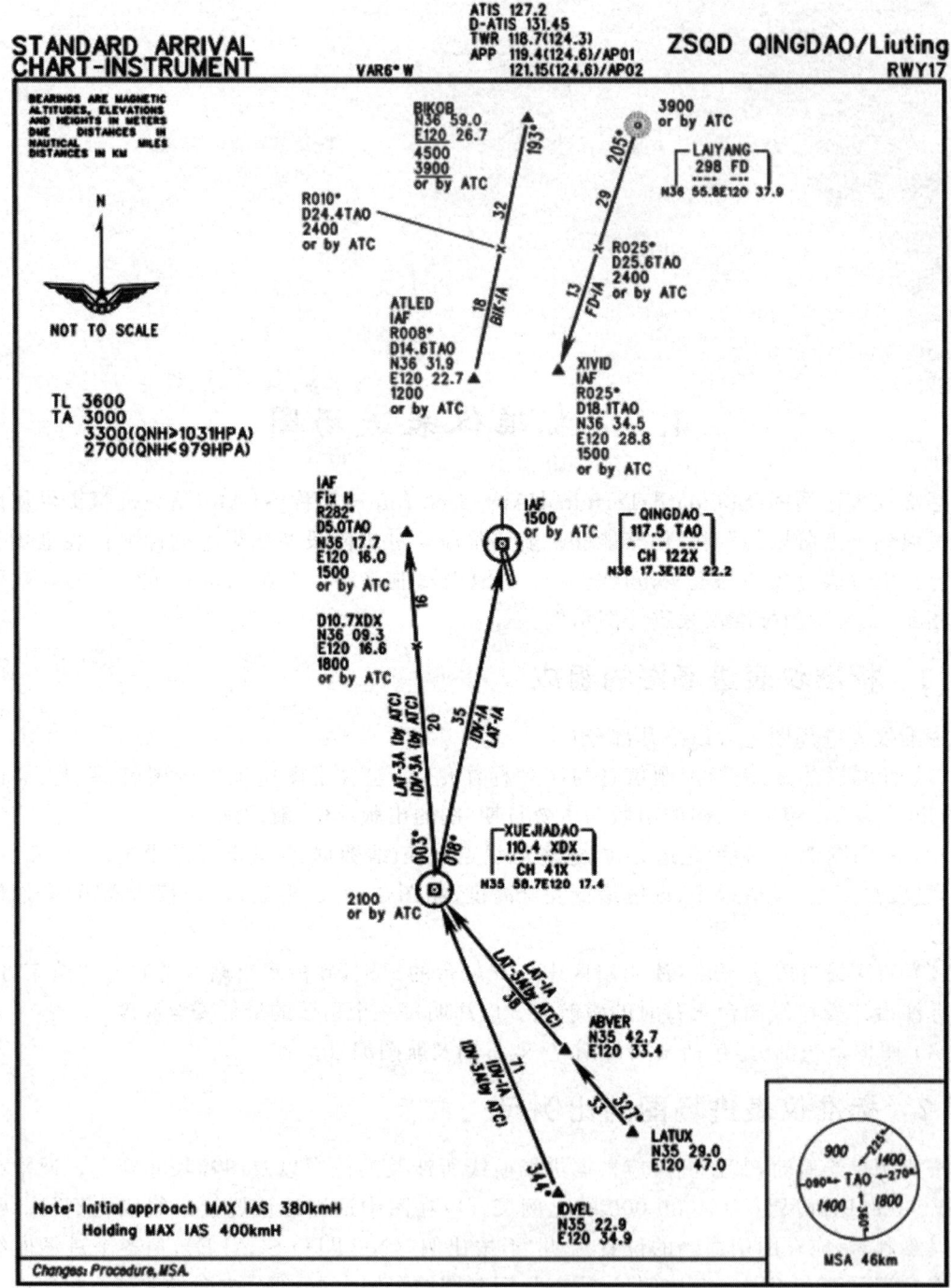

图 4-5 标准仪表进场图示例

4.7.3 标准仪表进场图的航空要素

(1) 跑道:着陆机场的所有跑道均应按跑道图形绘出。制图范围内的其他机场的跑道也应绘出其轮廓,但使用的符号应与着陆机场跑道有明显区别。如果跑道长度按比例尺绘制,跑道宽度可适当放大。

(2) 无线电导航设施:应在图中绘出为进场程序(含等待程序)提供航迹引导的导航设施。应注明无线电导航设施的名称、频率、识别、摩尔斯电码、地理坐标。如果有使用限制,宜说明。无线电导航设施和定位点的地理坐标注记至少应精确到 0.1′。测距台的 DME 距离精度应精确到 0.1 nmile。

(3) 航迹:航迹、方位和径向方位应以磁北为基准。图中应用线状符号描绘航迹线,并注明进场航线代号。应在所有航迹线的直线段起始位置注明飞行的磁航迹。如果进场程序中某些航段对航空器的类型有所限制,则应注明可以使用的航空器类型。应在图中明确地标注航线段中定位点对航空器飞行高度的限制。等待航线应注明出航限制和最低等待高度。所有航线段均应注明飞行距离。在进场程序中,使用雷达引导航空器飞行的航线段应使用雷达引导航线符号。进场航线的航线代号有两种表示方法:一种是英文字母"A"加上数字编号,如 A01、A-02 等;另一种是进场使用的导航台呼号加上数字编号及英文字母"A",如 PM-2A、YB-3A 等。

(4) 定位点:定位点应使用与其类型相一致的符号表示,并注明定位点名称。采用交叉定位方法确定其位置的定位点,应标明定位点与导航台的方位关系或距离,宜标明所使用的导航台的识别。对于区域导航程序,其航路点还应提供地理坐标。

(5) 限制空域:宜标绘出制图范围内的所有限制空域及其相关数据。

(6) 扇区最低安全高度:图中应标注扇区最低安全高度。应在图中注明扇区中心导航台的识别,并标示出扇区的起始和结束方位,同时标注沿该方位线向台飞行时的磁航向和注明每一个扇区的最低安全高度。

(7) 过渡高度和过渡高度层:应标绘使用机场修正海平面气压(QNH)的水平区域边界,并注明过渡高度和过渡高度层。

(8) 磁差:图上应注明磁差。

4.7.4 标准仪表进场图的图框外注记

(1) 图名:用加粗字体注记图名。

(2) 无线电通信频率:标注进场、进近、复飞和等待飞行过程中飞行人员使用的无线电通信频率。

(3) 地名和机场名:用加粗字体注记机场所在城市的名称和机场的名称。

(4) 跑道号:应注记着陆所使用跑道的跑道编号。

(5) 出版单位:应注明图的出版单位。

(6) 出版日期和时间:应注明图的出版日期和生效日期。

(7) 图幅编号:应注明图幅编号。

4.8 标准仪表离场图

标准仪表离场图(Standard Instrument Departure,简称 SID)是公开发布的供在进行仪表飞行的飞行器从机场起飞后使用的离场程序的航空图表。是向机组提供资料,使其能够从起飞阶段到航路阶段按照规定的标准仪表离场航路飞行。图 4-6 所示为标准仪表离场图示例。

4.8.1 标准仪表离场图的组成

标准仪表离场图包括标题栏部分、平面图部分、扇区最低安全高度和图框下边部分,具体内容等同标准仪表进场图。

4.8.2 标准仪表离场图的比例尺

标准仪表离场图的覆盖范围应能清楚地表示起飞跑道至加入航路的那一点,包括各定位点之间航段的情况。在起飞跑道至取得仪表引导的定位点之前,容易出现图素拥挤,这时可将拥挤部分向四周图素稀疏的地方扩展,图素之间的相对关系不应改变。应在图中适当的位置绘出线段比例尺。

4.8.3 标准仪表离场图的航空要素

标准仪表离场图中的跑道、无线电导航设施、定位点、限制空域、扇区最低安全高度、过渡高度和过渡高度层、磁差等规定等同本书第 4.7.3 节。

航迹、方位和径向方位应以磁北为基准。图中应用线状符号描绘航迹线。所有航迹线的直线段均应在起始位置注明飞行的磁航迹。如果离场程序中某些航段对航空器的类型有所限制,则应注明可以使用的航空器类型。应在图中标注所有航线段和航线段中的定位点对航空器飞行高度的限制。盘旋爬升航线应注明出航边飞行时间和两次过台的高度。应标注航段距离。航线段应标注程序所要求的飞行最低超障高度及有规定的飞行高度限制。在离场程序中,使用雷达引导航空器飞行的航线段应使用雷达引导航线符号。在离场航线代号有两种表示方法:一种是英文字母"D"加数字编号作为离场航线的代号,如 D-01,D-02 等;另一种是用离场航线所使用的导航台呼号加上数字编号及英文字母"D"来表示,如 JH-1D、HG-2D 等。

4.9 仪表进近图

仪表进近图-ICAO 是为飞行机组提供预定着陆跑道的仪表进近程序的资料,包括复飞程序,以及适用的有关等待航线和天气标准。

4.9.1 仪表进近图的相关规定

(1) 按照国际民航组织(ICAO)的要求,若同一机场同一跑道拥有两个及以上相同标识的进近程序,则应该在标识中增加一个字母后缀予以区分。为保证所有的进近程序都能编入导航数据库中,NAIP 中对于同一机场同一条跑道拥有两个以上相同标识进近程序,在程序标识

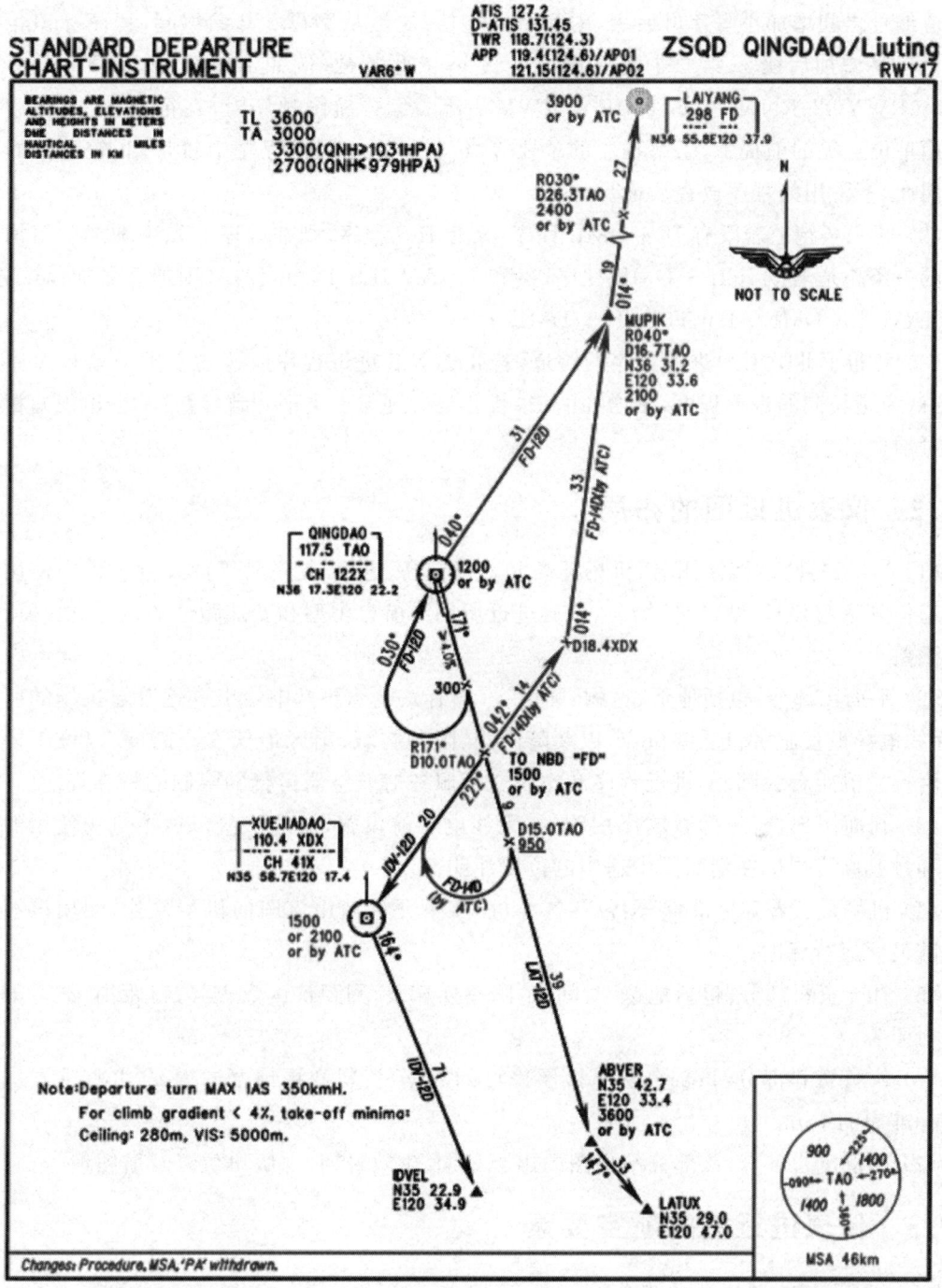

图 4-6 标准仪表离场图示例

中通过增加后缀的方式加以区分。NAIP 中增加后缀的方法:在程序标识中的导航设备名称与跑道编号之间增加小写字母后缀,中间留一空格;尾数从字母 z 开始编起,程序标识相同的第一个程序增加后缀 z,第二个程序增加后缀 y,依此类推,例如 ILS/DME z RWY02、ILS/DME y RWY02、RNAV ILS/DME w RWY02 等。编排航图顺序时,在征求程序设计、批复及使用单位意见的前提下,了解程序的重要等级,将标识相同的程序中较常用、较重要的程序放在前面,不常用的程序放在后面。

(2) 同一条跑道若既有 ILS/DME 程序,又有 ILS 程序,则在程序标识中增加后缀加以区分。同一条跑道若既有 ILS/DME 程序,又有 RNAV ILS/DME 程序,则加后缀加以区分,例如 RNAV ILS/DME z RWY02、ILS/DME y RWY02。

(3) 公布了Ⅱ类 ILS 进近程序的跑道,若Ⅱ类 ILS 进近程序航迹与Ⅰ类 ILS 程序完全一致,则认为是相同的进近程序,不增加后缀;若Ⅱ类航迹与Ⅰ类不一致(通常不会出现),标识中则通过增加后缀来区分。

4.9.2　仪表进近图的布局

(1) 标题栏部分:标注图名、机场标高和入口标高、进近/复飞和等待飞行过程中使用的无线电通信频率与呼号、城市/机场名、最后进近所用导航台类型和着陆跑道的编号、机场所在位置的磁差。

(2) 平面图部分:包括地形、地物、国境线(如有)、航空要素中给出进近着陆机场的所有跑道、无线电导航设施、航迹、定位点,以及障碍物、限制空域、扇区最低安全高度,以位于机场基准点附近的测距台为圆心,进近程序和空中交通服务对航空器运行的限制的特殊规定。

(3) 剖面图部分:包括着陆所用跑道、无线电导航设施、航迹、定位点,本机场使用的过渡高度和过渡高度层应在剖面图中适当的位置注明。

(4) 机场最低着陆标准部分:包括各类机型(不允许使用该图的机型除外)使用该图时所需着陆最低运行标准。

(5) 补充资料部分:包括地速、时间、下降率换算表,测距仪读数、至入口距离、航空器飞行高度对照表。

(6) 修订资料部分:该部分给出该图修订的数据、资料变更情况的摘要,并标注在图框内运行标准表的下方。

(7) 图框下边部分:该部分给出图的出版日期、生效日期、出版单位以及航图编号。

4.9.3　仪表进近图的航空要素

4.9.3.1　平面图的航空要素

(1) 跑道:进近着陆机场的所有跑道均应按比例尺绘出其长度及其方向。制图范围内的其他机场的跑道也应按比例尺绘出其轮廓,但使用的符号应与着陆机场跑道有明显区别。

(2) 无线电导航设施:应在平面图中标绘所有为进近程序中各个航段(含等待程序)提供航迹引导的导航设施,以及进近程序中各个定位点定位时需要使用的导航设施。制图范围内与进近程序无关的导航设施不必标绘在平面图中。图中标绘的无线电导航设施应注记名称、识别、频率、摩尔斯代码。

(3) 航迹:图中应用线状符号描绘航迹线。应在所有航迹线的直线段起始位置注明飞行的磁航迹。如果进近程序中某些航段对航空器的类型有所限制,则应注明可以使用的航空器类型。应在图中标出起始进近定位点(IAF)、中间进近定位点(IF)、最后进近定位点(FAF)(最后进近点(FAP))、已确定的复飞点(MAPt)和构成仪表进近程序的其他重要定位点,并加以识别。应在图中明确地标注所有航线段和航线段中的定位点对航空器飞行高度的限制。

等待航线应注明出航限制和最低等待高度。如图 4-7 所示,等待程序的出航时间为 1 min,最低等待高度为 1 800 m 或 5 900 ft。

在进近程序中,使用雷达引导航空器飞行的航线段应使用雷达引导航线符号。当采用计时的方法确定基线转弯和直角航线程序的出航边长度时,应在平面图中注明飞行时间。当不同类型的航空器使用不同的飞行时间时,应分别注明各类航空器的飞行时间。

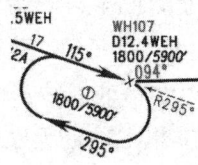

图 4-7 等待程序

(4) 障碍物:障碍物标高应向上以米取整。

应在图中标绘出程序设计人员提供的符合以下条件的障碍物:

① 决定各个航段超障高度的控制障碍物;

② 在保护区之外,但对程序设计起着重要影响的障碍物;

③ 制图范围内,高于入口标高 150 m 以上有影响的障碍物;

④ 穿透机场障碍物限制面的障碍物。

(5) 参考圆:应以位于机场基准点附近的测距台为圆心,如无测距台可用,应以机场基准点为圆心,标绘一个半径为 20 km 的距离圈,并在距离圈上注明半径数值,字头朝北。

(6) 定位点;

(7) 限制空域;

(8) 扇区最低安全高度等要求同本书第 4.7.3 小节。

(9) 特殊规定:应在平面图中注明进近程序和空中交通服务对航空器运行的限制。

4.9.3.2 剖面图中的航空要素

(1) 跑道:剖面图应标绘着陆跑道。

(2) 无线电导航设施:与中间、最后进近有关的导航设施均应在剖面图中绘出。其中,位于跑道中线延长线上的导航设施,其符号应从剖面图底线开始,直至所需高度位置;其他位置的导航设施,其符号不应从剖面图底线开始。它们仅在航线通过其上空的高度位置绘出所需部分。所有标示在剖面图中的导航设施应标注其识别符号。

(3) 航迹:应标绘进近程序从中间进近定位点至复飞的航迹的剖面。对于精密进近程序和垂直引导进近程序,应标出基准高,精确至 0.5 m 或 1 ft,标出下滑角或垂直航径角,精确至 0.1°。在剖面图中绘出的航线中涉及的所有位置点,凡有高度限制的应在剖面图中加以注记。剖面图中所有直线飞行航段均应在起始位置注明飞行磁航迹(航向)。非精密进近程序有最后进近定位点的航段应标注下降梯度,数值精确到 0.1%。复飞程序的绘制,从复飞点使用上扬的箭头表示,并应在剖面图中适当的位置,用简练的语言表述复飞的飞行方法。

(4) 定位点:所有中间和最后进近航迹上的定位点均应在剖面图中表示,并标注其名称。如果该定位点是使用侧方导航台进行交叉定位,则应标注导航台的识别和方位;如果该定位点使用测距设备进行定位,则应标注测距设备的识别和距离。

(5) 过渡高度(TA)和过渡高度层(TL):应在剖面图中适当的位置,注明本机场所使用的机场修正海平面气压(QNH)的水平区域边界,并注明过渡高度和过渡高度层。如图4-8所示,当修正海平面气压高度(QNH)小于或等于979 hPa时,过渡高度为2 700 m;QNH大于或等于1 031 hPa时,过渡高度为3 300 m;其他情况下,过渡高度为3 000 m。过渡高度层始终为3 600 m。

(6) 最低超障高度(OCA)

非精密进近程序中间进近航段和最后进近航段的最低超障高度,使用套网目阴影形式公布,阴影内注记航段的最低超障高度。如图4-11所示,中间进近定位点(IF)到最后进近定位点(FAF)的最低超障高度为530 m。

4.9.3.3 机场着陆最低标准及附加资料

1. 机场着陆最低标准

仪表进近图中应采用表格形式提供各类机型(不允许使用该图的机型除外)使用该图时所需着陆最低运行标准。非精密进近用最低下降高度(MDA)和能见度(VIS)两个要素来表示;精密进近用决断高度(DA)、跑道视程(RVR)或能见度(VIS)表示。如图4-9所示,A类航空器按ILS/DME着陆时的最低着陆标准为:决断高度(DA)80 m、决断高(DH)70 m,跑道视程(RVR)600 m,能见度(VIS)800 m。

如果是精密进近,还需同时公布下滑台不工作时的最低天气标准,此时最低天气标准的表示方法同非精密进近天气最低标准的表示方法一致。如图4-9所示,A类航空器精密进近着陆下滑台(GP)不工作时的最低着陆标准为:最低下降高度(MDA)140 m、最低下降高(MDH)130 m,能见度(VIS)1 800 m。

各类仪表进近程序都应公布目视盘旋的天气标准。需要说明的是,表格里公布的天气标准是白天的标准。夜航标准需在日航标准上进行调整,调整的数据用文字方式在表格下方进行说明。如有必要,还可在表格下部注明宽体机标准和目视盘旋的限制。如图4-9所示,A类航空器目视盘旋进近的最低着陆标准为:最低下降高度(MDA)260 m、最低下降高(MDH)250 m,能见度(VIS)2 800 m。

2. 附加资料

(1) 地速、时间、下降率换算表:在图中应采用表格形式提供不同地速航空器从最后进近定位点(FAF)到复飞点(MAPt)的飞行时间和应使用的下降率。地速范围应包括允许使用该图的航空器类型在最后进近航段可能使用的地速范围。如图4-10所示,如果地速(GS)为120 kt时,从最后进近定位点(FAF)到复飞点(MAPt)的时间是2分17秒,下降率是3.2 m/s。

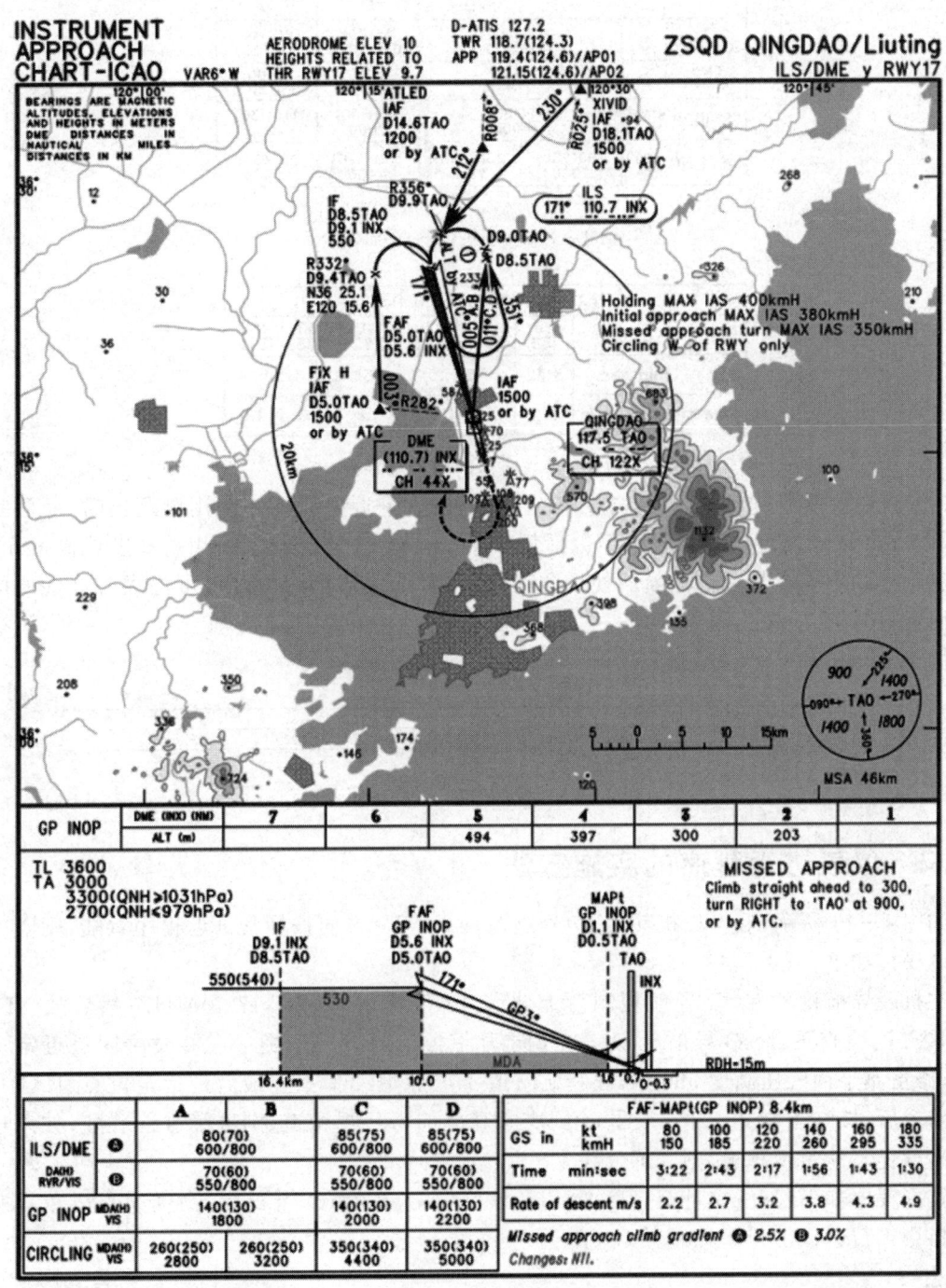

图 4-8 仪表进近图

	A	B	C	D
ILS/DME DA(H) RVR/VIS Ⓐ	80(70) 600/800	85(75) 600/800	85(75) 600/800	85(75) 600/800
ILS/DME DA(H) RVR/VIS Ⓑ	70(60) 550/800	70(60) 550/800	70(60) 550/800	70(60) 550/800
GP INOP MDA(H) VIS	140(130) 1800	140(130) 2000	140(130) 2200	140(130) 2200
CIRCLING MDA(H) VIS	260(250) 2800	260(250) 3200	350(340) 4400	350(340) 5000

图 4-9 机场最低着陆标准

FAF-MAPt(GP INOP) 8.4km						
GS in kt kmH	80 150	100 185	120 220	140 260	160 295	180 335
Time min:sec	3:22	2:43	2:17	1:56	1:43	1:30
Rate of descent m/s	2.2	2.7	3.2	3.8	4.3	4.9

图 4-10 地速时间下降率表

（2）测距仪读数、航空器飞行高度对照表：当最后进近阶段要求使用测距仪时，应用表格列出每 1 nmile 的高度或高。表格不包括低于 OCA/H 或 MDA/H 的相关高度或高的距离。如果进近程序不要求最后进近航段使用测距仪，但有位置适当的测距仪可提供咨询性质的下降剖面资料时，亦应按上述原则列表。如图 4-11 所示，距离 INX 导航台 3 nmile 时，飞行高度不低于 300 m。

GP INOP	DME (INX) (NM)	7	6	5	4	3	2	1
	ALT (m)			494	397	300	203	

图 4-11 测距/飞行高度对照表

4.9.4 仪表进近程序的实施方法

如图 4-11 所示，假设飞机使用 17 号跑道从 XIVID 方向按精密进近程序着陆，则飞行员的具体操作如下：

在机载导航设备 VOR 导航控制盒上调谐 TAO VOR 频率 117.5 MHZ，然后从 XIVID 沿 230°方位线直飞 TAO 导航台 R356°径向线且 9.9 nmile 处，随后左转飞中间进近定位点（IF），修正海平面气压高度 550 m，截获航向道 171°后继续平飞至最后进近定位点（FAF），截获下滑道后，按 3°下滑角下滑。如果达到决断高度前可目视跑道，则继续进近着陆；如果达到决断高度仍不能目视跑道，则立即复飞。

复飞程序如下：直线拉升至高度 300 m，然后右转至"TAO"导航台，高度 900 m 或者听管制员指令飞行。

4.10 民用机场最低监视引导高度图

4.10.1 定 义

（1）预定引导航迹：在最低监视引导高度图上，使用五字代码点、P 点、引导点或导航台，通过顺序相连的方式标绘的固定引导航迹。

（2）引导点：最低监视引导高度图上五字代码点、P点的必要补充，仅限在最低监视引导高度图上使用。

（3）扇区控制障碍物：雷达引导扇区及其边界以外缓冲区内的最高障碍物。

（4）扇区超障余度：航空器飞越雷达引导扇区内障碍物的上空时，保证航空器不致与障碍物相撞的最小垂直间隔。

（5）最低监视引导高度：航空器执行空中交通管制员的雷达引导指令，直飞指定位置点或其他机动飞行过程中的最低安全飞行高度。

4.10.2　基本要求

因地形特征或人工障碍物的影响，使得进近或区域管制单位的雷达引导区域内，必须设置多个最低监视引导高度时，应当绘制并公布最低监视引导高度图。

4.10.3　图幅尺寸

应当根据最低监视引导高度图的范围和比例尺选择图幅尺寸，绘制所有要素。NAIP标准图幅尺寸（长×宽）为：148 mm×210 mm，其图廓尺寸（长×宽）为：128 mm×185 mm。当标准图幅无法容纳全部制图内容时，图幅可适当调整。

4.10.4　民用机场最低监视引导高度图的航图要素

4.10.4.1　图廓外要素

（1）图名：最低监视引导高度图。

（2）识别名称：识别名称包括机场所在城市名称和机场名称。城市名称、机场名称应当以民航局的相关批复文件为依据，应当和机场运行许可证上的名称一致；如果没有机场名称，则仅公布城市名称。通常，识别名称表示为"{城市名称}{/}{机场名称}"。

（3）机场地名代码：采用ICAO《地名代码》（Doc 7910）中的代码作为机场地名代码。

（4）航图编号：NAIP的表示方式为"{机场地名代码}{-}{序号}"。序号由数字序号和字母序号组成：

① 数字序号均为"1"，与区域图和放油区图相同；

② 字母序号从"A"开始，按照区域图、放油区图、最低监视引导高度图的顺序依次排列。

示例：ZLXY-1A

（5）机场标高：NAIP中机场标高表示为"AD{空格}ELEV{空格}{以米为单位的标高数值}/{以英尺为单位的标高数值}"，四舍五入至0.1 m，英尺为1 ft向上取整。

（6）磁差：标注机场所在位置的磁差。西磁差表示为"VAR{磁差值}°W"，东磁差表示为"VAR{磁差值}°E"。四舍五入取整，精确至0.1°。当最低监视引导高度图的监视引导范围覆盖进近管制空域时，选取机场磁差；当监视引导范围覆盖区域管制空域时，选取区域平均磁差。

（7）无线电通信频率：

① 应当在图廓内标注机场使用的无线电通信频率，各频率从上至下的排列顺序通常为APP（进近）、ATIS（或D-ATIS）和TWR（塔台）。

示例：

```
APP  124.85(127.7)
D-ATIS 128.6
TWR  123.0(118.85)
```

② 无线电通信频率的表示方式为"{通信服务代号}{空格}{主用频率}({备用频率})"。若无线电通信频率是整数,则保留小数点后一位,不是整数则按照实际情况公布。不标注频率的单位、工作时间和特殊规定。

③ APP 划分为不同的管制扇区时,表示方式为"APP{扇区代号}{空格}{主频}({备频})"。

示例:

```
APP01  121.2(119.15)
APP02  126.3(125.6)
APP03  119.575(119.15)
```

④ TWR 划分为不同的管制扇区时,表示方式为"TWR {扇区代号}{空格}{主频}({备频}){空格}{适用的跑道号码}"。当机场为不同跑道指配塔台频率时,则表示方式为"TWR ({扇区代号}){空格}{主频}({备频}){空格}{适用的跑道号码}"。

4.10.4.2 图廓内地理信息要素

(1) 经纬网:沿图廓线内侧,以 30′间距,用短划线绘制经纬度刻度线,确保每条图廓线上有两条以上的刻度线。沿上图边的刻度线两侧,标注经纬度值。经度值以三位数字标注度(不足三位的,首位补"0"),以两位数字标注分;沿左图边的刻度线两侧,分别用两位数字标注纬度值的度和分。为保证图幅内容清晰,也可以在下图边和右图边标注经纬度值。

示例:

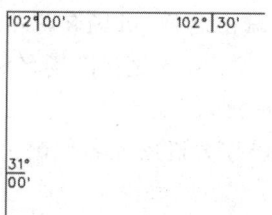

(2) 地貌:采用等高线、等高值、高程值和分层设色法标绘地貌。等高线的选择方法:应当以充分描绘地形地貌、便于飞行人员辨识为原则,选择等高线。通常,将机场标高之上的下一个百米等高线作为第一条等高线,在此基础上,选择图幅范围内的其他等高线,总数不得超过5条,等高距应当以规则的间隔表现高程变化情况。等高线的选取方法适用于同一机场的所有最低监视引导高度图。如果机场位于为山顶,可能需要标绘出低于机场标高的等高线。等高线应当有一套等高值。等高值应当系统地、阶梯性地放置在每条等高线上,字头朝向高处,便于使用者判读。分层设色方法:用 5%、15%、25%、35% 及 45% 的黑色,从低到高填充两条等高线之间的封闭区域。地形中的高程点,注记高程值。

(3) 人文地物要素:当机场所在城市在图幅范围内时,应当绘制其居民地外形轮廓,并标注城市名称。应当绘制图幅范围内其他主要城市轮廓,仅在市级以上的居民地轮廓线外标注城市名称。NAIP 标注中文名称。

(4) 水文地理要素:应当绘制图幅内的主要水文地理要素,尤其是那些具有明显地标作用,或机场周边对飞行员具有领航参考价值的水域,包括常年湖泊、河流、运河、水库等,通常不标注其名称。

4.10.4.3 图廓内航空要素

(1) 跑道:对于机场所有铺筑面跑道的轮廓,土跑道和草跑道不用标示,而以 ARP 为基准定位在地形图上。跑道按真航向绘制成空心的长方形,宽度为 1 mm,长度依据跑道的实际长度(跑道的全长且包括不提供使用的部分)按比例绘制。以 ARP 为中心,绘制半径为 4 mm 的阴影。

示例:

多跑道机场,各条跑道间的相关位置也应当按比例尺绘制。必要时,可作适当夸大处理,以便合理绘制、清晰判读。

示例:

单跑道:▭

多跑道:▯ ▯

雷达引导区域内如有其他运输机场,应当按比例尺绘制其轮廓。

示例:

(2) 跑道中线延长线:从使用雷达引导的跑道两端入口向外标出跑道中线延长线,应当用点划线标出跑道中线延长线。延长线长度不小于 6 NM。

示例:

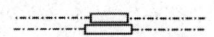

(3) 特殊空域:标绘图幅范围内的禁区、限制区和危险区,并注明其识别名称、垂直界限和活动时间等。识别名称表示方式为"{所属情报区四字代码的首两位字母}({空域属性}){序号}",空域属性用大写英文字母 P、R、D 分别代表禁区、限制区、危险区,序号为三位数的阿拉伯数字。

示例:

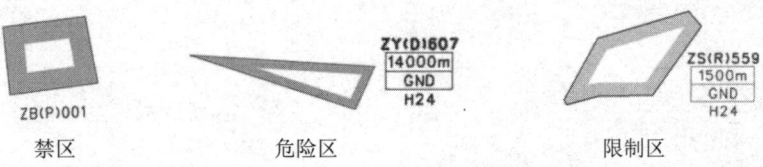

禁区　　　　　危险区　　　　　限制区

（4）无线电导航设施：用简略符号绘制图幅范围内 VOR、VOR/DME、NDB、NDB/DME，并标注其识别代号。

示例：SHX⊡

（5）重要点：应当绘制与雷达监视引导相关的重要点，包括用实心三角形符号表示的强制报告点或用空心三角形符号表示的非强制报告点。应当标注重要点名称，包括五字代码点、P点。

示例：▲LOVRA　▲P309

（6）引导点：应当绘制具有航迹引导作用的引导点，并标注其名称。引导点的命名方式为"{机场ICAO四码后两位}{三位阿拉伯数字序号}"或"{机场ICAO四码后两位}{两位阿拉伯数字序号}{P}"。必要时，需标注引导点的高度和速度限制。

示例：✦XY918　✦XY91P

（7）预定引导航迹：用带箭头的虚线段连接五字代码点、P点、引导点或导航台，虚线段即为预定引导航迹。必要时，预定引导航迹可标注航迹代号，航迹代号命名方式为"{T}{三位英文字母}{两位阿拉伯数字}"。三位英文字母应当取位于离场引导航迹末端或进场引导航迹起始端的VOR导航台识别代号；若端点位置为五字代码点，则取五字代码的前三个字母。两位阿拉伯数字中，首位用于区分进离场；第二位以单双数区分跑道运行方向。预定引导航迹不公布角度、距离信息。

示例：

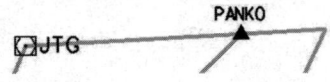

（8）雷达引导扇区：雷达引导扇区的水平边界线，水平边界线应由无线电导航设施、重要点或坐标点组成。

示例：

⊡JTG ——————▲PANKO————

应当以机场VOR/DME导航台为圆心（无VOR/DME导航台时，以ARP为圆心），10 NM或20 NM的整数倍为半径，用实线绘制同心圆，直至覆盖雷达引导扇区水平范围。且在每个圆上标注其半径数值。

示例：

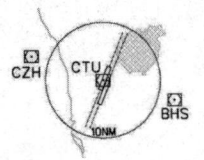

(9) 雷达引导扇区编号:依据机场细则中公布的雷达引导扇区控制障碍物的磁方位信息,从数字 1 开始,按磁方位从小到大的顺序,顺时针依次确立障碍物所属扇区的扇区编号。当障碍物磁方位相同时,应当按障碍物所处的扇区从里到外依次编号。

(10) 最低监视引导高度:最低监视引导高度值等于扇区超障区内控制障碍物的标高(自然障碍物应当加上 15 m 植被高或实测植被高),加上相应的超障余度,50 m 向上取整。超障余度需根据地形特征和气象条件确定,应当至少提供 300 m 的超障余度,在高原和山区应当适情提供 300~600 m 的超障余度。

(11) 雷达引导扇区控制障碍物:雷达引导扇区控制障碍物包括自然地物(如山、树木)和人工障碍物,应当选择相应的符号和注记标注扇区控制障碍物的位置和标高,1 m 向上取整。

(12) 高度表拨正信息:过渡高度层(TL)和过渡高度/高(TA/TH)是高度表拨正程序的重要参考信息。NAIP 应当公布常规气象条件下的过渡高度层和过渡高度(高)、QNH≥1 031 hPa 和 QNH≤979 hPa 时的过渡高度,分四行表示:

第一行为"TL{空格}{TL 米制数值}{/}{TL 英尺数值}";

第二行为"TA{空格}{TA 米制数值}{/}{TA 英尺数值}"或"TH{空格}({TH 米制数值})

{/}{TH 英尺数值}";

第三行为"TA{空格}{TA 米制数值}{/}{TA 英尺数值}(QNH≥1 031 hPa)";

第四行为"TA{空格}{TA 米制数值}{/}{TA 英尺数值}(QNH≤979 hPa)"。

示例:

```
TL  3600/11800'
TA  3000/9800'
    3300/10800'(QNH≥1031hPa)
    2700/8900' (QNH≤979hPa)
```

4.10.4.4 雷达引导说明

当最低监视引导高度图(见图 4-12)与雷达管制引导方法(见图 4-13)配合使用时,NAIP 应当将最低监视引导高度图与雷达引导方法编绘在同一页面中。当图框内的要素承载量过大时,应当单独编绘雷达管制引导方法图。

思 考 题

(1) 航图的特点是什么?

(2) 简述航图的分类。

(3) 简述航图的一般规定。

(4) 机场障碍物图——ICAO A 型图的作用是什么?

(5) 机场障碍物图——ICAO A 型图中公布的距离有哪几种?

(6) 什么是重要障碍物?描述重要障碍物的判定方法。

(7) 精密进近地形图的主要作用是什么?

(8) 简述航路图包含的基本要素。

(9) 标准仪表进场图的作用是什么?

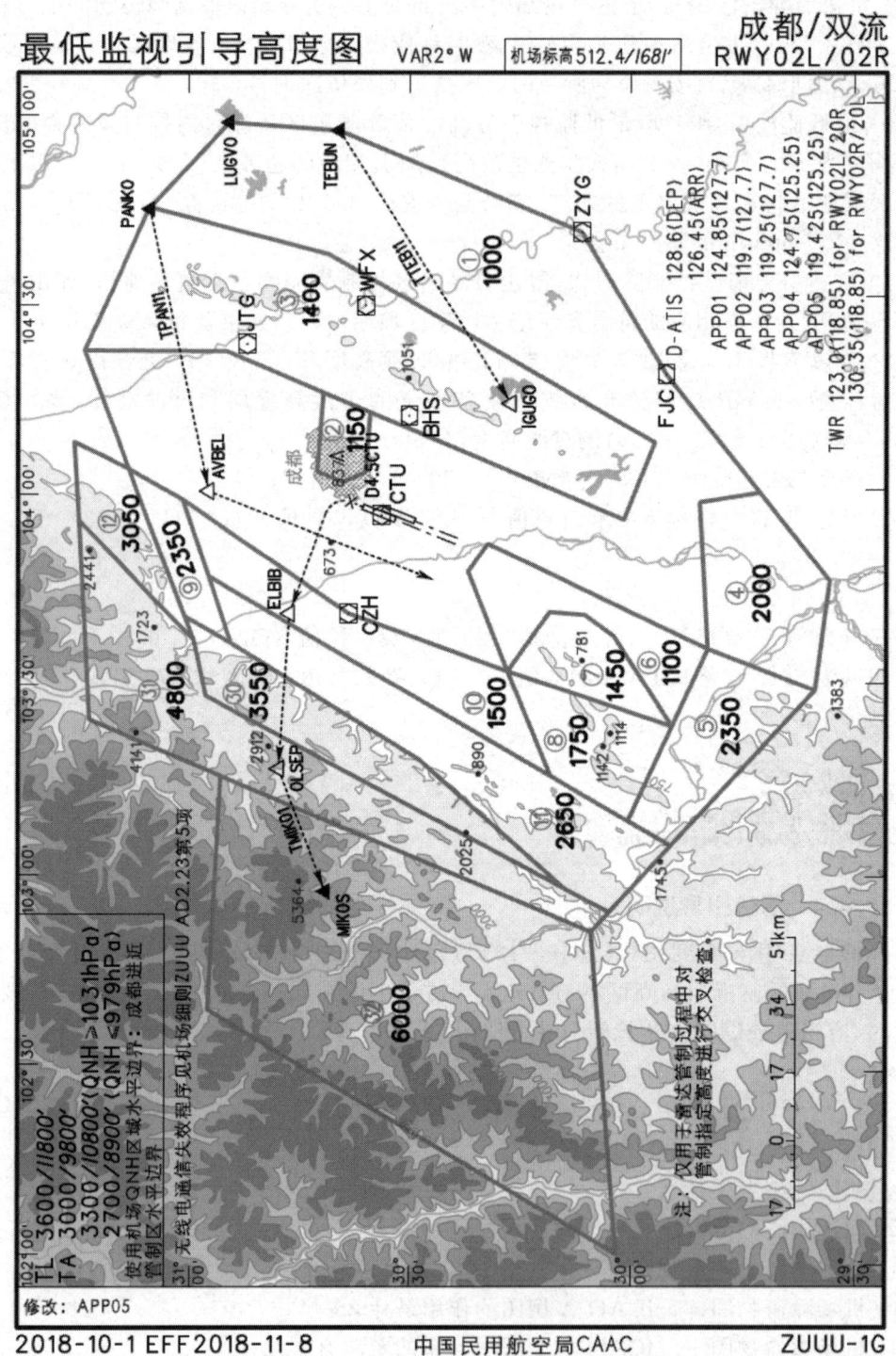

图 4-12 最低监视引导高度图

雷达管制引导方法　　　　**成都/双流**

一、02L/02R号跑道雷达引导方法

1. PANKO方向进港航空器：
雷达引导经PANKO，AVBEL飞向IAF（R160° D12.3CZH），按管制员给定程序或引导建立02L/02R号跑道盲降。
2. TEBUN方向进港航空器：
雷达引导经TEBUN至IGUGO，按管制员给定进近程序或引导建立02L/02R号跑道盲降。
3. MIKOS方向出港航空器：
02L号跑道起飞后按CZH-02D程序离场至D4.5CTU，雷达引导飞向ELBIB，经ELBIB，OLSEP至MIKOS后加入B213航线。

二、20L/20R号跑道雷达引导方法

1. MIKOS方向进港航空器：
雷达引导经MIKOS，OLSEP，ELBIB，TEGAR至AVBEL，按管制员引导右转切入20L/20R号跑道盲降。
2. FJC方向进港航空器：
雷达引导经FJC，MUMIK，TEGAR至AVBEL，按管制员引导右转切入20L/20R号跑道盲降。
3. PANKO方向进港航空器：
雷达引导经PANKO飞向AVBEL，按管制员引导左转建立20L/20R号跑道盲降。
4. WFX方向进港航空器：
雷达引导经WFX，ATAPU至MADEM，按管制员引导左转切入20L/20R号跑道盲降。

修改：无

2017-12-1 EFF2018-1-4　　　　中国民用航空局CAAC　　　　ZUUU-1J

图 4-13　雷达管制引导方法

(10) 标准仪表离场图主要包含哪些要素？
(11) 仪表进近图的平面图包含哪些基本信息？
(12) 仪表进近图的剖面图包含哪些基本信息？
(13) 仪表进近图的着陆最低标准包含哪些基本信息？
(14) 精密进近和非精密进近的最低着陆标准有什么区别？简述机场图的作用。
(15) 机场图由哪几部分组成？
(16) 机场图的平面图部分主要包含哪些要素？
(17) 机场图的起飞最低标准主要包含哪些限制因素？
(18) 机场图中标注的灯光系统有哪些？
(19) 停机位置图的主要作用是什么？
(20) 简述停机位置图与机场图的差异。

第五章 航行通告

航行通告是有关航行的设施、服务、程序等的设立、状况、变化,以及涉及航行安全的危险情况及其变化的通知。航行通告的收集整理、审核发布工作,应当由民用航空情报服务机构负责实施,其他任何单位和个人不得发布航行通告。

5.1 航行通告的分类、系列及拍发规定

5.1.1 航行通告的分类

航行通告分为国际、国内和地区系列的航行通告,S 系列的雪情通告,以及 V 系列的火山通告:

(1) 国际系列航行通告,用于国际分发,由全国民用航空情报中心国际航行通告室发布。

(2) 国内系列航行通告,用于国内分发,由全国民用航空情报中心、地区民用航空情报中心发布。

(3) 地区系列航行通告,用于本地区内分发,由各机场民用航空情报单位发布至所在地的地区民用航空情报中心。

(4) S 系列的雪情通告,由各机场民用航空情报单位直接发至全国民用航空情报中心、地区民用航空情报中心以及与本场航班运行有关的机场民用航空情报单位。对外开放机场的雪情通告,由全国民用航空情报中心国际航行通告室向国外转发。雪情通告自每年 7 月 1 日起至次年 6 月 30 日止,从 0001 号开始编发。

(5) V 系列的火山通告,由火山所在地的地区民用航空情报中心或者机场民用航空情报单位,负责发至全国民用航空情报中心及有关机场民用航空情报单位,全国民用航空情报中心国际通告室负责对国外转发。

5.1.2 航行通告系列

国际系列航行通告包括 A、E、F、G、L、U、W、Y 八个系列,用于向国际和国内分发,各系列发布的航空情报内容具体如下:

(1) A 系列:发布内容包括法规、标准、服务和程序,仅与航路飞行有关的空域、导航设施和航空警告,航路、航线,以及 E、F、G、L、U、W 和 Y 系列航行通告未包含的其他航空情报。

(2) E 系列:发布内容为北京飞行情报区内各国际或对外开放机场的相关航空情报。

(3) F 系列:发布内容为上海飞行情报区内各国际或对外开放机场的相关航空情报。

(4) G 系列:发布内容包括广州、武汉和三亚飞行情报区内各国际或对外开放机场的相关航空情报。

(5) L 系列:发布内容为兰州飞行情报区内各国际或对外开放机场的相关航空情报。

(6) U 系列:发布内容为昆明飞行情报区内各国际或对外开放机场的相关航空情报。

(7) W 系列:发布内容为乌鲁木齐飞行情报区内各国际或对外开放机场的相关航空情报。
(8) Y 系列:发布内容为沈阳飞行情报区内各国际或对外开放机场的相关航空情报。

国内系列航行通告包括 C、K 两个系列,用于向国内分发,发布内容为北京、广州、昆明、兰州、三亚、上海、沈阳、乌鲁木齐、武汉飞行情报区及机场的相关航空情报。其中,K 系列仅供华东和西南地区民用航空情报中心发布时使用,其他地区民用航空情报中心暂不启用。

华东和西南地区 C、K 两个系列发布的航空情报内容具体如下:

(1) 华东地区 C 系列发布内容为:上海/虹桥(ZSSS)、上海/浦东(ZSPD)和南通/兴东(ZSNT)机场的相关航空情报;上海飞行情报区(ZSHA)相关航空情报;上海管制区所在飞行情报区(ZHWH、ZGZU)相关航空情报;以及 K 系列航行通告未包含的其他航空情报。

(2) 华东地区 K 系列发布内容为除了上海/虹桥(ZSSS)、上海/浦东(ZSPD)和南通/兴东(ZSNT)机场以外的华东地区其他机场的相关航空情报。

(3) 西南地区 C 系列发布内容为:昆明飞行情报区(ZPKM)相关航空情报;四川省和西藏自治区机场的相关航空情报;以及 K 系列航行通告未包含的其他航空情报。

(4) 西南地区 K 系列发布内容为重庆市、云南省和贵州省机场的相关航空情报。

地区系列航行通告为 D 系列,用于地区内分发,发布内容为各机场的相关航空情报。

5.1.3 航行通告的一般要求

(1) 除了触发性航行通告外,一份航行通告仅应处理一个事件或有关该事件的一种情况。

(2) 航行通告应准确和完整地描述事件的具体情况,必要时应说明事件发生的原因。文字描述应简短明确,数据应准确规范。

(3) 作为一种快速分发航空情报的手段,航行通告内容的篇幅不宜过长。包括大量文字和(或)图形的临时性资料,宜按航空资料汇编补充资料发布。

(4) 一份航行通告超过限定长度(1 200 字节)时,应以同一系列编号分多部分发布,并在每部分报文后加注部分报的标志,如:"PART 1 OF 4"。

(5) 航行通告发布的内容为航空情报资料变更时,不仅应发布变更后的情况,而且应将变更前的情况加以描述,必要时应注明需参阅的航空资料相关条款。

(6) 航行通告出现错误时,应发布代替航行通告,或在取消该航行通告后签发一份新航行通告,不应签发航行通告更正报。

(7) 永久性航行通告的内容编入航空资料汇编后,应在航空资料汇编修订生效后第 15 日发布取消航行通告。

(8) 国际系列航行通告正文应使用英文和航空资料汇编公布的英文简缩字(以下简称"简缩字")编写,时间应使用协调世界时;国内系列航行通告正文可使用中文和简缩字编写,时间应使用北京时间。

5.1.4 航行通告的格式和内容

航行通告的格式和内容如表 5-1 所列。

表 5-1 航行通告格式

电报等级		→
收电单位		《≡
签发日期和时间		→
发报单位代码		《≡
电报系列编号代码		

包括新资料的航行通告	（系列和编号/年） NOTAMN	
代替以前的航行通告	（系列和编号/年） NOTAMR（被代替的航行通告系列和编号）	
取消以前的航行通告	（系列和编号/年） NOTAMC（被取消的航行通告系列和编号）	《≡

限定行

飞行情报区	航行通告代码	飞行	目的	范围	下限	上限	坐标、半径	
Q)	Q)							《≡
设备空域或所报情况所在地ICAO地名代码			A)					→

有效时间

从（日时组）	B)	→
至（永久或日时组）	C)	EST*PERM* 《≡
时间段	D)	→
		《≡

航行通告正文；明语填写（使用ICAO简字）

E)		《≡
下限	F)	→
上限	G)	）《≡

注：《≡为换行，→为空一格不换行，*按需要删除。

5.1.4.1 电报报头

（1）格式：报头部分由两行组成，第一行为电报等级和收电地址，收电地址可填写多个，各项之间加一个空格；第二行为签发时间和发电地址，两项之间加一个空格，发电地址只能填写一个。

示例：GG ZGGGOIXX ZSSSOIXX ZUUUOIXX ……
　　　060330 ZBAAOIXX

（2）电报等级：航行通告宜使用电报等级"GG"（急报），紧急情况可使用"DD"（特急报）。

（3）收电地址：由八个字母组成，前四个字母为地名代码，第五至第六或第七个字母为部门代码，不足位应由填充码补齐，填充码通常使用字母"X"。

（4）签发时间：由六位数字组成，从前至后每两位数字分别表示日、时和分。

（5）发电地址：发电地址的组成与收电地址相同。

5.1.4.2 系列编号和航行通告标志

（1）格式：系列编号和航行通告标志应另起一行，两者之间加一个空格，并在系列编号前加正括号"("，作为航行通告的起始符。

（2）系列编号：

① 系列编号由系列代码、序号、斜线"/"和年份组成，中间无空格。

② 系列代码用一个英文字母表示，序号用四位数字表示，年份用两位数字表示。

③ 序号应从每年公历1月1日零时开始，自0001连续编号。

（3）航行通告标志：

① 用"NOTAMN"表示新航行通告。新航行通告在其发布时即为有效航行通告，生效时间可以为立即生效，也可以为将来生效。

示例：新航行通告"A0022/10 NOTAMN"。

② 用"NOTAMR"表示代替航行通告。标志前应填写代替航行通告系列编号，标志后应填写被代替的航行通告系列编号，两个系列编号与标志之间应用一个空格分开。代替航行通告生效的同时，被代替航行通告失效。代替航行通告仅应代替同一系列的一份航行通告。代替航行通告的主题应与被代替的航行通告的主题一致，且A)项四字地名代码应相同。代替航行通告的生效时间应为立即生效，不应填写将来的时间。代替航行通告不应代替尚未生效的航行通告，应在取消该航行通告后签发一份新航行通告。对于有多个部分的航行通告，应全部代替，不应只代替其中的一个部分或几个部分。

示例：代替航行通告"C0022/10 NOTAMR C0011/10"，C0022/10生效的同时C0011/10失效。

③ 用"NOTAMC"表示取消航行通告。标志前应填写取消航行通告系列编号，标志后应填写被取消的航行通告系列编号，两个系列编号与标志之间应用一个空格分开。自取消航行通告发布之时起，两份航行通告同时失效。取消航行通告仅应取消同一系列的一份航行通告。取消航行通告的主题应与被取消的航行通告的主题一致，且A)项四字地名代码应相同。取消航行通告的生效时间应为立即生效，不应填写将来的时间。取消航行通告不应填写失效时间。取消航行通告应填写E)项，并说明取消航行通告的原因；如果取消航行通告后需要立即签发新航行通告，取消航行通告应注明"见下一份通告"或"SEE NEXT NOTAM"。对于有多个部分的航行通告，应全部取消，不应只取消其中的一个部分或几个部分。

示例：取消航行通告"D0022/10 NOTAMC D0011/10"，D0022/10和D0011/10自发布时起同时失效。

5.1.4.3 Q)项：限定行

（1）格式：

① 限定行应另起一行，以"Q)"开始，后接八个子项，每一个子项用斜线"/"隔开，如果某一子项无内容填写，不必保留斜线之间的空格，但斜线不应省略。

② 各子项依次为：飞行情报区、航行通告代码、飞行类型、签发目的、影响范围、下限、上限

以及坐标和半径。

示例：Q)ZBPE/QWMLW/IV/BO/W/000/197/3802N11240E008

（2）飞行情报区：该子项应填写 ICAO（国际民航组织）规定的飞行情报区四字地名代码。涉及多个飞行情报区时，应填写飞行情报区组代码（国家代码后接"XX"），并在 A)项中逐一列出飞行情报区的代码。中国的飞行情报区组代码为"ZXXX"。

示例：Q)ZXXX/QWELW/……
　　　A)ZBPE ZSHA ZGZU

（3）航行通告代码：航行通告代码的选择和使用应符合《航行通告代码选择规范》的规定。

（4）飞行类型、签发目的和影响范围代码：飞行类型、签发目的和影响范围代码的选择和使用应符合《航行通告代码选择规范》的规定。

（5）下限和上限：

① 下限和上限应分别用三位数字表示飞行高度层，下限值应向下取整，上限值应向上取整，单位为百英尺但不必标注。

② 当航行通告主题涉及空域结构或航空警告时，应填写下限和上限值，且应与 F)项和 G)项的数据相匹配。

示例：当 F)项为 600 m AMSL，G)项为 11 000 m AMSL 时，Q)项中的下限和上限填写 020/361。

③ 当下限为地面或海平面时，应以"000"表示，当上限为无限高时，应以"999"表示。

④ 当航行通告内容不涉及高度限制时，应填写"000/999"作为缺省值。

（6）坐标和半径：

① 坐标表示航行通告所影响区域的几何中心，应用经纬度表示。纬度在前，由表示度和分的四位数字以及表示北纬的字母"N"或南纬的字母"S"组成；经度在后，由表示度和分的五位数字以及表示东经的字母"E"或西经的字母"W"组成。经纬度值应四舍五入精确到分。坐标取值方法见表 5-2。

② 半径表示航行通告所影响的范围。半径由三位数字组成，单位为海里但不必标注。半径取值方法见表 5-3，表中未列出者，应依据实际情况填写并向上取整，所取的半径值应覆盖整个受到影响的区域。

③ 坐标的纬度和经度以及半径之间不应有任何符号或空格。

示例：北纬 26°30′42″、东经 82°46′26″为中心，半径 27.1 nmile 的区域范围填写为"2631N08246E028"。

表 5-2　坐标取值方法表

航行通告内容和影响范围	坐标取值
影响范围为"A"	机场基准点（ARP）或适当的坐标
影响范围为"AE"或"AW"	机场 ARP 或适当的坐标或区域的几何中心
已知点（如导航台、报告点等）且影响范围"E"或"W"	该点坐标
特定空域（如危险区、限制区等）且影响范围为"E"或"W"	区域的几何中心
特定空域以外的活动（如炮射、爆破和释放气球等）且影响范围为"W"	适当的坐标或区域的几何中心
航路/航线或航段且影响范围为"E"	不填写
涉及整个飞行情报区	不填写

表 5-3 半径取值方法表

航行通告选择标准的代码	航行通告内容和影响范围	半径
Q…	涉及机场且影响范围只填写"A";无法确定适当的半径且影响范围填写"AE"或"AW"。	005
QN…	除远程导航系统以外的所有导航设施(如 VOR、DME 和 NDB 等)	025
QOB…	障碍物	005
QOL…	障碍物灯	005
QPH…	等待程序	025
QPX…	最低等待高度	025
QAP…、QAX…	报告点、重要点	025

5.1.4.4 A)项:发生地

(1) 发生地应另起一行,以项目编号"A)"开始,后接 ICAO 规定的机场或飞行情报区四字地名代码。

(2) 一份航行通告仅应填写一个机场,且该机场在地理划分上应归属于 Q)项中填写的飞行情报区。

(3) 一份航行通告可填写一个或多个飞行情报区,且应与 Q)项中填写的飞行情报区或飞行情报区组相对应,各飞行情报区四字地名代码之间应当加一个空格。

(4) 一份航行通告涉及的飞行情报区超过七个时,应分为两份航行通告发布。

(5) 机场和飞行情报区不应在一份航行通告的 A)项中同时出现。

(6) 当航行通告内容涉及两个(含)以上机场时,应按机场发布多份航行通告。若影响范围代码为"AE"或"AW",则其中一份航行通告应填写"AE"或"AW",其他航行通告宜填写"A"。

示例:深圳宝安国际机场和珠海金湾机场均使用连胜围 VOR/DME,影响范围为"AE",
       当该台出现状况时,应发布以下两份航行通告:

➤ (F0617/10 NOTAMN
   Q)ZGZU/QNMAS/IV/BO/AE/000/999/2200N11323E025
   A)ZGSZ

➤ (F0618/10 NOTAMN
   Q)ZGZU/QNMAS/IV/BO/A/000/999/2200N11323E025
   A)ZGSD

(7) A)项填写内容与 Q)项中影响范围代码的对应关系,应符合 MH/T4031 中的航行通告影响范围代码表的规定。

5.1.4.5 B)项:生效时间

(1) 生效时间应在 A)项内容之后加一个空格,以项目编号"B)"开始,后接十位数字,从前至后每两位数字分别表示年、月、日、时和分。

(2) 当航行通告的生效时间为立即生效时,应填写航行通告的发布时间,不应使用"WIE"或"WEF"等简缩字表示不确定的时间。

(3) 当生效时间为零点,应使用"0000"表示,不应使用"2400"。

示例:2010 年 8 月 12 日零时起生效表示为"B)1008120000"。

5.1.4.6　C)项:失效时间

(1) 失效时间应在 B)项内容(生效时间)之后加一个空格,以项目编号"C)"开始,后接十位数字,从前至后每两位数字分别表示年、月、日、时和分。

(2) 当航行通告失效时间无法准确设定时,应在估计的失效时间之后加上简缩字"EST"表示预计失效。在该航行通告预计失效之前应发布代替或取消航行通告,否则该航行通告将继续有效。

(3) 当航行通告的内容为永久性资料时,应在项目编号"C)"后面填写"PERM"表示"永久有效"。

(4) 不应使用"APRX"、"DUR"或"UFN"等简缩字表示不确定的结束时间。

(5) 当失效时间为二十四点,应减一分钟,用"2359"表示,不应填写"0000"或"2400"。

示例:2010 年 8 月 16 日 24 时失效表示为"C)1008162359"。

5.1.4.7　D)项:分段时间

(1) 分段时间应另起一行,以项目编号"D)"开始,后接生效期间的分段时间,时间的描述不应使用汉字。

(2) 应填写有时间跨度的时间段,不应使用时间点。

(3) 不应使用"SR"(日出)、"SS"(日没)等不确定的时间。

(4) 一般情况下,D)项第一个时间段的起始时间和最后一个时间段的结束时间应分别与航行通告的 B)项生效时间和 C)项失效时间一致,即与 B)项和 C)项时间的后四位相符合。但当 D)项分段日期以星期几来表示,且 B)项和 C)项时间跨两个星期或以上时,会出现例外情况。

示例:由于 B)项生效时间为 8 月 12 日星期四,所以并不是 D)项第一个时间段的起始时间;而 C)项失效时间为 8 月 30 日星期一,并不是 D)项最后一个时间段的结束时间。

B) 1008121000 C)1008301200

D) 0800－1200 MON,TUE AND 1000－1800 WED－FRI

(5) 如果分段时间比较复杂,可在 E)项中说明,但在 D)项中应注明"SEE TEXT"。

(6) 日期和时间可用的简缩字及数字如下:

➢ 年份一般不出现在 D)项中,若时段跨年,可填写为:DEC,09－JAN,10;

➢ 月份可使用简缩字:JAN、FEB、MAR、APR、MAY、JUN、JUL、AUG、SEP、OCT、NOV、DEC;

➢ 日期可使用两位数字表示:01,02…30,31;

➢ 星期可使用简缩字:MON、TUE、WED、THU、FRI、SAT、SUN;

➢ 时间可使用表示时分的四位数字表示:0001－1600。

(7) 时段可用的英文单词和简缩字及其含义如下:

➢ DLY:DAILY,每天;

➢ EVERY:每个星期的固定某天,如 EVERY MON;

- EXC:EXCEPT,除了;
- H24:24 HOURS,全天 24h;
- AND:最后两个时段之间的连接词。

(8) D)项可用以下英文标点符号:
- 连接符"—":从……至……,与英文"FROM... TO..."同义,可用于表示连续的"日、时、分和星期"等时间;
- 逗号",":表示并列关系,与英文"AND"同义,必要时可改用空格;
- 括号"( )"。

(9) D)项分段时间的填写方法如下:

示例 1:每天重复性的活动
  D)0200—1000 DLY

示例 2:每星期重复性的活动
  B)1003080001 C)1003291000
  D)0001—1000 EVERY MON

示例 3:单日加上连续几日的同一时段
  B)1005062300 C)1005150500
  D)2300—0500(NEXT DAY) 06 AND 10—14

示例 4:跨月的同一时段,可以不填写月份
  B)1004302300 C)1005050500
  D)2300—0500(NEXT DAY) DLY

示例 5:用连接符"—"或"FROM... TO..."描述的多个日期段
  D)1800—2100 07—11 AND 16—18
  D)1800—2100 FROM 07 TO 11,FROM 16 TO 18

示例 6:多个时间段和日期段的组合
  D)2000—2200 FEB 08—28 AND 1800—2200 MAR 01—05
  D)1000—1400 WED,SAT AND 1500—1800 SUN—TUE

示例 7:日时段和全天活动的组合
  B)1005160600 C)1005282359
  D)0600—1700 SUN,H24 WED AND FRI
  或
  D)0600—1700 16,23,H24 19,21,26 AND 28

示例 8:除某日期以外的星期和时间段组合
  D)0700—1800 EVERY SUN EXC FEB 21

5.1.4.8 E)项:航行通告正文

(1) 正文应另起一行,以项目编号"E)"开始,后接以明语和简缩字填写的航行通告具体内容,明语中的文字应使用航空专业词汇和书面用语。

(2) E)项内容填写完成后,若不需要填写 F)项和 G)项,应在 E)项内容之后加反括号")",作为航行通告的结束符。

(3) 正文中可使用以下中、英文标点符号:

- 连接符"－";
- 单引号"'";
- 冒号":";
- 括号"( )";
- 句号"。"和".";
- 逗号",";
- 等于号"＝";
- 斜线"/";
- 正号"＋";
- 负号"－";
- 使用"(A)"替代"@"。

(4) 汉字在航行通告传输过程中转换为四位数字的电报码,为保证电报码能准确翻译成汉字,电报码之间以及电报码和英文标点符号之间应加一个空格。

示例:E) 2455 0143 6037 150 1653 (4318 2455 0143)可准确翻译为"方位角 150 度（磁方位）"。

(5) 为避免正文中的数字误翻译为汉字,数字应按以下方法填写:

① 以三位数分节的方法表示,例如:18,000、7,000;

② 四位数字表示的年份前后应加英文括号,之间没有空格,例如:(2010)年;

③ 凡标注计量单位的数字应与计量单位合为一组,之间无空格,例如:100M、200KM、1200FT、3850KHZ 等;

④ 表示时间时,应在时、分之间加冒号,例如:18:00。

(6) 高度数据应注明计量单位和基准参照面,基准参照面应在高度数据后面用汉字或简缩字标注并加括号。不应采用数字加括号表示场压或不加括号表示修正海压的高度标注方法。

示例:1200 米(场压)、1800M(修正海压)、80M(AGL)或 1800M(AMSL)。

(7) 英制高度层应由简缩字"FL"加三位数字组成,单位为百英尺,例如:FL020 等于 2000 ft(QNE)。

(8) 距离和半径等数据应注明计量单位。计量单位使用"米"、"千米"或"海里"等,或使用相应的简缩字,如 m(米)、km(公里)和 nm(海里)等。

(9) 角度和温度的标注方式为:

① 航线角、导航设施的方位角或径向线应使用汉字或简缩字表示度,不应使用符号"°",需要明确时可注明真方位或磁方位;

示例:"航迹角 90 度"或"BEARING 30 DEG(MAG)"。

② 航向台的角度应使用中文或正、负符号注明正、负值,或以左、右标注;

示例:"正 020 度以外……"、"－010 度以外……"或"航向信标前航向道左侧 20 度以外……"。

③ 温度应使用明语或简缩字表示摄氏度或华氏度,不应使用符号"℃"或"℉"。

(10) 空域范围的标注方式为:

① 当空域水平范围为圆形时,应以圆心和半径方式标注,圆心应标明具体坐标或导航设施;

② 当空域水平范围为多边形时,应以各点坐标按顺时针或逆时针方向标注成一个封闭的区域。坐标之间使用连接符"-"连接,最后一个坐标应和第一个坐标相同;

③ 空域垂直范围的下限应标注基准参照面(SFC 或 GND)或具体数据,上限应标注具体数据或无限高(UNL)。

④ 如果航空资料中已公布了空域的水平和垂直范围且没有变化,则不必在 E)项中重复空域范围,但应注明空域名称或编号。

(11) 新辟航路或航段数据更改时,应注明航路代号、航段距离、磁航迹角和最低飞行高度等数据,导航设施的名称、设施类型和识别,以及报告点的名称。

(12) 跑道、滑行道和停机坪等场道面名称应使用汉字或简缩字,并注明相应的编号。

示例:RWY18L/36R、TWY NR.22、TWY A2、03 号跑道、T3 号滑行道或 5 号停机坪。

(13) 为避免产生歧义,以跑道两端为基准描述事件时,应明确"跑道入口"或"跑道末端",不应使用"跑道端"的描述方式。

(14) 导航设施的标注方式为:

① 导航设施的类型应使用简缩字;

示例:NDB、VOR、DME、LLZ 和 OM 等。

② 识别应加单引号标注,频率应注明单位,DME 台应注明波道,频率和波道之间加斜线"/"。

示例:大王庄 VOR/DME 'VYK' 112.7MHZ/CH74X 不提供使用。

(15) 坐标可根据公布精度使用"HDDMMSS.ssLDDDMMSS.ss"或"HDDMM.mLDDDMM.m"的形式,纬度在前,经度在后,其中"H"表示北纬"N"或南纬"S";"L"表示东经"E"或西经"W","D"表示度(缺位补零),"M"表示分,"S"表示秒,"s"(视公布精度可省略)表示 1/10 秒或 1/100 秒,"m"表示 1/10 分。度、分和秒不应使用汉字或符号"°"、"'"和"""表示。

示例 1:精度为秒:"N474459E0880505"。

示例 2:精度为 1/10 秒:"N314429.2E1185204.0"。

示例 3:精度为 1/100 秒:"N310851.60E1214754.45"。

示例 4:精度为 1/10 分:"N4302.6E10813.0"。

5.1.4.9 F)项和 G)项:下限和上限

(1) 下限和上限应另起一行,下限以项目编号"F)"开始,后接航行通告垂直影响范围的最小值;上限在下限之后加一个空格,以项目编号"G)"开始,后接航行通告垂直影响范围的最大值。

(2) 航行通告的内容涉及有关航空警告和空域限制时,应填写 F)项和 G)项,且应在 G)项内容之后加反括号")",作为航行通告的结束符。

(3) F)项和 G)项的数据应与 Q)项的下限和上限填写的数值相对应,具体标注方法为:

① 应在具体数值后面无空格标注计量单位,之后空一格标注基准参照面;

② 当下限为地面或海平面,即高或高度为零时,应使用简缩字"GND"或"SFC"表示,当上限为无限高时,应使用"UNL"表示;

③ 英制高度层应由简缩字"FL"加三位数字组成,单位为百英尺但不必标注;

④ 不应使用"000"和"999"表示地面或海平面至无限高。

(4) F)项和 G)项的填写格式见表 5-4,且只能用表中列出的一种方式填写。

表 5-4 下限和上限表示方法

F)项	G)项
SFC	UNL
GND	UNL
SFC	xxxxxM AMSL
GND	xxxxxM AMSL
GND	xxxxxM AGL
xxxxxM AGL	xxxxxM AGL
xxxxxM AMSL	xxxxxM AMSL
FLxxx	FLxxx

5.1.5 触发性航行通告格式和内容

当发布即将生效的航空资料汇编修订或对航空器的运行有重大意义的航空资料汇编补充资料时,应签发触发性航行通告。触发性航行通告应遵循一般航行通告的格式,并选择适当的航行通告系列发布。依据航空资料汇编修订或补充资料的内容,一份触发性航行通告可简要描述多个事件和有关这些事件的情况。

触发性航行通告格式应符合航行通告格式的基本规定。

(1) Q)项的填写应符合本书第 5.1.4.3 小节中的相关规定。

(2) A)项应填写涉及的所有飞行情报区四字地名代码,若内容仅涉及一个机场,则应填写该机场四字地名代码,填写方法应符合本书第 5.1.4.4 小节中的相关规定。

(3) B)项生效时间应与航空资料汇编修订或补充资料的生效时间一致。

(4) C)项失效时间填写方法如下:

① 当内容为航空资料汇编修订时,结束时间应为生效时间加上 14 d;

② 当内容为航空资料汇编补充资料且结束时间可以确定时,应与补充资料的结束时间一致;

③ 当内容为航空资料汇编补充资料但结束时间不确定时,应以生效时间加上 3 个月作为预计结束时间。

(5) E)项的内容包括三部分:

第一部分:关键词"TRIGGER NOTAM"应始终放在 E)项内容的第一行;

第二部分:相关航空资料汇编修订或补充资料的期号、出版日期和生效时间;

第三部分:相关航空资料汇编修订或补充资料内容重要变化的概述。

注意:如果对外官方网站上公布了中国航空资料汇编修订或补充资料的内容,可提供相关网址,以便于用户查阅。

示例:

(A6672/10 NOTAMN
Q)ZXXX/QAFTT/IV/NBO/E/000/999/
A)ZGZU ZLHW ZPKM ZSHA ZWUQ ZYSH…

B)1009221600 C)1010061600

E) TRIGGER NOTAM

AIP CHINA AMENDMENT NR. 10/2010(2010 - 8 - 15) WILL BE EFFECTIVE FROM 1600UTC ON 22 SEP 2010.

MAIN CHANGES AS FOLLOWS:

① NEW STANDS ESTABLISHED IN SHENYANG/TAOXIAN(ZYTX) AIRPORT.

② NEW APRONS ESTABLISHED IN CHONGQING/JIANGBEI(ZUCK) AIRPORT.

③ HOT SPOTS ESTABLISHED IN YINCHUAN/HEDONG(ZLIC) AIRPORT.

④ HOT SPOT ESTABLISHED IN XI'AN/XIANYANG(ZLXY) AIRPORT.

⑤ HOT SPOT ESTABLISHED IN LANZHOU/ZHONGCHUAN(ZLLL) AIRPORT.

⑥ ENROUTE CHART EDITION 24TH (2010 - 8 - 15) PUBLISHED.

LOG ON AIS CHINA WEBSITE:WWW. AISCHINA. COM FOR PREVIEWING THE WHOLE INFORMATION.)

5.1.6 校核单的格式和内容

每一个航行通告系列都应单独发布校核单。一个新系列航行通告的第一份校核单应以新航行通告形式发布,后续校核单应以代替航行通告形式发布,替代前一份校核单且立即生效。航行通告不应以校核单取消,应发布取消航行通告。

(1) 校核单的格式应符合航行通告格式的规定。

(2) Q)项的填写应符合本书第5.1.4.3小节中的相关规定。

(3) A)项应填写校核单发布单位所属的飞行情报区四字地名代码,国际航行通告室填写"ZBBB"。

(4) B)项生效时间应为当月1日且立即生效。

(5) C)项预计失效时间应为下一个月的1日12时(北京时)。

(6) E)项的内容包括三部分:

第一部分:关键词"CHECKLIST"应始终放在E)项内容的第一行。

第二部分:按公历年分组列出有效航行通告,由年份和有效航行通告序号组成:

① 年份由英文单词"YEAR"加上等于号"="再加上四位数字年份组成,中间没有空格,下一年应另起一行填写,例如:"YEAR=2010"

② 有效航行通告序号应在年份后空一格,由小到大依次排列,航行通告系列编号中的系列代码和年份应省略,仅填写四位数字的序号,序号之间加一个空格;

③ 序号之间不应以任何标点符号分隔,最后一个序号后面不应以句号"。"或". "结束。

第三部分:最新发布的航空情报资料期号和出版日期,应在第一行填写"LATEST PUBLICATIONS:",然后分行填写以下内容:

① 最新的航空资料汇编修订期号和出版日期;

② 最新的航空资料汇编补充资料期号和出版日期;

③ 最新的航空资料通报期号和出版日期。

注意:第三部分仅适用于国际航行通告室。

示例：
(A6023/10 NOTAMR A5221/10
Q)ZBBB/QKKKK/K/K/K/000/999/
A)ZBBB B)1008010130 C)1009010400EST
E)CHECKLIST
YEAR=2007 4567
YEAR=2008 8186
YEAR=2009 0674 0865 9675 9678
YEAR=2010 0119 0845 6021 6022
LATEST PUBLICATIONS：
AIP-AMDT：NR.08/10（2010-7-1）
AIP-SUP： NR.03/10（2010-6-1）
AIC： NR.01/10（2010-6-1）

5.1.7 航行通告项目填写检查一览表

不同类型航行通告需要填写的项目应按照表5-5的要求进行检查。

表5-5 航行通告项目填写检查一览表

项 目	NOTAMN	NOTAMR	NOTAMC	TRIGGER	CHECKLIST
航行通告标志	填写	填写	填写	填写	填写
被代替或取消的航行通告系列编号	不填写	填写	填写	不填写	填写
飞行情报区	填写	填写	填写	填写	填写
航行通告代码	填写	填写	填写	填写	填写
飞行类型	填写	填写	不填写	填写	填写
签发目的	填写	填写	填写"M"	填写	填写
影响范围	填写	填写	不填写	填写	填写
下限和上限	填写	填写	填写	填写	填写
坐标和半径	填写	填写	不填写	不填写	不填写
A)项	填写	填写	填写	填写	填写
B)项	填写	填写	填写	填写	填写
C)项	填写	填写	不填写	填写	填写
D)项	按实际情况填写	按实际情况填写	不填写	不填写	不填写
E)项	填写	填写	填写	填写	填写
F)项和G)项	按实际情况填写	按实际情况填写	不填写	不填写	不填写

5.2 雪情通告

5.2.1 定 义

(1) 雪情通告（SNOWTAM）：一种专门系列的航行通告，用标准的格式提供跑道表面状况报告，通知由于活动区内有雪、冰、雪浆、霜、积水或与雪、雪浆、冰或霜有关的水而存在的危险情况，或者这种险情的停止。

(2) 跑道状况代码（RWYCC）：用来描述跑道表面状况的数字，可以直接表示道面状况对航空器着陆和起飞滑跑性能的影响。

5.2.2 雪情通告的一般规定

(1) 雪情通告的有效时间最长不超过 8 h。

(2) 任何时候收到新的跑道状况报告时，都应发布新的雪情通告，上一份雪情通告同时失效。雪情通告出现错误时应发布新的雪情通告，不应签发雪情通告更正报。

(3) 多跑道运行的机场，当其中一条跑道的雪情发生变化时，也应发布新的雪情通告，可采用最新一次的观测时间，雪情未发生变化的其他跑道可按上一次公布的数据（值）发布。

(4) 一份雪情通告发布两条（含）以上跑道的雪情时，应针对每条跑道重复 B）项至 H）项，即重复飞机性能计算部分的信息。

(5) 所有公布的数据（值）应采用公制单位，除 T)以外，其他各项仅填写数值，不应填写测量单位。

(6) 从每年公历 7 月 1 日零时开始，第一次发布雪情通告的序号为 0001，顺序编号至第二年的 6 月 30 日二十四时止。国际分发的雪情通告全国统一编号，国内分发的雪情通告各机场单独编号。

(7) 雪情通告应使用英文和简缩字编写，国际分发的雪情通告时间应使用协调世界时；国内分发的雪情通告时间应使用北京时。

(8) 雪情通告各项的项目编号仅供编制报文时作为参考使用，不应出现在正式发布的报文中。

(9) 表 5-6 雪情通告格式中，字母 M 表示强制性信息，字母 C 表示条件性信息，字母 O 表示选择性信息。其中强制性信息包括：

- ➢ A)项：发生地；
- ➢ B)项：观测时间；
- ➢ C)项：跑道号码；
- ➢ D)项：跑道状况代码；
- ➢ G)项：跑道状况说明。

强制性信息是指应填写的信息，条件性信息是指满足一定触发条件后填写的信息，选择性信息是指根据报告的跑道状况而视情况填写的信息。

(10) 雪情通告采用 S 系列。

5.2.3 雪情通告的格式和内容

雪情通告的格式如表 5-6 所列。

表 5-6 雪情通告格式

报头	电报等级 →	收电地址	≡
	签发时间 →	发电地址	≡
简化报头	SW国家代码**序号 S W * *	地名代码	观测时间	任选项 不填写 ≡
(SNOTAM 序号			≡
发生地(四字地名代码)		A)	→
观测时间(测定结束时间)		B)	≡
跑道号码		C)	→
跑道扫清长度		D)	→
跑道扫清宽度		E)	→
跑道堆积物,跑道每三分之一地段的堆积物。 NIL—没有积雪,跑道上干燥 　　1—潮湿 　　2—湿或小块积水 　　3—雾松或霜覆盖(深度一般不超过1毫米) 　　4—干雪 　　5—湿雪 　　6—雪浆 　　7—冰 　　8—压实或滚压的雪 　　9—冰冻的轮辙或冰脊		F)	→
跑道平均霜深;跑道每三分之一地段的平均霜深		G)	→
跑道摩擦系数:跑道每三分之一地段摩擦系数的情况和测量设备 测定或计算的系数　或　估计的表面摩擦力数字代码 0.4和以上　　　　好　　　　　5 0.39-0.36　　　　中等偏好　　　4 0.35-0.30　　　　中等　　　　　3 0.29-0.26　　　　中等偏差　　　2 0.25和以下　　　差　　　　　　1 9不可靠　　　　　不可靠　　　　9		H)	→
跑道临界霜堆		J)	→
跑道灯		K)	→
跑道清扫计划		L)	→
预计完成跑道清扫计划的时间		M)	→
滑行道堆积物		N)	→
滑行道霜堆		P)	≡
停机坪堆积物		R)	→
下次观测时间		S)	≡
明语说明		T)	) ≡

注:≡为换行,→为空一格,*填写ICAO文件7910中公布的国家代码。

5.2.3.1 电报报头

(1) 格式:报头部分由两行组成,第一行为电报等级和收电地址,收电地址可填写多个,各项之间加一个空格;第二行为签发时间和发电地址,两项之间加一个空格,发电地址只能填写一个。

示例:GG ZGGGOIXX ZSSSOIXX ZUUUOIXX…
　　　060330 ZBAAOIXX

(2) 电报等级:雪情通告宜使用电报等级"GG"(急报),紧急情况可使用"DD"(特急报)。

(3) 收电地址:由八个字母组成,前四个字母为地名代码,第五至第六或第七个字母为部门代码,不足位应由填充码补齐,填充码通常使用字母"X"。

(4) 签发时间:由六位数字组成,从前至后每两位数字分别表示日、时和分。

(5) 发电地址:发电地址的组成与收电地址相同。

5.2.3.2 简化报头

(1) 雪情通告应采用简化报头,以便自动处理、检索和查询雪情通告。

(2) 简化报头应另起一行,由三组代码组成"TTAAiiii CCCC MMYYGGgg"的形式,各组代码之间加一个空格,具体含义如下:

① TT:雪情通告的识别标志,由两个字母组成,填写"SW";

② AA:国家或地区地理位置识别代码,由两个字母组成。国际分发的雪情通告应填写中国的国家代码"ZX";国内分发的雪情通告应填写机场所属的地区代码,例如:ZB、ZL、ZW 或 ZY 等;

③ iiii:雪情通告序号,由四位数字组成;

④ CCCC:发生雪情的机场四字地名代码;

⑤ MMYYGGgg:观测时间由八位数字组成,其中 MM 表示月,YY 表示日,GG 表示时,gg 表示分。应与 B 项中最新观测跑道的时间一致。

示例:北京首都国际机场第一号雪情通告,观测时间为 11 月 8 日 16 时整的简化报头:
　　　"SWZB0001 ZBAA 11081600"。

5.2.3.3 雪情通告标志和序号

(1) 雪情通告标志和序号应另起一行,并在标志前加正括号"(",作为雪情通告的起始符。

(2) 雪情通告标志为"SNOWTAM",之后加一个空格填写序号;序号由四位数字组成,应与简化报头中的序号。

示例:SNOWTAM 0020

5.2.3.4 飞机性能计算部分

A)项:发生地

发生地应另起一行,填写发生雪情的机场四字地名代码,应与简化报头的四字地名代码一致。该项为强制性信息。

示例:ZBAA

B)项:观测时间

观测时间应另起一行,填写八位数字表示观测的日时组。多跑道运行的机场在报告两条

(含)以上跑道时,应分别填写每条跑道的观测时间。最新观测的跑道时间应与简化报头的观测日期和时间一致。该项为强制性信息。

示例:09111357

C)项:跑道号码

此项内容应在 B)项内容(观测时间)之后加一个空格,每条跑道应仅填写数字小的跑道号码。该项为强制性信息。

示例:09L

D)项:跑道状况代码

跑道状况代码应在 C)项内容(跑道号码)之后加一个空格。应从 C)项填写的跑道入口观测,依次填写跑道每三分之一地段的状况代码,每段仅填写一个数值(0、1、2、3、4、5 或 6),三个数值之间用斜线"/"分开。该项为强制性信息。

示例:5/5/2

表 5-7 所列为跑道状况代码。

表 5-7 跑道状况代码

跑道状况代码 (RWYCC)	跑道表面状况说明
6	干
5	霜 湿【跑道表面覆盖有任何明显的湿气或深度不超过 3 毫米(含)的水】 雪浆【深度不超过 3 毫米(含)】 干雪【深度不超过 3 毫米(含)】 湿雪【深度不超过 3 毫米(含)】
4	压实的雪(外面气温-15 摄氏度或 5 华氏度及以下)
3	湿("湿滑"跑道) 压实的雪面上有干雪(任何深度) 压实的雪面上有湿雪(任何深度) 干雪(深度超过 3 毫米) 湿雪(深度超过 3 毫米) 压实的雪(外面气温高于-15 摄氏度或 5 华氏度)
2	积水(深度超过 3 毫米) 雪浆(深度超过 3 毫米)
1	冰
0	湿冰 压实的雪面上有水 冰面上有干雪或湿雪

E)项:跑道污染物的覆盖范围

此项内容应在 D)项内容(跑道状况代码)之后加一个空格。应从 C)项填写的跑道入口观测,依次填写跑道每三分之一地段污染物覆盖的百分比 25、50、75 或 100,每段仅填写一个数值且省略百分号,三个数值之间用斜线"/"分开。该项为条件性信息。当跑道每三分之一段的D)项跑道状况代码均为"6",或G)项跑道状况说明均为"干"时,不必提供该项信息。

如果跑道的某三分之一地段道面干燥,或覆盖的污染物少于10%,应填写"NR"(无)。

示例1:25/50/100

示例2:NR/25/75

表5-8所列为跑道污染物覆盖百分比。

表5-8 跑道污染物覆盖百分比

观测的百分比%	报告的百分比%
<10	无
10~25	25
26~50	50
51~75	75
76~100	100

F)项:跑道污染物的深度

此项内容应在E)项内容(跑道污染物的覆盖范围)之后加一个空格。应从C)项填写的跑道入口观测,依次填写跑道每三分之一地段松散污染物的深度值(单位为mm),深度值至少为两位数字,不足两位数的在前面补0。三个深度值之间用斜线"/"分开。当没有状况可报告或污染物深度低于需报告的最低数值时,相应的跑道三分之一段应填写"NR"(无)。该项为条件性信息,仅报告干雪、湿雪、雪浆和积水。当跑道污染物深度的变化达到重大变化阈值时,应发布新的雪情通告。

示例:04/06/12

表5-9所列为跑道污染物深度报告的最低值及重大变化阈值。

表5-9 跑道污染物深度报告的最低值及重大变化阈值

污染物	报告的最低数值	重大变化阈值
积水	04	03
雪浆	03	03
湿雪	03	05
干雪	03	20

G)项:跑道状况说明

此项内容应在F)项内容(跑道污染物的深度)之后加一个空格,应从C)项填写的跑道入口观测,依次填写跑道每三分之一地段污染物的类型,应从以下跑道污染物类型(见表5-10)中选取并以斜线"/"分开。当没有状况可报告时,相应的跑道三分之一段应填写"NR"(无)。注意:"无"只表示不通报污染物,并不表示无污染物。该项为强制性信息。

示例:DRY SNOW ON TOP OF COMPACTED SNOW/WET SNOW ON TOP OF COMPACTED SNOW/WATER ON TOP OF COMPACTED SNOW

表 5 – 10 跑道污染物类型

COMPACTED SNOW	压实的雪
DRY SNOW	干雪
DRY SNOW ON TOP OF COMPACTED SNOW	压实的雪面上有干雪
DRY SNOW ON TOP OF ICE	冰面上有干雪
FROST	霜
ICE	冰
SLUSH	雪浆
STANDING WATER	积水
WATER ON TOP OF COMPACTED SNOW	压实的雪面上有水
WET	湿
WET ICE	湿冰
WET SNOW	湿雪
WET SNOW ON TOP OF COMPACTED SNOW	压实的雪面上有湿雪
WET SNOW ON TOP OF ICE	冰面上有湿雪
DRY	干(只在没有污染物时报告)

H)项:跑道状况代码对应的跑道宽度

此项内容应在 G)项内容(跑道状况说明)之后加一个空格。当跑道状况代码对应的跑道宽度小于公布的跑道宽度时,应以两位数字(单位为 m)表示该跑道的宽度。当已清理的跑道宽度沿中线不对称时,可在情景意识部分的 T)项进一步说明。该项为选择性信息。

示例:30

5.2.3.5 情景意识部分

> 情景意识部分与飞机性能计算部分之间应空一行。
> 情景意识部分的每项内容都应以句点 "." 结束。
> 情景意识中的各项均为选择性信息,如果不存在相关信息或者不满足发布条件,不必填写。

I)项:跑道长度变短

该项应填入适用的跑道代号和可用跑道长度(单位为 m)。注意:当航行通告发布了一组新的跑道公布距离后,该项将变为条件性信息。

示例:RWY 22L REDUCED TO 1450.

J)项:跑道上有吹积的雪堆

当跑道上有吹积的雪堆时,应在该项填写"DRIFTING SNOW"。

示例:DRIFTING SNOW.

K)项:跑道上有散沙

当跑道上有散沙时,应填写较小的跑道号码,并在空格后填写"LOOSE SAND"。

示例:RWY 02R LOOSE SAND.

L)项:跑道上的化学处理

当在跑道上进行了化学处理时,应填写较小的跑道号码,并在空格后填入"CHEMICALLY TREATED"。

示例:RWY 06 CHEMICALLY TREATED.

M)项:跑道上有雪堤

当跑道上有雪堤时,应填写较小的跑道号码,加空格后填写"SNOWBANK";再加空格后填写左"L"或右"R"或左右两边"LR",后接两位数字的距跑道中线距离(单位为 m),再加空格后填写"FM CL"。

示例:RWY 06L SNOWBANK LR19 FM CL.

N)项:滑行道上有雪堤

当滑行道上有雪堤时,填写滑行道号码,加空格后填写"SNOWBANK"。

示例:TWY A SNOWBANK.

O)项:跑道附近有雪堤

当跑道附近有雪堤,且厚度穿过机场雪平面中的高度剖面时,应填写较小的跑道号码,加空格后填写"ADJ SNOWBANK"。

示例:RWY 06R ADJ SNOWBANK.

P)项:滑行道状况

当滑行道状况报告为差时,应填写滑行道号码,后加空格填写"POOR"。当所有滑行道状况报告均为差时,应填写"ALL TWY POOR"。

示例:TWY B POOR.

R)项:停机坪状况

当机坪状况报告为差时,应填写停机坪号码,后加空格填写"POOR"。当所有停机坪状况报告均为差时,应填写"ALL APRON POOR"。

示例:APRON NORTH POOR.

S)项:测定的摩阻系数

当报告测定摩阻系数时,应填写测定的摩阻系数和摩阻测定设备。

T)项:明语说明

明语说明应另起一行,以明语和简缩字填写对机场运行具有重要意义的雪情状况,并在该项最后加反括号")"作为雪情通告的结束符。明语说明中的数据应标注计量单位。

5.2.3.6 报文示例

雪情通告原文:

GG ZSSSOIXX
170239 ZBTJOIXX
SWZB0151 ZBTJ 02170230
(SNOWTAM 0151

ZBTJ
02170155 16L 2/5/3 100/50/75 04/03/04 SLUSH/DRY SONW/WET SNOW
02170230 16R 2/5/5 75/100/100 04/03/NR SLUSH/SLUSH/SLUSH 50
RWY 16L REDUCED TO 3000. DRIFTING SNOW. RWY 16L CHEMICALLY TREATED. RWY 16R CHEMICALLY
TREATED. RWY 16L SNOWBANK R20 FM CL. TWY A W SNOWBANK. RWY 16R ADJ SNOWBANKS. ALL TWY POOR. SOUTH
DEICING APRON POOR.
RWY 16R WIDTH 50M AVBL,20M FM RCL LEFT,30M FM RCL RIGHT.)

雪情通告译文：

简化报头：国内分发的第151号雪情通告，天津滨海国际机场，观测时间为2月17日2时30分（北京时）。

雪情通告标志和序号：SNOWTAM 0151

性能计算部分

A)发生地：	天津滨海国际机场	
B)观测时间：	2月17日1时55分	2月17日2时30分
C)跑道代号：	16L	16R
D)跑道状况代码：	2/5/3	2/5/5
E)跑道污染物覆盖范围：	100/50/75	75/100/100
F)跑道污染物深度：	04/03/04	04/03/无
G)跑道状况说明：	雪浆/干雪/湿雪	雪浆/雪浆/雪浆
H)跑道状况代码对应的跑道宽度：	无	50

情景意识部分

I)跑道长度变短：	16L跑道长度变短至3000米	无
J)跑道上有吹积的雪堆：	跑道上有吹积的雪堆	跑道上有吹积的雪堆
K)跑道上有散沙：	无	无
L)跑道上的化学处理：	16L跑道有化学处理	16R跑道有化学处理
M)跑道上有雪堤：	16L跑道中线右侧20米有雪堤	无
N)滑行道上有雪堤：	滑行道A和W有雪堤	
O)跑道附近有雪堤：	无	16R跑道附近有雪堤
P)滑行道状况：	所有滑行道状况差	所有滑行道状况差
R)停机坪状况：	除冰机坪状况差	
S)测定的摩阻系数：	无需填写	
T)明语说明：RWY16R可用宽度50米,跑道中线左侧20米,跑道中线右侧		T)明语说明:30米。

5.3 火山通告

5.3.1 定 义

火山通告是一种专门系列的航行通告，是以特定格式拍发的针对可能影响航空器运行的火山活动变化、火山爆发和火山烟云的通告。火山通告为 V 系列,用于向国际和国内分发。

5.3.2 火山通告的一般规定

(1) 当火山活动发生变化,且该变化已经或预计对飞行产生重要影响时,应发布火山通告,提供有关火山活动状况的信息,这些信息应使用火山告警色码等级发布。

(2) 当火山爆发产生对飞行有重要影响的火山灰云时,火山通告应提供火山灰云的位置、范围和移动方向,以及受影响的航路和飞行高度层等信息。

(3) 为保证及时发布有关火山爆发的信息,即使没有全部获得 A)项至 K)项的内容,也应立即签发火山通告及时发布以下信息:

① 火山已经爆发或预计爆发的信息;

② 已经存在或预计出现对飞行有重要影响的火山活动状况的某种变化;

③ 已获得火山灰云的报告。

(4) 当预计火山爆发而在预计时间并未出现火山灰云时,应填写 A)项至 E)项内容,而在F)项至 I)项中填写"不适用"或"NOT APPLICABLE";火山通告的最长有效时间为 24 h。

(5) 当火山活动发生重要变化,或告警色码等级发生变化时,应立即发布新的火山通告。

(6) 应从每年公历 1 月 1 日零时开始,第一次发布火山通告的序号为 0001,顺序编号至当年的 12 月 31 日二十四时止。国际分发的火山通告全国统一编号,国内分发的火山通告由各签发单位单独编号。

(7) 火山通告出现错误时应发布新的火山通告,不应签发火山通告更正报。火山通告提供的数据应明确标注计量单位。

(8) 国际分发的火山通告应使用英文和简缩字编写,时间应使用协调世界时;国内分发的火山通告可使用中文和简缩字编写,时间应使用北京时。

5.3.3 火山通告的格式和内容

(1) 电报报头。火山通告电报报头的格式与航行通告相同。

(2) 简化报头。

① 火山通告应采用简化报头,以便火山通告的自动处理、检索和查询。

② 简化报头应另起一行,由三组代码组成"TTAAiiii CCCC MMYYGGgg"的形式,各组代码之间加一个空格,其具体含义如下:

➢ TT:火山通告的识别标志,由两个字母组成,填写"VA";

➢ AA:国家或地区地理位置识别代码,由两个字母组成。国际分发的火山通告应填写中国的国家代码为"ZX";国内分发的火山通告应视签发单位填写国家代码"ZX"或填写地区代码,例如:"ZB、ZL、ZW 或 ZY 等";

➢ iiii:火山通告序号,由四位数字组成;

➢ CCCC:受火山影响的飞行情报区四字地名代码;

➢ MMYYGGgg:报告时间,由八位数字组成,其中 MM 表示月,YY 表示日,GG 表示时,gg 表示分。

示例:乌鲁木齐飞行情报区第一号火山通告,报告时间为 6 月 18 日 12 时的简化报头:

"VAZW0001 ZWUQ 06181200"。

(3) 火山通告的标志和序号。火山通告标志和序号应另起一行,并在标志前加正括号"("

作为火山通告的起始符。火山通告标志为"ASHTAM",之后加一个空格填写序号;序号由四位数字组成,应与简化报头中的序号一致。

示例:第十号火山通告:"(ASHTAM 0010"。

(4) A)项:影响区域。影响区域应另起一行,以项目编号"A)"开始,后接用明语表示的受火山影响的飞行情报区,应与简化报头中地名代码对应同一区域,例如:简化报头中为"ZY-SH",该项填写"沈阳飞行情报区"或"SHENYANG FIR"。

(5) B)项:火山第一次爆发时间。火山第一次爆发时间应另起一行,以项目编号"B)"开始,后接八位数字,从前至后每两位数字分别表示火山第一次爆发的月、日、时和分。

(6) C)项:火山的名称和编号。

① 火山的名称和编号应另起一行,以项目编号"C)"开始,后接火山名称和编号(参阅 ICAO 文件 DOC9691《火山灰云、放射性物质和有毒化学烟云手册》附录 F 和《世界火山图及重要航空地貌》)。

② 当火山名称和编号未列入 ICAO 文件 DOC9691《火山灰云、放射性物质和有毒化学烟云手册》附录 F 时,应在发布火山通告前发布一份有关该火山存在情况的永久性航行通告。

(7) D)项:火山的位置。火山位置应另起一行,以项目编号"D)"开始,后接火山的坐标(精确到分)或距导航设施的方位及距离(参阅 ICAO 文件 DOC 9691《火山灰云、放射性物质和有毒化学烟云手册》附录 F 和《世界火山图及重要航空地貌》)。

(8) E)项:告警色码等级。告警色码等级应另起一行,以项目编号"E)"开始,后接表示当前火山活动状况的告警色码等级,或上一次公布的告警色码等级的变化情况;告警色码等级共分为红(RED)、橙(ORANGE)、黄(YELLOW)、绿(GREEN)四个等级,见表 5-11。

示例:告警色码等级"由黄色告警变为红色告警"(RED ALERT FOLLOWING YELLOW)或"由橙色告警变为绿色告警"(GREEN ALERT FOLLOWING ORANGE)。

表 5-11 火山活动告警色码等级

告警色码等级	火山活动状况
红色告警 RED ALERT	火山正在爆发。报告的火山灰柱(云)高于 FL250;或 火山存在危险,有可能爆发,预计火山灰柱(云)高于 FL250
橙色告警 ORANGE ALERT	火山正在爆发。火山灰柱(云)没有达到 FL250,且预计不会达到 FL250;或 火山存在危险,有可能爆发,预计火山灰柱(云)不会达到 FL250
黄色告警 YELLOW ALERT	火山活动频繁而且近期明显加强,据分析当前无爆发的危险,但应密切观测;或(火山爆发一次之后,即从红色或橙色告警变成黄色告警)火山活动明显减弱,据认为当前无爆发的危险,但应密切观测
绿色告警 GREEN ALERT	据分析火山活动已停止,火山恢复正常状态

(9) F)项:火山灰云状况。

① 火山灰云状况应另起一行,以项目编号"F)"开始,填写对飞行有重要影响的火山灰云水平范围、云底和云顶高度等信息,用坐标(精确到分)或相对火山源的方位、距离表示水平范围,高度精确至千米。

② 火山灰云最初的信息可能只能够从"特殊空中报告"中获得,但其后应尽可能从气象观测部门或火山灰云咨询中心获得更详细的信息。

(10) G)项：火山灰云移动趋势。火山灰云移动趋势应另起一行，以项目编号"G)"开始，填写火山灰云在选定高度层上预测的移动方向。

(11) H)项：影响的航路。影响的航路应另起一行，以项目编号"H)"开始，填写正在或预计会受到影响的航路、航段和飞行高度层。

(12) I)项：关闭的空域和航路。关闭的空域和航路应另起一行，以项目编号"I)"开始，填写关闭的空域、航路或航段，以及可用的备份航路。

(13) J)项：信息来源。信息来源应另起一行，以项目编号"J)"开始，填写信息的来源，无论火山是否已经爆发或是否有火山灰云的报告都应说明，例如"特殊空中报告"、"卫星观测"或"火山观测机构"等。

(14) K)项：明语说明。明语说明应另起一行，以项目编号"K)"开始，用明语和简缩字补充说明除了 A)项至 J)项所列内容以外的对飞行有重要意义的火山信息，须在 K)项内容之后加反括号")"作为火山通告的结束符。

示例：
火山通告原文：

VAWR0319 WAAF 11201133
(ASHTAM 0319
A)UJUNG PANDANG FIR
B)10261307
C)MERAPI 0603－25
D)S073200E1102600
E)RED
F) SFC/FL150 S0710E11035 － S0755E11035 － S0815E10935 － S0735E10900 －
S0655E10925 － S0710E11035
G)MOV W 15KT
H)W17，W17S
I)NIL
J)INFO SOURCE：MTSAT－2，CVGHM.
K)ERUPTION DETAILS：VA PLUME TO FL150 LAST OBS 30 NM TO W AT 20/0230Z.
FCST VA CLD ＋6HR：20/1700Z
SFC/FL150 S0710E11035－S0755E11035－S0815E10935－S0735E10900－
S0655E10925－S0710E11035
RMK：VA NOT IDENTIFIABLE ON LATEST SATELLITE IMAGERY DUE TO METEOROLOGICAL CLOUD，HOWEVER VA
STILL EXPECTED IN AREA. NEXT ADVISORY：NO LATER THAN 20101120/1700Z.)

火山通告译文：

简化报头：印度尼西亚第 319 号火山通告，乌戎潘当飞行情报区，报告时间：11 月 20 日 11 时 33 分。

火山通告标志和序号：ASHTAM 0319

A) 受影响的飞行情报区：乌戎潘当飞行情报区；

B) 火山第一次爆发时间：10 月 26 日 13 时 7 分；

C) 火山名称：默拉皮火山，火山编号：0603-25；

D) 火山位置：坐标 S073200E1102600；

E) 告警色码等级：红色；

F) 火山灰云状况：影响水平范围在 S0710E11035 - S0755E11035 - S0815E10935 - S0735E10900 - S0655E10925 - S0710E11035 五点连线范围内，垂直范围从地面至 FL150；

G) 火山灰云移动趋势：预计向西移动，速度 15 kn；

H) 受影响的航路：W17 和 W17S；

I) 关闭的航路：无；

J) 信息来源：2 号多功能运载卫星（MTSAT-2），由印尼火山及地质减灾中心（CVGHM）提供；

K) 火山爆发详细情况：在 20 日 2 时 30 分观测到的火山灰云位于火山以西 30 nmile 处，高度达到 FL150；预测火山灰云在未来 6 h 内，即 20 日 17 时整，影响水平范围将在 S0710E11035 - S0755E11035 - S0815E10935 - S0735E10900 - S0655E10925 - S0710E11035 五点连线范围内，垂直范围：地面至 FL150。

备注：由于有气象云团遮挡，最新的卫星观测图像未能显示火山灰云，但预计该区域仍存在火山灰云。下次报告时间：不迟于 11 月 20 日 17 时。

表 5-12 所列为火山灰通告填发格式。

表 5-12 火山灰通告填发格式

通信标题	电报等级		收报单位		
	签发时间		发报单位		
简化报头	"VA"＋国籍代码＋系列号	地名代码	发布日期时间	任选组	
识别标志	"ASHTAM"		系列号		
受影响的飞行情报区					A)
爆发时间（UTC）					B)
火山名称和序号					C)
火山经纬坐标或火山至导航设施的径向方位和距离					D)
火山告警等级颜色代码，包括任何以前的告警等级颜色代码					E)
火山灰云水平和垂直的存在广博程度					F)
火山灰云的移动方向					G)
受影响的航路或航段和飞行高度层					H)
关闭的空域和/或航路或航段，和适用的备用航路					I)
情报来源					J)
明语说明					K)

思 考 题

（1）我国有哪些航行通告系列？哪些系列属于国内航行通告？
（2）简述航行通告的基本格式。
（3）什么是雪情通告？雪情通告的有效时长是多久？
（4）什么是火山通告？火山通告什么时间开始生效？
（5）航行通告有哪些飞行类型？对应的字母分别是什么？

第六章 电子飞行包

电子飞行包(electronic flight bag,简称 EFB)作为航空公司运行信息使用和管理方面的重大革新之一,近年来已在世界各国航空公司得到了广泛应用。为适应 EFB 技术的快速发展,推动 EFB 的规范应用,特别是便携式 EFB 的使用,国际民航组织采纳了关于 EFB 的标准和建议措施并发布了相应的指导手册,中国民航局、美国联邦航空局、欧洲航空安全局等多个国家或地区的民航当局相应地制定了关于 EFB 的运行规章。

EFB 是一种由硬件和软件组成,用于驾驶舱或客舱以支持飞行运行的电子信息系统。EFB 能显示多种航空信息数据或进行基本的性能、配载等计算(如性能数据、燃油计算等),其主要功能传统上是使用纸质材料或是由航空公司的飞行签派向机组提供数据来完成的。EFB 显示运行信息的方式与其拟取代方式应具有同等的可达性、可用性和可靠性。EFB 的功能范围可包括各种数据库和应用程序。EFB 显示可以使用多种技术、格式和通信形式。

飞行中驾驶员需要查阅航图、手册等各种运行资料,传统的基于纸质的航空信息存在管理困难、使用不便和重量大、成本高、不环保等诸多不足。EFB 能够电子存储和显示飞行运行需要的文件,如总运行手册(GOM)、最低设备清单(MEL)、运行规范(OpSpecs)和控制文件。EFB 可被批准与飞行员传统上在其飞行箱中携带的纸质材料结合使用,或者取代其中的一些材料。EFB 适用范围:地面及飞行运行所有阶段(包括滑行、起飞和着陆在内的所有地面运行,以及飞行高度低于 3 000 m/10 000 ft 的飞行关键阶段)。

图 6-1 所示为电子飞行包的系统构成。

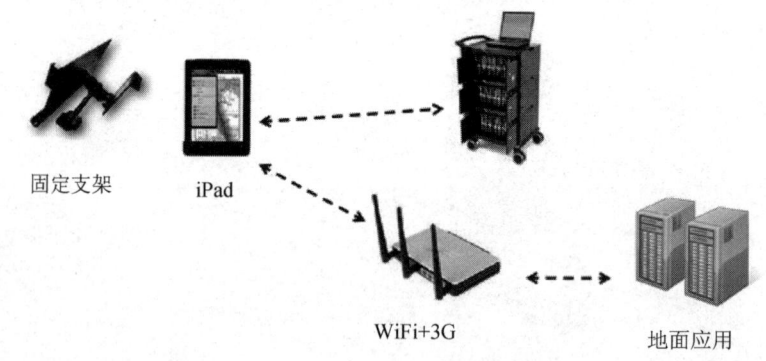

图 6-1 电子飞行包的系统构成

6.1 电子飞行包的发展

最早的电子飞行包源自 20 世纪 90 年代初,个别飞行员使用个人笔记本电脑和通用软件(例如电子表格和文字处理程序)执行重量和平衡计算、填写操作表等功能。1991 年联邦快递(FedEx)开始部署机场性能便携式计算机,用于在飞机上进行机场性能计算。此外,FedEx 在

20世纪90年代中期也开始在飞机上使用普通笔记本电脑连接经认证电源和数据接口接入终端。1996年,德国航空公司Aero Lloyd引进两款笔记本电脑计算性能和访问文档。该系统被称为飞行管理桌面(Flight Management Desktop,简称FMD),允许在德国民航局协议下移除驾驶舱内的所有纸质文件和标准起飞重量图表。第一个真正的专为取代飞行员整个工具包而设计的电子飞行包(EFB)是1999年由Angela Masson获取专利的电子套件包(Electronic Kit Bag,简称EKB)。2005年发布了第一个商用2级EFB STC,其中包括安装EFB计算机和触摸屏显示系统的规定。2009年,美国大陆航空公司使用Jeppesen机场地面移动地图(AMM)成功完成了世界上第一次飞行。AMM应用程序使用高分辨率数据库动态渲染机场地图。通过使用GPS技术,该应用程序向飞行员展示了他们在机场地面地图上的位置,大大提高了飞行机组人员的位置/态势感知能力。

随着个人计算技术变得更加紧凑和强大,EFB开始能够在一台1.4 kg的电脑上存储全世界的所有航空图,而通常全世界的纸质海图需要36 kg的纸张。使用EFB可以提高安全性,加强机组人员对操作程序和飞行管理信息的获取,通过允许机组人员计算飞机性能从而更安全地起飞和到达,以及准确计算飞机重量和平衡以进行装载规划,从而提高安全性。

6.2 电子飞行包的分类

EFB支持一定功能的软硬件,用于驾驶舱或客舱的电子显示系统。从硬件角度,分为便携式EFB和安装式EFB;EFB应用软件有A类和B类两类,可以加载在便携式或安装式EFB上。

6.2.1 硬件分类

6.2.1.1 便携式EFB

能够显示EFB应用软件的便携式电子设备(Portable Electronic Device,简称PED)。对于便携式EFB:

(1) 飞行机组必须可控且无需工具和维护活动就能方便地从固定装置上移除或联结到固定装置上;

(2) 能够临时连接到现有的飞机电源插座为电池充电;

(3) 可以连接到安装式飞机电源、数据接口(有线或无线)或天线。

当一个便携式EFB未显示EFB应用软件时,该设备不再具有便携式EFB功能,应被视为一个普通的PED。

6.2.1.2 安装式EFB

按照相应适航规章安装的EFB被视为航空器的一部分。

6.2.2 软件分类

加载在EFB上具有支持运行功能的应用软件。EFB应用软件的失效状况类别为轻微危害或无安全影响,不需要适航批准。

6.2.2.1 A类应用软件

(1) 失效状况类别为无安全影响。

(2) 不能替代或取代任何适航或运行规章要求的纸质材料、系统或设备。

(3) 不要求特别的使用批准，A 类具体应用软件不需要在运行规范中列出和管控。

EFB 可接受的 A 类应用软件包含的内容如下：

(1) 机场改航指令指导，包括列出特殊机场或经批准的具有应急医疗（EMS）支持设施的机场。

(2) 飞行管理系统（FMS）/飞行管理与指引系统（FMGS）问题报告表。

(3) 航空器部件手册。

(4) 维修缺陷记录。

(5) 甚高频全向信标检查记录。

(6) 机场的有关规章和规定。

(7) 机场/设施指导（A/FD）数据（如燃油可用性、特定跑道组合的着陆与短暂等待运行（LAHSO）距离等）。

(8) 进离场航空器减噪程序。

(9) 国际运行手册，包括地区补充信息以及与 ICAO 的差异。

(10) 航空资料汇编（AIP）。

(11) 航空信息手册（AIM）。

(12) 驾驶员飞行和值勤日志。

(13) 飞行机组必要休息日志。

(14) 飞行机组资格日志（如航空器资格、Ⅱ级导航飞行机组资格、CAT Ⅲ类资格、夜航经历日志、针对 121 部合格证持有人的特殊区域、航路、机场的机长资格和特殊机场资格）。

(15) 飞行机组资格保持记录，包括航空器资格、着陆经历、飞行时间和值勤时间、机长经历要求等。

(16) 机长报告（如机长事故征候报告表）。

(17) 飞行机组调查表。

(18) 应急医疗服务参考资料（在应急医疗中适用）。

(19) 行程计划和报价单。

(20) 航空器机长日志。

(21) 反恐简介资料。

(22) 危险品（HAZMAT）/氧化剂查询表。

(23) 海关申报表。

(24) 特殊报告表（如空中危险接近报告、鸟击和遭遇野生动物等）。

(25) 机载其他设备对航空器电子设备干扰事件。

(26) 不同机场的当前燃油价格。

(27) 基于计算机的训练模块，飞行检查员和飞行教员记录。

(28) 航空公司政策和程序手册（PPM）。

(29) 中国民航规章。

(30) 乘客信息[一些直接提供给登机口服务处或代理商以满足飞行要求的信息（如特殊餐食需求、轮椅需求、无人陪伴儿童、转机飞行的登机口信息、转机的航班信息等）]。

(31) 服务通告（SB）/发布的适航指令（AD）等。

(32) 机组排班计划。

6.2.2.2 B类应用软件

(1) 失效状况类别为轻微危害。

(2) 可以替代或取代要求的用于签派放行或飞机上应携带的纸质信息产品;不能替代或取代任何适航或运行规章要求的安装设备。

(3) 要求特定的运行使用批准,每个 B 类 EFB 应用软件由局方在运行规范中单独批准。

EFB 可接受的 B 类应用软件包含的内容如下:

(1) 飞机飞行手册(AFM)和飞机飞行手册补充件(AFMS)。

(2) 飞行乘务手册(F/A)。

(3) 飞行运行手册(FOM)。

(4) 小型航空器的驾驶员操作手册(POH)。

(5) 公司运行类手册。

(6) 维修手册。

(7) 航空器维修报告手册。

(8) 最低设备清单(MEL)。

(9) 构型偏离清单(CDL)。

(10) 公司标准操作程序(SOP)。

(11) 航空器运行和信息手册(性能数据、载重平衡、系统、限制等)。

(12) 航空器性能数据手册(固定非交互式材料)。

(13) 机场性能限制手册(如起飞和着陆性能计算的参考)。

(14) 载重和平衡(W&B)手册(如果单独成册,固定非交互式材料)。

(15) 载重平衡计算。

(16) 起飞、航路、进近和着陆、复飞等性能计算。从计算数据或基于软件算法的性能计算得到数据。

(17) 其他航空器性能数据手册,包括结合先进的尾流模型技术的、着陆与短暂等待运行(LAHSO)预测等使用的特殊性能数据(用于计划目的的固定非交互式材料)。

(18) 运行规范(OpSpecs)、授权函(LOA)。

(19) 动力装置的减推力设置。

(20) 跑道限制性能计算。

(21) 成本指数模型/飞行计划优化软件。

(22) 飞行计划及更新。

(23) 洋区和远程导航的交互式标图[如果飞机的导航显示器移动地图提供当前飞行计划、飞机位置、航迹(或航向)的同步显示,则可以在 EFB 应用软件中包含 EFB 自身位置标绘;EFB 应用软件可显示附加的特有数据(例如其他的洋区航路),但是必须有足够的共有数据供机组判别二者的差异]。

(24) 维修缺陷签署日志(维修缺陷日志要求至少每周下载一次并保存于永久记录介质)。

(25) 客舱维修缺陷报告表/位置代码(维修缺陷日志要求至少每周下载一次并保存于永久记录介质)。

(26) 电子航图[例如:航路、区域、进离场、进近和机场航图,可以是静态/预编定(栅格)

的,或者动态/数据驱动(矢量)的。如果飞机的导航显示器移动地图提供当前的飞行计划、飞机位置、航迹(或航向)的同步显示,则可以在 EFB 应用软件中包含 EFB 自身位置标绘;EFB 应用软件可显示附加的特有数据(如空域边界),但是必须有足够的共有数据供机组判别二者的差异]。

(27) 电子快速参考手册(eQRH),包括正常、不正常和应急检查单。EFB 的电子快速参考手册不能与其他航空器系统交互。

(28) 使用互联网和/或其他航空类通信方式/航空公司运行通信(AOC)或公司维修专用数据链,开展诸如收集、处理和发布数据用于备件和预算管理、备件/存货控制、非计划的维修等(维修缺陷日志要求至少每周下载一次并保存于永久记录介质)。

(29) 天气和航空数据(如果飞机的气象雷达显示提供邻近天气危害的同步显示,则可以在 EFB 应用软件中包含 EFB 自身位置标绘;EFB 应用软件可显示附加的特有数据(如颠簸或气象雷达显示范围外的数据),但是必须有足够的共有数据供机组判别二者的差异)。

(30) 装在客舱的监视器和航空器外部监视器显示。

(31) 航空器飞行日志和服务记录。

(32) 航空器 CAT Ⅱ/CAT Ⅲ 着陆记录。

(33) 自动驾驶进近和自动着陆记录。

(34) 驾驶舱观察员简令卡。

(35) 洋区导航进程日志。

(36) 批准的使用公钥基础设施(PKI)或私钥技术的电子签名。

(37) 客舱维修记录(维修缺陷日志要求至少每周下载一次并保存于永久记录介质)。

(38) 维修人员签署的缺陷记录(维修缺陷日志要求至少每周下载一次并保存于永久记录介质)。

(39) 航空器维修手册(AMM)。

(40) 航行通告(NOTAM)。

(41) 所需的签派或飞行放行资料。

(42) 除冰保持时限表。

(43) 与危险品有关的航空器事故征候的应急响应指南(ICAO 文件 DOC 9481)。

6.2.2.3 其他应用软件

与飞行运行无直接关系的其他应用软件,不能对 EFB 的运行产生不利影响。EFB 管理员应对其他应用软件进行管控。

6.3 电子飞行包的项目管理

6.3.1 纸质材料移除政策

如果运营人的 EFB 项目有经局方批准的足够缓解措施,或对现有 EFB 项目进行修改时制定了达到同等安全水平的足够缓解措施,以防止 EFB 故障造成飞行运行所需航空信息的丧失,则可从飞机上部分或全部地移除纸质材料。

在向少纸化、无纸化驾驶舱过渡的阶段,运营人需要建立可靠的备份方式,向飞行机组提

供规章所要求的信息,并确保与现行的纸质产品相当的安全和完整性水平。可接受方案包括:
（1）在一定时期内携带纸质产品,用定量手段证实 EFB 的可靠性;
（2）使用打印设备打印所有飞行所需数据;
（3）使用航空器传真设备向驾驶舱上传与纸质文件相当的信息;
（4）局方认可的其他备份方式。

6.3.2 运行程序

6.3.2.1 EFB 硬件和应用软件的运行程序

EFB 项目必须包含在航空器上使用 EFB 的运行程序。这些程序须明确飞行机组、客舱机组、签派员等的职责,包括但不限于:
（1）机组在地面运行和各种飞行条件下如何使用 EFB 每个功能的程序;
（2）飞行机组人员报告 EFB 硬件或应用软件异常情况,以及根据飞行机组人员反馈修改现有政策、流程等的程序;
（3）飞行机组在正常、不正常和紧急情况下的使用程序;
（4）飞行机组在空中遇到 EFB 应用软件密码失效或无法登录等情况时能够一次性使用 EFB 主要功能到落地的应急程序;
（5）任何 EFB 项目修改的通知程序。

运行程序必须包含飞行前 EFB 功能确认和使用,飞行中的使用、存放、供电保证,以及关闭程序。

6.3.2.2 EFB 同驾驶舱其他系统一起使用的程序

程序和训练应包括当 EFB 与驾驶舱其他系统提供的信息不一致时,或当不同 EFB 间提供的信息不一致时,应采取的行动。当 EFB 与驾驶舱现有的航电显示器同时显示信息时,程序必须包含适当的型号设计考虑以确保差异化,并确认主用和辅助信息源。EFB 的显示应尽可能支持现有的驾驶舱设计理念,同时确保机组知道为达到某种目的应使用哪个系统,特别是当 EFB 和其他航空器系统提供相似信息时。

6.3.2.3 飞行机组确认 EFB 软件和数据库修订的程序

运营人应制定程序使得飞行机组能在每次飞行前确认 EFB 上装载的数据库和软件的有效性。当发现 EFB 中装载的应用软件或数据库过期时(如航图数据库修订周期为 28 天),程序应规定要采取的行动。飞行机组不需要确认不影响飞行运行的其他数据库的修订日期,如维修日志表、机场代码列表等。

6.3.2.4 减轻和控制工作量的程序

应制定程序以减轻和控制使用 EFB 所产生的额外工作量。

6.3.2.5 明确性能和载重平衡计算的责任

应制定程序明确飞行机组和签派在创建、检查和使用 EFB 性能和载重平衡计算中的作用和责任。

6.4 我国电子飞行包的批准过程

对 CCAR-121 部和 CCAR-135 部运营人,在驾驶舱和客舱中引入和使用 EFB 需要得到局方的批准。需局方评估的内容包括:所有操作程序、相关的训练模块、检查单、运行手册、训练手册、维修方案、MEL 以及其他相关文件和报告程序。

6.4.1 EFB 批准或接受的一般过程

局方批准 EFB 包括下列五个阶段:阶段一预先申请、阶段二正式申请、阶段三文件审查和临时批准、阶段四验证测试、阶段五最终批准。

6.4.1.1 阶段一 预先申请

运营人向局方申请运行批准,局方和运营人应就运营人做的工作、局方的作用和工作、运营人必须准备好的报告和文件等方面达成共识。

6.4.1.2 阶段二 正式申请

运营人向局方提交正式审定申请。局方必须确保在进行彻底的审查和分析以前,运营人所提交的申请材料是完整的并且符合格式要求。局方指定监察员开展审定工作;若需要,应协调 AEG 和航空器审定部门。

6.4.1.3 阶段三 文件审查和临时批准

局方对运营人所提交申请材料就以下几个方面作深度审查和分析,包含对规章符合性、安全运行程序、工作计划合理性及相关人员训练等。

在文件审查期间,运营人应组织开展桌面推演,并在停放的飞机或经过认证的模拟机上进行演示,以评估 EFB 的实际运行情况。局方在完成 EFB 评审后,向运营人授予临时批准,进入一般不少于 6 个月的验证测试阶段。

6.4.1.4 阶段四 验证测试

本阶段是运行批准程序的主要阶段并涉及有效性测试。在该阶段,运营人将执行特定的运行,以便采集数据或监察员观察。运营人收集数据并达到计划目标后,可以申请减少运行测试时间。但测试期少于 6 个月的,需要由局方决定。在验证测试结束前,局方应开展飞行评估。在运行测试结束后,运营人应出具运行评估报告。如果运营人提供了达到所有计划目标的充分证据,或者运营人不能令人满意地完成计划,第四阶段就宣告结束。

6.4.1.5 阶段五 最终批准

验证测试成功完成(或终结)之后,局方正式批准计划中成功完成的项目,或对未完成(或终结)的项目不予批准并书面告知运营人。对于 CCAR-121 部和 CCAR-135 部运营人,局方通过颁布运行规范 A0046 对 EFB 授予批准。

6.4.2 对已批准项目的修改

6.4.2.1 小的修改

允许运营人自行评估小的修改并纳入批准的 EFB 项目,不需要局方的检查和评估。小的修改包括：
(1) 增加/更新 A 类 EFB 应用软件。
(2) 更新 B 类 EFB 应用软件。
(3) 更新操作系统。
(4) 对现有 EFB 应用软件的小的用户界面进行更改。

B 类 EFB 应用软件和 EFB 操作系统的更新可能包含飞行机组训练、程序和使用的重要修改。如果对项目修改存疑，除非运营人通过联系局方监察员确定为小的修改，否则应视为重要修改。

6.4.2.2 重要修改

如果不属于小的修改，纳入批准的 EFB 前需要经局方正式检查和评估。不同于 EFB 的初始申请，对批准的 EFB 的修改可由局方监察员酌情简化，原则上不需要再次进行飞行评估。

6.5 电子飞行包的应用

6.5.1 航图查看

航图查看程序可以建立在平板电脑技术上，目前多数采用的是 IPD 为载体的平板电脑。安装由国内知名公司开发的 EFB 软件，集成了国内航图和 JEPPESEN 公司制作的航图，并能够兼容 FAA 和公司自制的航图，支持中文、英文航图的显示与查阅（见图 6-2）。所有航图的使用可以做到全屏显示、缩放、滚屏和旋。除了航图查看功能，电子飞行包还可以为飞行员提供搜索手册等便捷功能，从而减少查询步骤、减少查询时间，进而增加飞行安全系数。此类程序，在所有级别的 EFB 上均可实现，而且是目前国内主流的 EFB 使用方向。

6.5.2 机载性能工具(OPT)

飞机性能模块提前装载数据包含：输入飞机的国籍、登记标志及对应的发动机型号；起飞性能、航路、进近和着陆、复飞等性能计算（见图 6-3）；动力装置的减推力性能计算和设置；成本指数模型；驾驶舱资源管理；主要飞行计划的更新；航线预演；载重平衡计算；故障保留单。

6.5.3 电子视频监控

飞行员可以利用飞机上的监控摄像头，通过 EFB 的信号处理功能，将视频信号显示在驾驶舱屏幕上，形成图像，使得机组可以对客舱人员活动情况、驾驶舱门情况、驾驶舱内人员活动情况和货舱内货物情况等飞机状态进行实时监控。这种功能的实现，必须是由航空公司确定好摄像机的数量和位置之后，飞机供应商将按照要求，在所需部位对飞机的结构进行改造，适当加装视频监视设备，从而实现对飞机外部状态（机翼、发动机、各个操作面、飞机起落架等的工作情况，以及对机翼积冰情况）进行实时拍摄、上传和监控；对飞机的各个内部航电、液压系统进行拍摄和记录；对飞机驾驶舱门、驾驶舱内情况进行实时拍摄和监控；对客舱活动情况进行实时拍摄和监控。

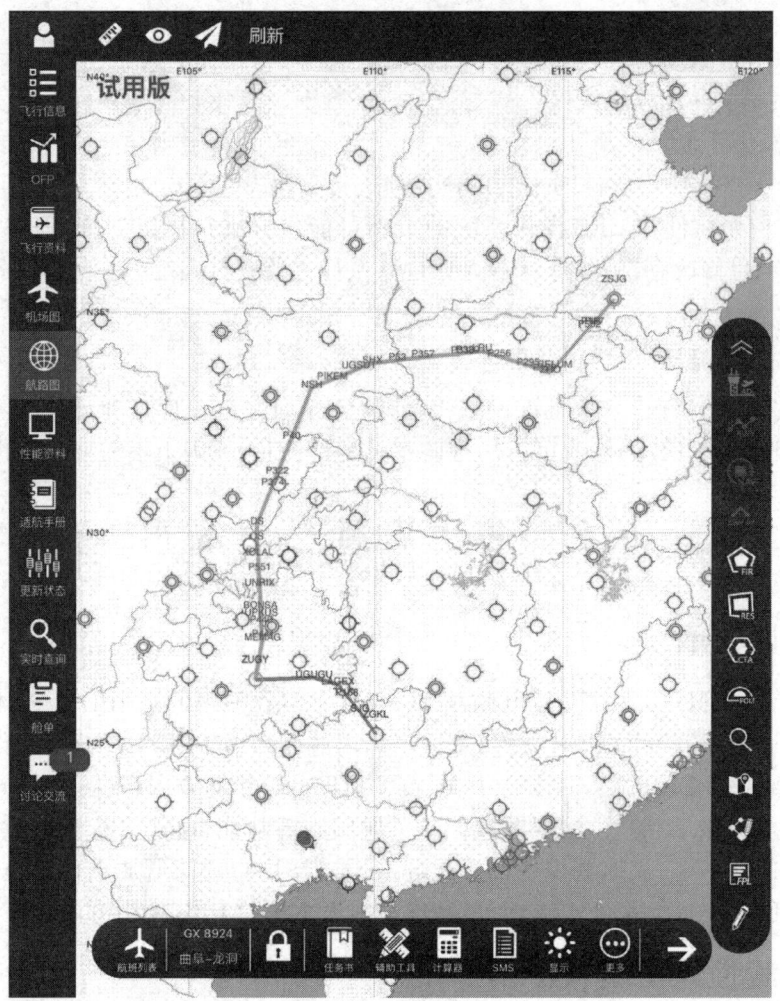

图6-2 查看航路图

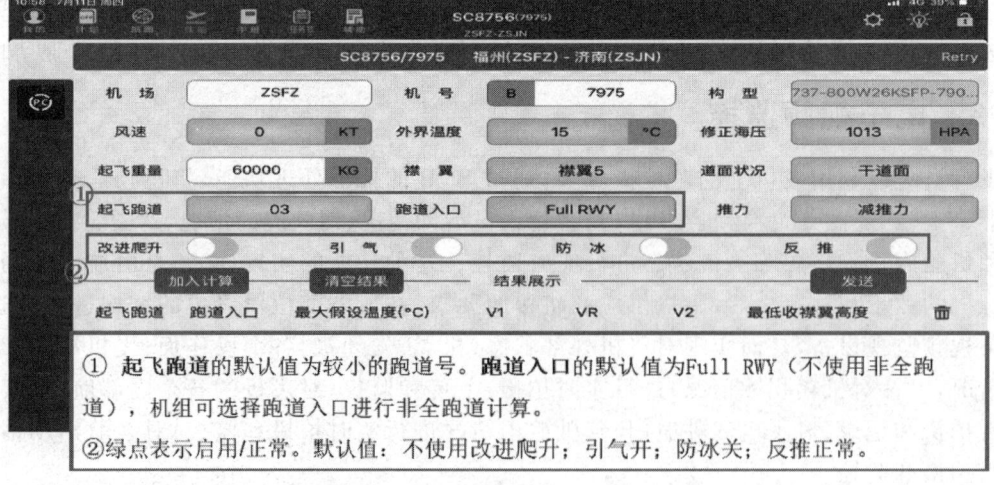

① **起飞跑道**的默认值为较小的跑道号。**跑道入口**的默认值为Full RWY（不使用非全跑道），机组可选择跑道入口进行非全跑道计算。
② 绿点表示启用/正常。默认值：不使用改进爬升；引气开；防冰关；反推正常。

图6-3 起飞性能计算

6.5.4 电子检查单(包括各类起飞着陆检查单、应急检查单)

电子检查单的主要作用是检查飞机状态,这种检查在遇到非正常或者在使用紧急检查单的时候非常重要,其中内置的操作程序主要是公司规定的飞行员参照完成的标准操作程序,目的是减少飞行员可在非标准状况下的思考时间,准确地完成最有利、最安全的操作程序,从而避免航空安全事故的发生,最大限度、最快速地帮助飞行员实现对飞机的控制。另外,电子检查单还具备自动检测和错误信息告警的提示功能。当出现错误时,系统会自动发出告警,提示机组注意。使用电子检查单来帮助机组更直观更形象地判断故障,更清晰更简明地处理故障。

6.6 航空公司EFB的运行保障分工

(1) 运行风险控制中心的航行情报、性能油料、放行风险控制分别负责航图、性能、放行资料的保障并承担EFB应急(紧急情况下的)指挥职责。
(2) 标准质量管理部、飞行技术管理部分别负责运行类、飞行类机载手册的保障。
(3) 工程技术公司负责机载EFB在位及其更新(含48H)、EFB支架和EFB充电组件的维护工作,以及EFB辅件的采购、加改装。
(4) 飞行部负责及时下载EFB相关资料并正确使用EFB,机长负责航班放行把关。
(5) 信息管理部负责EFB移动终端及其通信设备采购、分配和维修,并提供EFB应用技术支持:7×24/30分钟排故。
(6) 公司维修基地提供备用EFB服务。

6.7 EFB使用过程中的注意事项

6.7.1 航班放行要求

当无法满足正常程序要求的航班放行标准时,责任机长须及时报告AOC签派席位,要求紧急支援。AOC签派席位协调相关保障单位,在满足以下条件后,航班可以正常放行:
(1) 在配备两套电子签派放行资料、相关机场(至少包含起飞机场、目的地机场、备降机场)的航图和航路图后。
(2) 在配备一套纸质签派放行资料和相关机场(至少包含起飞机场、目的地机场、备降机场)的航图后。

6.7.2 空中EFB失效

(1) 在飞行期间,机组如发现EFB移动终端失效时,须将其他可用设备固定妥当并同步数据进行相关运行。当仅有一台EFB终端有效时,航班可正常运行,机组须及时报告AOC签派席位。机组发现EFB终端全部失效时,须及时通过一切可用的通信方式,将相关情况通知到AOC签派席位,AOC签派席位予以全力支持,由机长和AOC签派席位共同做出运行决策。
(2) 在飞行期间,机组如发现EFB终端软件损坏,可以使用机组其他移动设备继续执行航班任务;如果使用其他移动设备后仍无法满足运行要求,须通知 AOC 签派席位,AOC 签派席位协调相关保障单位通过 ACARS 等通信手段上传飞行必需信息。

6.7.3 驾驶舱资料不一致

(1) 在飞行期间,机组如发现两部 EFB 终端的资料不一致时,则以起飞前完成 EFB 运行必备内容有效性检查的 EFB 为准。如均未在起飞前完成 EFB 运行必备内容有效性检查,则需通过一切可用通信手段通知 AOC 签派席位,AOC 签派席位协调相关保障单位确认关键数据的正确性。

(2) 飞行运行期间,如发现机载导航数据库与 EFB 设备中数据不一致时,则以 EFB 内数据为准,因为 EFB 内数据与原有纸质航图数据具有同等法律效力。

6.7.4 EFB 支架损坏

在飞行运行期间,如一侧 EFB 支架不可用,机组须做好协同与分工,使用另一侧 EFB 支架完成航班任务。在飞行过程中,如发生两侧 EFB 支架不可用,机组须在航路飞行期间、进近之前,通过 EFB 软件核对 FMC 中后续飞行所需的航路点名称、导航台频率、进场程序、进近程序等关键信息,此时需由监控飞行员或飞行观察员负责手持、操作 EFB 终端。

6.7.5 放行资料下载

EFB 使用期间,如果放行资料无法下载或下载缓慢,多数情况为该机场网络状况不好。

解决方法:尝试使用手机热点、移动位置、换机载设备等。只要有 1 个设备可以下载成功,其他设备可通过 airdrop 进行传递分享。

6.7.6 EFB 使用闪退或无航图航路数据

数据更新不完全,有些数据是需要在 Wi-Fi 条件下更新的,例如航图、数字航图、全球数据航图。连接在 Wi-Fi 条件下,选择数据更新,数据更新界面下拉,显示完全更新完成,即可恢复航图显示。

思 考 题

(1) 电子飞行包的定义是什么?
(2) 电子飞行包使用过程中的注意事项有哪些?
(3) 电子飞行包的分类有哪些?

第七章 机载导航数据库

7.1 导航数据库的应用背景

机载导航数据库是现代大中型运输机飞行管理系统(FMS)及自动飞行控制系统(AFCS)飞行操控的主要信息源和重要依据,是保障飞行及运行安全的重要环节之一。基于性能的导航(PBN)运行,将飞行方式从台(导航台)到台(导航台)飞行转变为点(航路点)到点(航路点)飞行,使航空器飞行运行极大地依赖导航数据库。因此,随着 PBN 运行的全面实施,航空运营人必须加强对导航数据库的管理。

随着航空新技术的发展,导航数据库已经成为飞行必备数据。为了解决日益增长的航班量和有限的空域资源之间的矛盾,在国际民航组织和国际航协的倡导下,精度更高、性能更好的基于性能的导航(PBN)已在世界范围内得到推广。

7.2 导航数据库的内容

导航数据库(Navigation Database),是指以电子形式存储在系统中、用于支持导航应用的导航数据集合、打包及格式化文件的总称。导航数据库的内容主要包括导航设施、航路、机场、公司航路等相关信息。

图 7-1 所示为航空数据链与相关文件之间的关系。

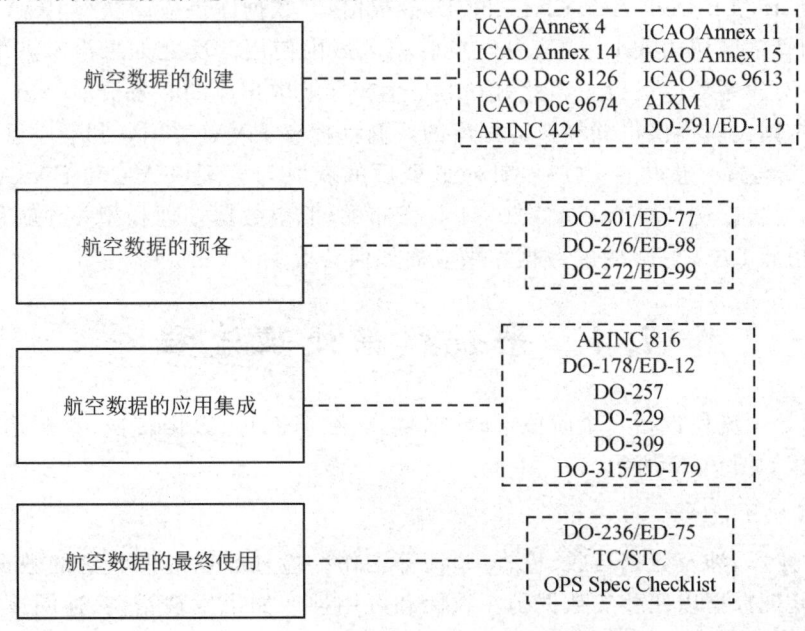

图 7-1　航空数据链与相关文件之间的关系

7.3 导航数据库的一般建立过程

导航数据库直接影响飞行安全,国外的导航数据库和导航数据库供应商也经过了多年的逐步积累和发展才形成了现状,其建立过程主要包括如下三个阶段。

1. 建立统一数据制作标准

为了统一各种设备和导航数据库之间的接口,让航电设备和数据库更好地兼容,因此需要制定统一的数据标准。目前,国际上采用的是 ARINC424 标准。ARINC424 中的 ARINC 是"航空无线电公司(Aeronautical Radio,Inc.)"的英文缩写,ARINC424 规范是由航空业界推荐的机载导航系统参考数据的陈述性文件。文件中所描述的数据库,也适用于运行控制计算机飞行计划系统、飞机模拟机和其他应用。文件中所描述的数据库标准,适用于导航数据服务提供商、机载航电制造商,以及其他用于飞行运行、制订飞行计划的数据库用户。

2. 建立质量管理体系

导航数据库作为飞行必需的核心数据,数据质量事关飞行安全。因此在建立了数据标准后,如何控制数据质量就是下一阶段要解决的关键问题。目前,国际航空界普遍采用的导航数据质量管理体系标准为《航空数据处理标准》(RTCA/DO-200A)。RTCA/DO-200A 是对导航数据库在数据特性和质量管理等方面的一系列要求,导航数据库供应商都是基于该体系进行质量管控的。

3. 颁布配套的资质管理规定并颁发相关资质

有了成熟有效的质量体系,但是如果数据供应商不落实到位,质量体系就形同虚设,因此这就需要相关机构对数据库供应商进行监督、评审。目前,国际上的通用做法是民航管理机构对供应商进行评审,通过评审后,颁发相关资质以证明其具备相应的数据库生产资质,这个资质称为 LOA(LETTER OF ACCEPTANCE,授权信)。数据库供应商获得 LOA 后,导航数据库就能在机构管辖区域内或 LOA 互认机构管辖区域内使用。反之如果没有获取 LOA,该数据库就不能在对应区域内运行。因此,LOA 是生产导航数据库的必备资质。

目前,为中国民航提供机载导航数据库的厂商都拥有 FAA(美国联邦航空管理局)或 EASA(欧洲航空安全局)颁发的 LOA。针对该资质的获取与管理,FAA 和 EASA 都制定了相关规章或咨询通告。例如,FAA AC 20-153 发布的《航空数据处理和相关导航数据库的接收函》就是用来指导 FAA 区域内的数据库供应商如何获取 LOA 的。

7.4 导航数据处理流程

航空数据处理流程包括六个阶段,即数据接收、数据汇总、数据转换、数据选择、数据格式化和数据分发,如图 7-2 所示。

1. 数据接收阶段

数据接收阶段,涉及数据接收、检查、验证等工作。检查数据确保收到的数据在传送过程中是完好的;验证数据以便核实数据的一致性和可用性。如果发现错误、遗漏或不一致,须向数据供应商报告,通过数据跟踪来修改数据。

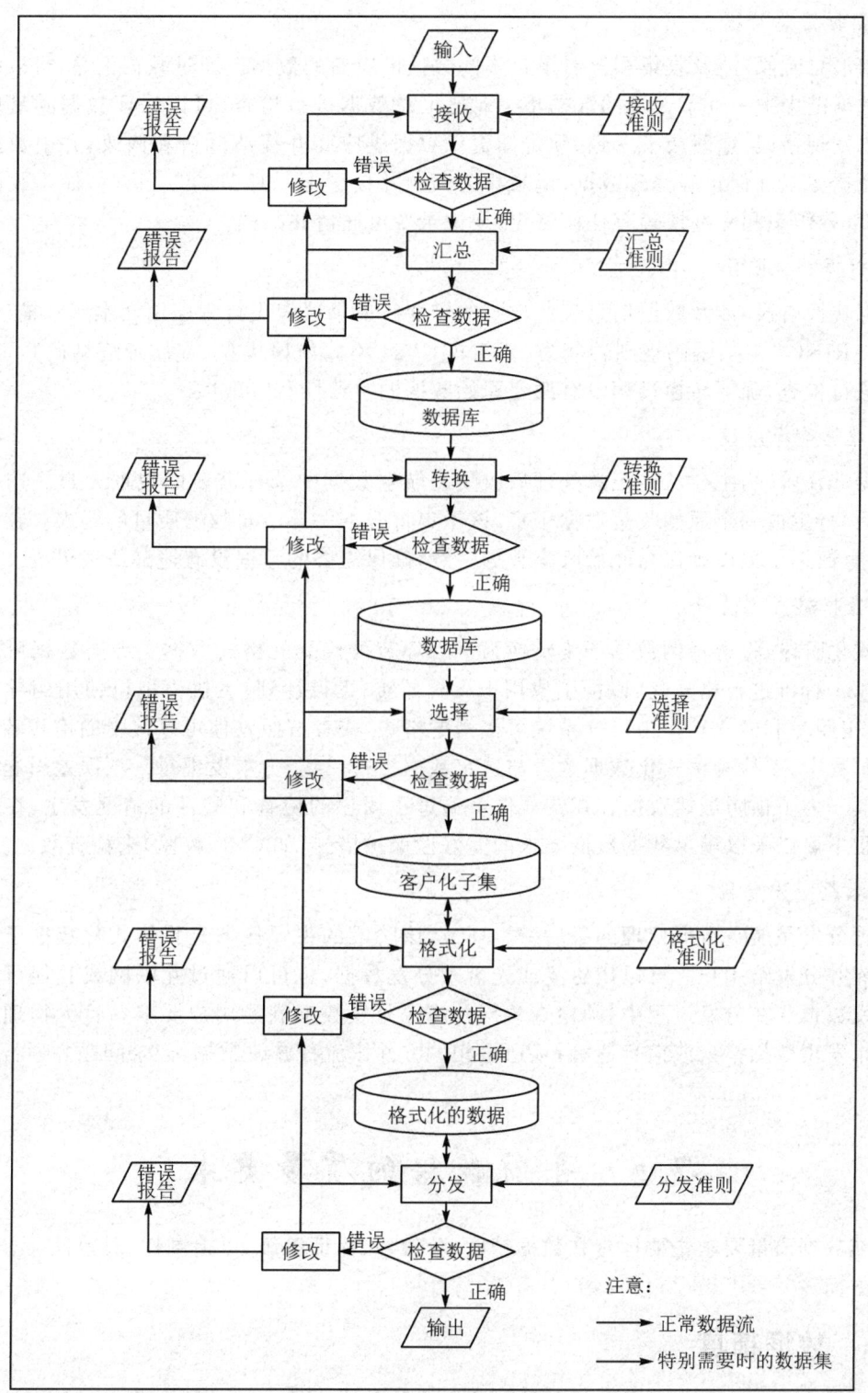

图 7－2 航空数据处理流程图

2. 数据汇总阶段

数据汇总阶段，涉及收集和核对来自不同数据供应商的数据。通过数据汇总，可以得到满足航空数据链中下一环节要求的数据集。对已汇总数据进行检查，可以保证数据满足质量要求。如果发现错误、遗漏或不一致，须告知责任数据供应商并提请分析和修改，并由数据汇总方跟踪数据源以确保正确修改数据，记录相关问题并提醒下一环节的参与方。如果收到的源数据精度、分辨率和完好性等有任何变更，须记录变更详情并归档。

3. 数据转换阶段

数据转换阶段，涉及数据信息表达形式的转变。如果仪表飞行程序用文本形式描述，则需要按照 ARINC-424 编码规则转变为 ARINC-424 格式航段类型（或航径终结码）。数据转换后须进行检查，确保转换过程没有改变原始数据的一致性和完整性。

4. 数据选择阶段

数据选择阶段，主要从经汇总处理后收集的航空数据中选择需要的数据元素。选择工作阶段之后，将生成一个原始收集数据子集，该子集符合下一环节对数据质量的要求。在选择阶段，须检查数据子集以确保与原始收集数据一致，确保需要的数据没有遗漏或被更改。

5. 数据格式化阶段

格式化阶段，将选择的数据子集转换为下一环节可接受的格式数据。导航数据可以参照 ARINC424 标准进行格式化，以便生成用于飞机导航、飞行计划、飞机模拟机使用的导航数据库，或者按照专利格式转换为目标系统可接受的格式，或者按照其他可以接受的格式转换。在格式化过程中，须检查格式化数据是否与选定数据格式一致，力求发现每一项误差引起的原因以便修改。为了预防虽然数据存在错误但却通过了用户的检查和验证的情况发生，在数据格式化过程中可以采取满足数据最低要求的完好性保护措施（如 CRC 校验）来检查数据。

6. 数据分发阶段

数据分发是航空数据处理的最后一个环节，该阶段的主要任务是将格式化数据子集打包成数据库并分发给用户。可以用磁盘或光盘来分发数据，也可以通过互联网或其他可接受的方式分发数据。在分发过程中，须检查数据并确保分发数据满足用户要求并且无物理介质错误。如果发现数据错误或信息遗漏，须通报相关方并按流程修改数据，记录问题并通告数据终端用户。

7.5 导航数据的质量要求

导航数据质量要求主要体现在数据精度、分辨率、保证等级、可追溯性、时效性、完整性、格式化等方面。

7.5.1 数据精度

数据精度（Accuracy）是指数据估计值或测量值与真实值之间的符合程度。数据精度与测量工具、测量方式、参考坐标系等相关。

航空数据精度要求与数据的应用相关。例如：航路/航线导航台及定位点、等待定位点、仪表进离场程序定位点等数据精度要求为 100 m;仪表进近程序中包括最后进近定位点(FAF)、复飞点(MAPt)等在内的重要定位点,精度要求为 3 m(测量结果或计算结果)。

7.5.2 分辨率

数据分辨率(Resolution)是指一个数据元素的最小单位,或者测量/计算值的数字表达形式。数据分辨率与测量设备、计算方法、数值取舍方法等相关,与参考坐标系无关。

分辨率要求与数据应用相关,分辨率影响数据精度,因此分辨率要求必须考虑精度要求。例如:航路/航线导航台及定位点、等待定位点、仪表进离场程序定位点数据分辨率要求为 1 秒(角秒);仪表进近程序中包括最后进近定位点(FAF)、复飞点(MAPt)等在内的重要定位点数据,分辨率要求为 0.01 秒(角秒)。

7.5.3 保证等级

由于数据处理过程的完好性通常不能量化,因此数据处理的完好性要求用数据处理保证等级(Assurance Level)来定义。

保证等级是指一个数据元素在存储、处理或传递过程中没有被损坏的可信程度。航空数据处理保证等级分为 1 级、2 级、3 级,共三个等级。1 级为关键级(Critical),其可信度要求最高;2 级为重要级(Essential),其可信度要求次之;3 级为常规级(Routine),其可信度要求最低。

7.5.4 可追溯性

可追溯性(Traceability)是指在数据处理、检查和验证过程中,如果发现任何数据不满足质量要求,都必须能够明确错误根源并进行更正,各处理环节必须详细记录输入输出数据及相关信息,确保数据供应商和终端用户可以追溯数据来源和错误根源。

7.5.5 时效性

时效性(Timeliness)是指在数据计划使用时间段内数据可用的可信程度。

许多数据元素都有需要进行数据验证的确定性周期,验证周期依据数据供应商或数据自身的特征而定。比如,国家按 28 天 AIRAC 周期来公布航空数据。

7.5.6 完整性

完整性(Completeness)是指支持预期应用所提供的要求数据的可信程度。

完整性包括执行预期功能所需要的、最低可接受的数据集的所有需求。如果一个大数据集被终端用户认可,那么终端用户针对目标机载航电系统必须定义一个最小数据集。

7.5.7 格式化

格式化(Format)是指为了将数据分发到一个特定的目标航电系统,将已选定的数据集进行转换、分类、打包和压缩的过程。

数据格式必须与目标航电系统软硬件兼容。已交付的数据格式必须确保装载到终端设备使用时,数据解析结果与数据应用目的一致。

7.6 航空数据链

航空数据链(Aeronautical Data Chain)是指一组航空数据从创建到最终使用过程的概念性表述。航空数据链通常包含五个典型功能环节,即航空数据的数据源、数据传递、数据准备、应用集成和终端使用等。其中,航空数据准备环节包括数据收集、转换、选择和格式化等四个阶段,航空数据传递分为数据接收和分发。

图7-3所示为航空数据链参与者和航空数据流。

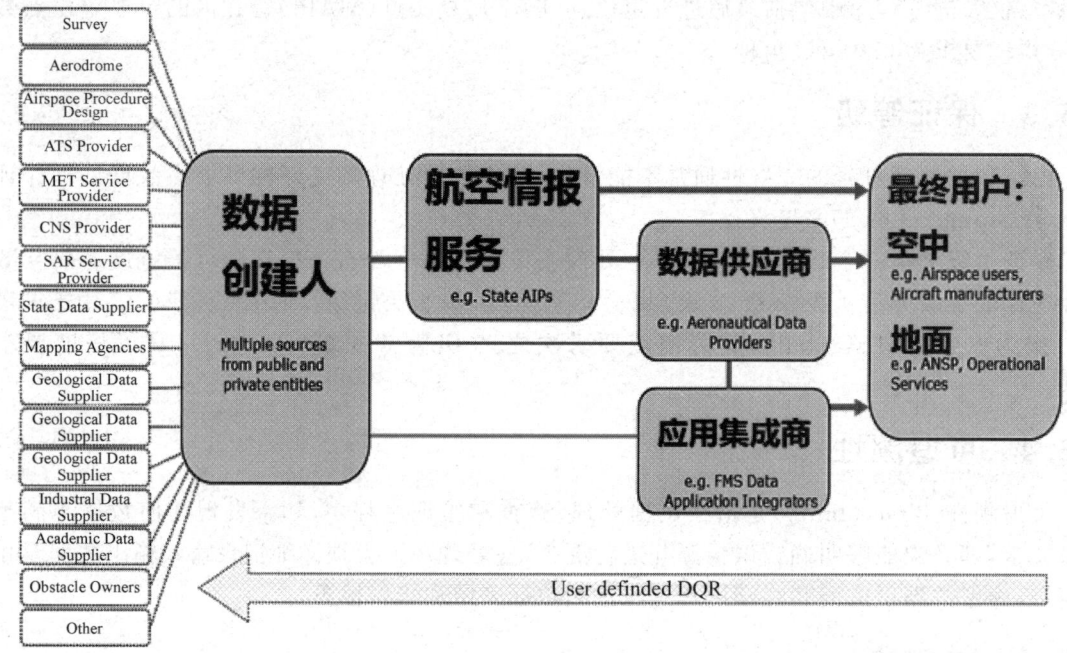

图7-3 航空数据链参与者和航空数据流

7.6.1 航空数据的创建

航空数据链的任何参与者都可能创建航空数据。从历史上看,大多数航空数据是由权威来源(例如,独立的国家、代表国家的组织)创建的。其他创建人可以补充源自权威来源的数据或自行创建数据。可能创建航空数据的其他链接参与者的例子包括但不限于:数据供应商、航空公司、飞机制造商、机场当局、国防测绘机构、通信服务提供商和地理空间信息提供商。

7.6.2 航空数据的传输

有多种类型的电子传输(例如,将数据文件复制到便携式存储介质上):电子数据通信、电子邮件、互联网文件传输和数字化数据交换(例如 AIS/MET 数据链服务)。数据传输的首要问题是检测错误并确保满足数据配置管理要求。另一个注意事项是传输的安全性(例如,保护数据不被外部实体修改,尽量降低接收错误数据的可能性)。

7.6.3 航空数据的预备

航空数据链的任何参与者都可以预备航空数据。通常,这由数据创建人 AIS 和数据供应商联合完成。各国一次发布大量信息(例如 AIP 修订)。AIP 中的这些信息是在发布前完成配置和格式化的。未在 AIP 中发布的数据(例如,机场地图数据、地形数据)应以不同方式呈现。数据供应商混合来自符合本标准或权威来源(例如,以前验证的数据、权威来源数据)的数据,以及他们为后续用户 DQRs 创建的数据。

7.6.4 航空数据的应用集成

应用集成是一个职能链接,通过该链接将数据处理成某个应用规定的配置和格式。应用集成可能包括航空数据处理的所有阶段,例如接收、汇总、转换、选择、格式化各分发。航空数据应用集成这个职能链接的示例是将电子文本文件转换为二进制格式,并重新格式化数据为产品特定格式。

7.6.5 航空数据的最终使用

应用集成是一个职能链接,通过该链接将数据处理成某个应用规定的配置和格式。应用集成可能包括航空数据处理的所有阶段,例如接收、汇总、转换、选择、格式化各分发。航空数据应用集成这个职能链接的示例是将电子文本文件转换为二进制格式,并重新格式化数据为产品特定格式。

7.7 导航数据库供应商

航空数据处理和相关数据库接收函(LOA),是证明航空数据供应商的航空数据处理能力符合《航空数据处理标准》(RTCA DO－200A)规定的文件。在美国由 FAA 认定数据供应商的资质并颁发 LOA,在欧洲由 EASA 负责认定数据供应商并颁发 LOA,在澳大利亚由 CASA 负责认定数据供应商并颁发 LOA,在加拿大由交通部负责认定并向数据供应商颁发与 LOA 等效的确认函(AL)等。欧洲、美国、澳大利亚和加拿大等相互认可彼此颁发的数据供应商 LOA,中国民航局也认可各方颁发的 LOA。

数据供应商(Data Supplier),是指负责搜集、处理或者创建航空数据的组织机构(不包含缔约国和代表缔约国的实体机构)。航空数据链中数据服务提供商、航电制造商、航空运营人等均可成为数据供应商。

数据服务提供商(Data Service Provider),是指从缔约国或其他途径收集航空数据,并且按照航空电子设备制造商指定的格式将航空数据输入到一个电子文件中的组织机构。对导航数据而言,数据服务提供商通常按 ARINC424 规范将数据处理成标准格式电子文件。航电制造商从数据服务提供商处接收航空数据文件并将数据载入地面处理软件。地面处理软件自动校验数据、定制地理区域覆盖和数据内容,然后按目标航电指定格式压缩和打包数据,最后生成一个或一组导航数据文件供客户使用,该文件即机载导航数据库。

航空数据供应商分为两种类型,其定义和要求如下:

1. 1类LOA数据供应商

1类(Type 1)LOA证明持有人具备航空数据处理资质,数据处理过程符合RTCA DO-200A数据质量的要求。

1类LOA与航电系统具体的合格证无关(如型号合格证(TC)、补充TC(STC)或技术标准令(TSO)或设备类型),不涉及特定航电系统兼容性问题。

1类LOA是基于航空数据供应商和客户之间预定的通用数据要求。1类LOA接收函颁发给数据供应商,该数据供应商同时是数据服务提供商。取得1类LOA的数据供应商不能将导航数据库直接交付给终端用户,供航空器飞行使用。

2. 2类LOA数据供应商

2类(Type 2)LOA证明持有人具备航空数据处理资质,数据处理过程符合RTCA DO-200A数据质量的要求,并且其交付的数据与特定的航电系统兼容。加拿大AL等效于2类LOA。

2类LOA颁发给航电系统设计批准持有人,或者满足航电设备设计批准持有人数据定义要求的数据供应商。如果取得2类LOA的数据供应商不是航电系统设计批准持有人,但航电系统设计批准持有人为该数据供应商提供数据打包工具,则2类LOA认定该数据供应商使用打包工具处理数据符合RTCA DO-200A要求。

2类LOA是基于确保与特定系统或设备兼容的数据要求,该接收函颁发给从事航电制造/应用集成的数据供应商。取得2类LOA的数据供应商可以将导航数据库直接交付给终端用户使用。

思 考 题

(1) 导航数据库建立的一般过程是什么?
(2) 导航数据的处理流程是什么?

参考文献

[1] 陶媚,徐成平. 航空情报服务[M]. 北京:清华大学出版社,北京交通大学出版社,2021.

[2] 张秀明,于超博,韩中华. 航行情报服务[M]. 北京:中国民航出版社,2022.

[3] 中国民用航空局.《中华人民共和国航空资料汇编》编写规范(MH/T 4047)[S],2017.

[4] 中国民用航空局空管行业管理办公室,中国民用航空局空中交通管理局. 咨询通告《雪情通告编发规范》(AC-175-TM-2021-01)[S],2021.

[5] 中国民用航空局空管行业管理办公室,中国民用航空局空中交通管理局. 咨询通告《航行通告系列划分规定》(AC-1/5-TM-2023-01)[S],2023.

[6] 中华人民共和国交通运输部令2022年第35号,交通运输部关于修改〈民用航空情报工作规则〉的决定[S],2022.

[7] 中国民用航空局. 民用机场飞行区技术标准(MH5001-2021)[S]. 北京:中国民航出版社,2021.

[8] 中国民用航空局. 民用航空航行通告编发规范(MH/T 4030-2011)[S]. 北京:中国民航出版社,2011.

[9] 中国民用航空局. 中国民航国内航空资料汇编编写规范(MH/T 4044-2015)[S]. 北京:中国民航出版社,2015.

[10] 中国民用航空局空管行业管理办公室,中国民用航空局空中交通管理局. 民用航空运输机场停机位置图编绘规范(WM-TM-2023-002)[S],2023.

[11] 中国民用航空局空管行业管理办公室,中国民用航空局空中交通管理局. 民用机场最低监视引导高度图编绘规范(征求意见稿)[S],2020.

[12] 中国民用航空局空管行业管理办公室,中国民用航空局空中交通管理局. 民用机场障碍物图－A型(运行限制)编绘规范(WM-TM-2019-02)[S],2019.

[13] 中国民用航空局空管行业管理办公室,中国民用航空局空中交通管理局. 民用机场精密进近地形图编绘规范(WM-TM-2019-01)[S],2019.

[14] 中国民用航空局空管行业管理办公室,中国民用航空局空中交通管理局. 民用航空运输机场停机位置图编绘规范(WM-TM-2023-002)[S],2023.

[15] 中国民用航空局空管行业管理办公室,中国民用航空局空中交通管理局. 民用航空运输机场机场图编绘规范(WM-TM-2023-001)[S],2023.

[16] 中国民用航空局空管行业管理办公室,中国民用航空局空中交通管理局. 民用航空仪表航路图及区域图编绘规范(WM-TM-2021-002)[S],2021.

[17] 中国民用航空局空中交通管理局. 民用航空图编绘规范(MH/T 4019—2012)[S],2012.

[18] 陈肯,何光勤,黄邦菊. 航空情报服务[M]. 成都:西南交通大学出版社,2017.

[19] 中国民用航空局飞行标准司,中国民用航空局空中交通管理局.咨询通告《电子飞行包(EFB)运行批准指南》(AC-121-FS-2018-031R1),2018.

[20] 中国民用航空局飞行标准司,中国民用航空局空中交通管理局.咨询通告《实施要求授权的所需导航性能(RNP AR)飞行程序的适航和运行批准指南》(AC-91-FS-2018-05-R1),2018.

[21] 赖欣,李夏,曾婧涵.航图实践[M].成都:西南交通大学出版社,2020.

[22] 中国民用航空飞行标准司.咨询通告《航空运营人导航数据库管理规范》(AC-91-FS-2014-21)[S],2014.

附 录 缩略词

ABBREVIATION

说明：* 为非 ICAO 简缩字（Non-ICAO abbreviation）

缩略词	英文全称	中文解释
A		
A	Amber	琥珀色
A/A	Air to Air	空对空
AAD	Assigned Altitude Deviation	指定高度偏差
AAF	Army Air Field	军用空军基地
AAIM	Aircraft Autonomous Integrity Monitoring	航空器自主完好性监控
AAIS	Automated Aerodrome Information Service	自动机场情报服务
AAL	Above Aerodrome Level	高出机场平面
AAS	Airport Advisory Service	机场咨询服务
AAU	Authorized Approach Unicom	许可的进近航空咨询服务
AB	Air Base	航空基地
ABI	Advance Boundary Information	前方边界信息
ABM	Abeam	正切
ABN	Aerodrome Beacon	机场灯标
ABT	About	大约,关于
ABV	Above	在……上,以上
AC	Air Carrier	航空承运人
AC	Altocumulus	高积云
A/C *	Aircraft	航空器
ACA	Arctic Control Area	极地管制区
ACA	Approach Control Area	进近管制区
ACAS	Airborne Collision Avoidance System	机载防撞系统
ACARS	Airborne Communications Addressing and Reporting System	航空器通信寻址报告系统
ACC	Area Control Center	区域管制中心或区域管制
ACCID	Notification of An Aircraft Accident	航空器失事通知
ACFT	Aircraft	航空器
ACK	Acknowledge	承认,证实
ACL	Altimeter Check Location	高度表校准位置

续表

缩略词	英文全称	中文解释
ACN	Aircraft Classification Number	航空器等级序号
ACP	Acceptance(Message Type Designator)	接受电报（电报种类代号）
ACPT	Accept or Accepted	接受或已接受
ACT	Active or Activated Or Activity	活动
AD	Aerodrome	机场
ADA	Advisory Area	咨询区
ADC	Aerodrome Chart	机场图
ADDN	Addition or Additional	增加，附加
ADF	Automatic Direction Finding	自动定向机
ADIZ	Air Defense Identification Zone	防空识别区
ADJ	Adjacent	邻近
ADNL	Additional	额外的
ADO	Aerodrome Office	机场部门
ADR	Advisory Route	咨询航路
ADS	The Address	地址
ADS	Automatic Dependent Surveillance	自动相关监视
ADS－B	Automatic Dependent Surveillance－Broadcast	广播式自动相关监视
ADS－C	Automatic Dependent Surveillance－Constract	合约式自动相关监视
ADSU	Automatic Dependent Surveillance Unit	自动相关监视单元
ADV	Advisory Area	咨询区
ADVS	Advisory Service	咨询服务
ADZ	Advise	通知
AEIS	Aeronautical Enroute Information Service	航空航路情报服务
AER	Approach End of Runway	跑道进近端
AERADIO	Air Radio	航空无线电
AERO	Aerodrome	机场
AES	Aircraft Earth Station	航空器地球站
AF Aux	Air Force Auxiliary Field	空军辅助机场
AFB	Air Force Base	空军基地
AFIL	Flight Plan Filed in the Air	空中申报飞行计划
AFIS	Aerodrome Flight Information Service	机场飞行情报服务
AFIS	Automatic Flight Information Services	自动飞行情报服务
AFLD	Airfield	机场
AFM	Yes or Affirm of Affirmative or That is Correct	是、肯定、正确
AFN	American Forces Network	美国军用网络
AFRS	Armed Forces Radio Stations	军用无线电台

续表

缩略词	英文全称	中文解释
AFRU	Aerodrome Frequency Response Unit	机场频率应答组件
AFS	Aeronautical Fixed Service	航空固定服务
AFS	Air Force Station	空军航站
AFSS	Automated Flight Service Station	自动飞行服务站
AFT	After...（Time or Place）	（时间或地点）以后
AFTN	Aeronautical Fixed Telecommunication Network	航空固定电信网
A/G	Air-to-Ground	空/地
AGA	Aerodromes, Air Routes and Ground Aids	机场、航路和地面设备
AGC*	Aerodrome Ground Movement Chart	机场地面运行图
AGL	Above Ground Level	高于地面
AGN	Again	再次、重新
AGNIS	Azimuth Guidance Nose-in-Stand	机头向内方向引导
AH	Alert Height	告警高
AHP	Army Heliport	军用直升机场
AIC	Aeronautical Information Circular	航行资料通报
AIDC	Air Traffic Services Inter-Facility Data Communication	空中交通服务内设数据通信
AIP	Aeronautical Information Publication	航行资料汇编
AIRAC	Aeronautical Information Regulation and Control	航行资料定期颁发制
AIREP	Air-Report	空中报告
AIRMET	Information Concerning En-route Weather Phenomena Which May Affect the Safety of Low-level Aircraft Operations	影响航空器低空飞行安全的航路天气现象情报
AIS	Aeronautical Information Services	航行情报服务
ALA	Aircraft Landing Area	批准的着陆区域
ALA	Alighting Area	着陆（水）区
ALERFA	Alert Phase	警戒阶段
ALF	Auxiliary Landing Field	辅助降落场
ALR	Alerting Message	警戒电报
ALRS	Alerting Service	告警服务
ALS	Approach Light System	进近灯光系统
ALS	Low Intensity Approach Lights	低强度进近灯光
ALSTG*	Altimeter setting	高度表拨正
ALT	Altitude	高度
ALTN	Alternate or Alternating(Light Alternates in Colour)	交替（灯光颜色交替变换）
ALTN	Alternate	备降场
AMA	Area Minimum Altitude	区域最低高度

续表

缩略词	英文全称	中文解释
AMD	Amend or Amended(used to indicate amended meteorological message; message type designator)	订正或订正电报(用以表示修改的气象电报,电报种类代号)
AMDT	Amendment(AIP Amendment)	修订(航行资料汇编修订)
AMS	Aeronautical Mobile Service	航空移动业务
AMSL	Above Mean Sea Level	高于平均海平面
AMSS	Aeronautical Mobile Satellite Service	航空移动卫星业务
ANCS	Aeronautical Navigation Chart-Small Scale	领航图-小比例尺
ANGB	Air National Guard Base	航空国民警卫队基地
ANS	Answer	回答
AOC	Aeronautical Obstacle Chart	机场障碍物图
AOC	Aircraft Operator Certificate	航空器营运人许可证
AOE	Airport/Aerodrome of Entry	入境航站/机场
AOM	Airport Operating Minimums	机场最低飞行条件
AOR*	Area of Responsibility	责任区
AORC*	Air Corridor Chart	空中走廊图
AP	Airport	航空站
APAPI	Abbreviated Precision Approach Path Indicator	简易精密进近航道指示器
APC	Area Positive Control	区域绝对管制
APCH	Approach	进近
APDC	Aircraft Parking/Docking Chart	航空器停放/停靠图
APN	Apron	停机坪
APP	Approach Control	进近管制
APR	April	四月
APRX	Approximate or Approximately	近似或大约
APSG	After Passing	过……后
APT	Airport	机场、航空港
APV	Approve or Approval	批准、同意或认可
APV	Approach Procedure with Vertical Guidance	带垂直指引的进近程序
AR	Authorization Required	需要授权
ARB	Air Reserve Base	航空备用基地
ARC	Area Chart	区域图
ARINC	Aeronautical Radio, Inc.	航空无线电公司
ARNG	Arrange	安排、处理、计划
ARO	Aerodrome Reporting Officer	机场报告员
ARO	Air Traffic Services Reporting Office	空中交通服务报告室
ARP	Airport Reference Point	机场基准点

续表

缩略词	英文全称	中文解释
ARP	Air-Report	空中报告
ARR	Arrival or Arrive	进场、到达
ARR	Arrival	到达电报
ARS	Special Air-Report	特别空中报告
ARST	Arresting(specify（part of）Aircraft Arresting Equipment)	拦阻(注明航空器拦阻设备)
ARTCC	Air Route Traffic Control Center	空中航路交通管制中心
AS	Altostratus	高层云
ASC	Ascent to or Ascending to	上升至
ASDA	Accelerate Stop Distance Available	可用加速停止距离
ASDE-X	Airport Surface Detection Equipment—Model X	机场地面探测设备——模型X
ASE	Altimetry System Error	测高系统误差
ASMGCS	Advanced Surface Movement Guidance and Control System	先进的地面活动引导和控制系统
ASOS	Automated Surface Observing System	自动场面观测系统
ASPEEDG	Airspeed Gain	空速加大
ASPEEDL	Airspeed Loss	空速减小
ASPH	Asphalt	沥青
ASR	Airport Surveillance Radar	机场监视雷达
ASSC	Airport Surface Surveillance Capability	机场地面监测能力
AT...	At (followed by time at which weather)	(后随预报天气出现变化的时间)
ATA	Actual Time of Arrival	实际到达时间
ATC	Air Traffic Control(in general)	空中交通管制(通称)
ATCAA	Air Traffic Control Assigned Airspace	空中交通管制指定空域
ATCC	Air Traffic Control Center	空中交通管制中心
ATCSMAC	Air Traffic Control Surveillance Minimum Altitude Chart	空中交通管制监视系统最低高度图
ATCT	Air Traffic Control Tower	空中交通管制塔台
ATD	Actual Time of Departure	实际起飞时间
ATF	Aerodrome Traffic Frequency	机场交通频率
ATFM	Air Traffic Flow Management	空中交通流量管理
ATIS	Automatic Terminal Information Service	自动终端情报服务
ATM	Air Traffic Management	空中交通管理
ATMB*	Air Traffic Management Bureau	空中交通管理局
ATN	Aeronautical Telecommunication Network	航空电信网
ATP	At... (time or place)	在……(时间或地点)

续表

缩略词	英文全称	中文解释
ATS	Air Traffic Service	空中交通服务
ATTN	Attention	注意,承办
AT-VASIS	AbbreviatedT Visual Approach Slope Indicator System	简化T式目视进近坡度指示系统
ATZ	Aerodrome Traffic Zone	机场交通地带
AU	Approach UNICOM	进近航空咨询服务
AUG	August	八月
AUP	Airspace Utilization Plane	空域使用飞机
AUTH	Authorized	批准的,授权的
AUW	All-Up Weight	起飞全重
AUX	Auxiliary	辅助的
AVBL	Available or Availability	可供使用、备有、可用性
AVG	Average	平均
AVGAS	Aviation Gasoline	航空汽油
AVTUR*	Aviation Turbine Fuel	航空涡轮燃油
AWIB	Aerodrome Weather Information Broadcast	机场气象情报广播
AWIS	Aerodrome Weather Information Service	机场气象情报服务
AWOS	Automated Weather Observing System	自动气象观测系统
AWSS	Aviation Weather Sensor System	航空气象探测系统
AWTA	Advise at What Time Able	告知可能时间
AWY	Airway	航路
AZM	Azimuth	方位
B		
B	Blue	蓝色
BA	Braking Action	制动作用
Baro VNAV	Barometric Vertical Navigation	气压式垂直导航
BASE	Cloud Base	云底
BC	Back Course	后航道
BCFG	Fog Patches	雾块
BCM	Back Course Marker	后航道指点标
BCN	Beacon (Aeronautical Ground Light)	灯标、信标、航空地面灯标
BCOB	Broken Clouds or Better	碎云或疏云
BCST	Broadcast	广播
BDRY	Boundary	边界
BEC*	Because	因为

续表

缩略词	英文全称	中文解释
BECMG	Becoming	变成、成为、转为
BFR	Before	在……之前
BKN	Broken	多云
BL...	Blowing (followed by DU=dust, SA=sand or SN=snow)	吹、刮（后随DU为尘，SA为沙或SN为雪）
BLDG	Building	建筑物
BLO	Below Clouds	云下
BLW	Below...	……以下
BM	Back Marker	后航道指点标
BOMB	Bombing	轰炸
BR	Mist	轻雾
BRF	Short (used to indicate the type of approach desired or required)	小起落航线（用于说明希望或需要的进近方式）
BRG	Bearing	方位
BRKG	Braking	刹车
B-RNAV	Basic RNAV	基本区域导航
BS	Broadcast Station (Commercial)	广播电台（商用）
BTL	Between Layers	云层中
BTN	Between	在……之间
C		
C	Center (runway identification)	中心（跑道识别标志）
C	Degrees Celsius (centigrade)	摄氏度数
C	ATC IFR Flight Plan Clearance Delivery Frequency	空中交通管制IFR飞行计划放行许可频率
C	Converted Met Visibility	换算的天气能见度
CA	Course to an Altitude	到一个高度的航迹
CAAC*	Civil Aviation Administration of China	中国民用航空局
CADIZ	Canadian Air Defense Identification Zone	加拿大防空识别区
CAE	Control Area Extension	管制区域扩展
CA/GRS	Certified Air/Ground Radio Service	批准的空地无线电服务
CANPA	Constant Angle Non-Precision Approach	固定下滑角的非精密进近
CARS	Community Aerodrome Radio Station	共用机场无线电台
CAT	Category	类别、级别
CAT	Clear Air Turbulence	晴空颠簸
CAVOK	Visibility, Cloud and Present Weather Better than Prescribed Values Or Conditions	能见度、云和现在天气高于规定数值或条件

续表

缩略词	英文全称	中文解释
CB	Cumulonimbus	积雨云
CBA	Cross Border Area	交叉边界区
CC	Cirrocumulus	卷积云
CCA	Corrected Meteorological Message	订正气象电报
CCN	Chart Change Notices	航图变更通知
CD	Candela	国际烛光(发光强度单位)
CDFA	Continuous Descent Final Approach	连续下降的最后进近
CDI	Course Deviation Indicator	航道偏离指示器
CDR	Conditional Route	条件航路
CDT	Central Daylight Time	中部白昼时间
CDN	Coordination	协调电报
CEIL	Ceiling	云高、云低高
CERAP	Combined Center/Radar Approach Control	雷达进近联合管制中心
CF	Change Frequency to...	频率改为……
CF	Course to a Fix	到一个定位点的航迹
CFIT	Controlled Flight Into Terrain	可控飞行撞地
CFM	Confirm	证实
CGAS	Coast Guard Air Station	海岸警卫队航站楼
CGL	Circling Guidance Lights	盘旋引导灯
CH	Channel	频道、波段
CH	Channel-Continuity-Check of Transmission	频道通断检查发送
CH	Critical Height	临界高
CHG	Modification	订正电报
CHGD	Changed	改变的
CI	Cirrus	卷云
CIDIN	Common ICAO Data Interchange Network	通用的国际民用航空组织
CIG*	Ceiling	云幕
CIT	Near or over Large Towns	城镇附近或上空
CIV	Civil	民用
CK	Check	检查、校核
CL	Centerline Lights	跑道中线灯
CLA	Clear Type of Ice Formation	明冰
CLBR	Calibration	校正
CLD	Cloud	云
CLG	Calling	呼叫
CLIMB-OUT	Climb-out Area	爬升脱离区

续表

缩略词	英文全称	中文解释
CLR	Clear(s) or Cleared to… or Clearance	放行,准许……、放行许可
CLRD	Runway(s) Cleared	跑道已清扫
CLSD	Close or Closed or Closing	关闭
CM	Centimeter	厘米
CMB	Climb to or Climbing to	爬升、爬升至
CMNPS	Canadian Minimum Navigation Performance Specification	加拿大最低导航性能规范
CMPL	Completion or Completed or Complete	完成、完全
CMV	Converted Met Visibility	换算的天气能见度
CNF	Computer Navigation Fix	计算机导航定位点
CNL	Cancel or Cancelled	取消
CNL	Flight Plan Cancellation	飞行计划取消电报
CNS	Communications, Navigation and Surveillance	通信、导航、监视
CO	County	州、县、郡
COM	Communications	通信
COMLO	Compass Locator	罗盘示位台
COMMS	Communications	通信
CONC	Concrete	混凝土
COND	Condition	条件、情况
CONS	Continuous	连续的、持续的
CONST	Construction or Constructed	建筑
CONT	Continuous	连续的
CONTD	Continued	延续的
COOP*	Cooperation	合作、协作
COOR	Coordinate or Coordination	协调
COORDS	Coordinates	坐标
COP	Change Over Point	转换点
COR	Correct or Correction or Corrected	更正或更正报
CORR*	Corridor	走廊
COT	At the Coast	在海岸
COV	Cover or Covered or Covering	覆盖.包括
CP	Command Post	指挥所
CPDLC	Controller Pilot Data Link Communications	管制员-飞行员数据链通信
CPL	Current Flight Plan	现行飞行计划电报(电报种类代号)
Cpt	Clearance(Pre-Taxi Procedure)	许可(滑行前程序)
CRC	Cyclical Redundancy Check	循环冗余校验

续表

缩略词	英文全称	中文解释
CRM	Collision Risk Modal	危险碰撞模式
CRP	Compulsory Reporting Point	强制报告点
CRS*	Course	航道、航线、路线
CRZ	Cruise	巡航
CST	Central Standard Time	中部标准时间
CS	Call Sign	呼号
CS	Cirrostratus	卷层云
CTA	Control Area	管制区
CTAF	Common Traffic Advisory Frequency	通用交通咨询频率
CTAM	Climb to and Maintain	爬升至并保持
CTC	Contact	联络
CTL	Control	管制
CTN	Caution	注意、警告
CTOT	Calculated Take-off Time	计算的起飞时间
CTR	Control Zone	管制地带
CU	Cumulus	淡积云
CUF	Cumuliform	积状云
CUST	Customs	海关
CVFP	Charted Visual Flight Procedure	图上标注的目视飞行程序
CVFR	Controlled VFR	管制 VFR
CVR	Cockpit Voice Recorder	驾驶舱话音记录器
CW	Continuous Wave	等幅波
CWY	Clearway	净空道
D		
D...	Danger Area (followed by identification)	危险区(后随识别代号)
D	Downward (tendency in RVR during previous 10 minutes)	下降(10分钟内跑道视程趋势)
D	Day	白天、昼间、日
DA	Decision Altitude	决断高度
DA(H)	Decision Altitude(Height)	决断高度(高)
D-ATIS	Digital ATIS, Data Link Automatic Terminal Information	数字式 ATIS,数据链自动航站情报服务
DCD	Double Channel Duplex	双波道双工制
DCKG	Docking	停靠
DCL	Data Link Departure Clearance Service	数据链式离场许可服务

续表

缩略词	英文全称	中文解释
DCP	Datum Crossing Point	坐标原点飞越位置
DCPC	Direct Controller-Pilot Communication	管制员-驾驶员直接通信
DCS	Double Channel Simplex	双波道单工制
DCT	Direct	直飞、直达、直线飞行
DE *	From(used to precede the call sign of the calling station)(to be used in AFS as a procedure signal)	从(用于呼叫台呼号前)(在航空固定通信服务中作为程序信号使用)
DEC	December	十二月
DECMSND	Decommissioned	停止工作
DEG	Degree	度、度数
DEP	Depart or departure	起飞、离场
DEP	Departure Control/Departure Procedures	离场管制/离场程序
DEP	Departure (message type designator)	起飞电报(电报种类代号)
DER	Departure End of Runway	跑道起飞末端
DES	Descend to or Descending to	下降至
DEST	Destination	目的地
DETRESFA	Distress Phase	遇险阶段
DEV	Deviation or Deviating	偏航、偏离、偏差
DEWIZ	Distance Early Warning Identification Zone	远程早期预警识别地带
DF	Direction Finder	定向仪
DFDR	Digital Flight Data Recorder	数字飞行数据记录器
DFTI	Distance from Touchdown Indicator	离接地标志的距离
DH	Decision Height	决断高
DIF	Diffuse	扩散
DISPL THRESH	Displaced Threshold	内移的跑道入口
DIST	Distance	距离
DIV	Divert or Diverting	转换、转向、改航、备降
DLA	Delay	延误电报
DLA	Delay or Delayed	延误
DLIC	Data Link Initiation Capability	数据链初始性能
DLY	Daily	每天,每日
DME	Distance-Measuring Equipment	测距仪
DNG	Danger or Dangerous	危险
DOD	Department of Defense	国防部
DOM	Domestic	国内的
DP	Obstacle Departure Procedure	越障离场程序
DPT	Depth	深度

缩略词	英文全称	中文解释
DR	Dead Reckoning	推测领航
DR…	Low Drifting (followed by DU=dust, SA=sand or SN=snow)	低吹(后随 DU 为尘,SA 为沙或 SN 为雪)
DRCO	Dial-up Remote Communications Outlet	远程拨号通信分站
DRG	During	在……期间
DS	Dust Storm	尘暴
DSB	Double Sideband	双边带
DTAM	Descend to and Maintain	下降至并保持
DTG	Date-Time Group	日时组
DTHR	Displaced Runway Threshold	内移的跑道入口
DTRT	Deteriorate or Deteriorating	变坏
DTW	Dual Tandem Wheels	四轮车式
DU	Dust	尘
DUC	Dense Upper Cloud	高空浓云
DUPE	This is Duplicate Message	重发电报
DUR	Duration	持续时间、期间
D-VOLMET	Data Link VOLMET	数据链 VOLMET
DVOR	Doppler VOR	多普勒甚高频全向信标
DW	Dual Wheels	双轮
DZ	Drizzle	毛毛雨
E		
E	East or Eastern	东或东方
E	East or Eastern Longitude	东或东经
EAT	Expected Approach Time	预计进近时间
EB	Eastbound	向东飞
ECL*	Exercise Caution While Landing	着陆时注意
ECOMS	Jeppesen Explanation of Common Minimum Specifications	杰普逊共用最低标准规范的说明
ECT*	Exercise Caution While Taking Off	起飞时注意
EDA	Elevation Differential Area	高程异常地区
EDT	Eastern Daylight Time	东部白昼时间
EEE	Error (to be used in AFS as a procedure signal)	错号(航空固定服务中使用的程序信号)
EET	Estimated Elapsed Time	预计航程(经过)时间
EFAS	Enroute Flight Advisory Service	航路飞行咨询服务
EFC	Expect Further Clearance	等待进一步许可

续表

缩略词	英文全称	中文解释
EFF *	Effective	有效的,生效
EFIS	Electronic Flight Instrument System	电子飞行仪表系统
EFVS	Enhanced Flight Vision System	增强飞行视觉系统
EGNOS	European Geostationary Navigation Overlay Services	欧洲地球同步卫星导航覆盖服务
EH	Eastern Hemisphere	东半球
EHF	Extremely High Frequency (30,000—300,000 MHz)	极高频(30 000～300 000 MHz)
ELBA	Emergency Location Beacon – Aircraft	航空器紧急定位信标
ELEV	Elevation	标高
ELR	Extra Long Range	特远程
ELT	Emergency Locator Transmitter	紧急示位信标发射器
EM	Emission	发射
EMAS	Engineered Materials Arresting System	工程材料阻拦系统
EMBD	Embedded in a Layer	隐藏在云层中
EMERG	Emergency	紧急、应急
EMG	Emergency	紧急遇险
END	Stop-end (related to RVR)	跑道末端视程仪
ENE	East northeast	东北东
ENG	Engine	发动机
ENR	EnRoute	航路上
ENRC	En-route Chart (followed by name/title)	航路图(后随名称/标题)
EOBT	Estimated Off Block Time	预计撤轮挡时间
EQPT	Equipment	设施
ER	Here… or Herewith	此处,随同
ESE	East Southeast	东南东
EST	Eastern Standard Time	东部标准时间
EST	Estimated	预计的
EST	Estimate or Estimated or Estimate (as message type designator)	预计或预计电报(电报种类代号)
ETA	Estimated Time of Arrival or Estimating Arrival	预计到达时间、预计到达
ETD	Estimated Time of Departure or Estimating Departure	预计起飞时间、预计起飞
ETE *	Estimated Time Enroute	预计航路(飞行)时间
ETO	Estimated Time Over Significant Point	预计飞越重要点的时间
ETOPS	Extended Range Operation with Two-Engine Airplanes	双发延程飞行

续表

缩略词	英文全称	中文解释
EV	Every	每
EVS	Enhanced Vision System	增强视景系统
EXC	Except	除……以外
EXER	Exercises or Exercising or to Exercise	演习
EXP	Expect or Expected or Expecting	希望、预计
EXTD	Extend or Extending	延伸
F		
F*	Degrees Fahrenheit	华氏度数
F	Fixed	固定
FA	Course from a Fix to an Altitude	从一个定位点到指定高度的航迹
FAA	Federal Aviation Administration	（美国）联邦航空局
FAC	Facilities	设施
FACF	Final Approach Course Fix	最后进近航道定位点
FAF	Final Approach Fix	最后进近定位点
FAIL	Failure	失效
FAL	Facilitation of International Air Transport	国际航空运输简化手续
FANS*	Future Air Navigation System	未来航行导航系统
FAP	Final Approach Point	最后进近点
FAR	Federal Aviation Regulation	联邦航空条例
FAS	Final Approach Segment	最后进近航段
FASDB	Final Approach Segment Data block	最后进近航段数据块
FAT	Final Approach Track	最后进近航迹
FATO	Final Approach and Take-off Area	最后进近和起飞区
FAX	Facsimile Transmission	传真
FBL	Light (used to indicate the intensity of weather phenomena, interferenceor static reports, e. g. FBL RA＝lightrain)	轻度(用于表示天气现象,干扰或静电报告的强度,例如,FBL RA 为小雨)
FBO	Fixed Based Operator	固定基地运营者、通用航空服务站
FC	Funnel Cloud (tornado or water spout)	漏斗云(陆龙卷/水龙卷)
FCP	Final Control Point	最后控制点
FCST	Forecast	预报
FCT	Friction Coefficient	摩擦系数
FDPS	Flight Data Processing System	飞行数据处理系统
FEB	February	二月
FEW	Few	少数

续表

缩略词	英文全称	中文解释
FG	Fog	雾
FIA	Flight Information Area	飞行情报区域
FIC	Flight Information Center	飞行情报中心
FIR	Flight Information Region	飞行情报区
FIS	Flight Information Service	飞行情报服务
FISA	Automated Flight Information Service	自动飞行情报服务
FL	Flight Level（Altitude）	飞行高度层（高度）
FLD	Field	机场、场地
FLG	Flashing	闪烁，闪光
FLR	Flares	照明弹
FLT	Flight	飞行、航班
FLTCK	Flight check	飞行校验（检查）
FLUC	Fluctuating or Fluctuation or Fluctuated	摆动、波动
FLW	Follow(s) or Following	如下，以下
FLY	Fly or Flying	飞行
FM	Fan Marker	扇形指点标
FM	Course from a Fix to Manual Termination（used in navigation database coding）	从一个定位点到人工终止点的航迹（雷达引导）（用于导航数据库编码）
FM	From（followed by time when weather change is forecast to begin）	从、自（后随预报天气变化开始的时间）
FMC	Flight Management Computer	飞行管理计算机
FMS	Flight Management System	飞行管理系统
FMU	Flow Management Unit	流量管理单位
FNA	Final Approach	最后进近
FOD	Foreign Object Damage	外来物损伤
FOM	Flight Operation Manual	运行手册
FOT *	Units of English System	英制单位
FPAP	Flight Path Alignment Point	航迹对正点
FPL	Filed Flight Plan（message type designator）	申报飞行计划电报（电报种类代号）
FPM	Feet Per Minute	英尺/分钟
FPR	Flight Planning Requirements	飞行计划要求
FPR	Flight Plan Route	飞行计划航线
FR	Fuel Remaining	剩余燃油
FRA	Free Route Airspace	自由航路空域
FREQ	Frequency	频率
FRI	Friday	星期五

续表

缩略词	英文全称	中文解释
FRNG	Firing	射击
FRONT	Front (relating to weather)	锋面(有关天气)
FROST	Frost(used in aerodrome warnings)	霜(用于机场警告)
FRQ	Frequent	经常、频繁
FSL	Full Stop Landing	全停着陆
FSS	Flight Service Station	飞行服务站
FST	First	第一
FT	Feet(dimensional unit)	英尺(长度单位)
FTE	Flight Technical Error	飞行技术误差
FTP	Fictitious Threshold Point	假定入
FTS	Flexible Track System	可选航迹系统
FTT	Flight Technical Tolerance	飞行技术容差
FU	Smoke	烟
FZ	Freezing	冰冻
FZDZ	Freezing drizzle	冻毛毛雨
FZFG	Freezing Fog	冻雾
FZRA	Freezing Rain	冻雨
G		
G	Green	绿色
G	Variations from the Mean Wind Speed (Gusts) (followed by figures in METAR/SPECI and TAF)	平均风速的变化量(阵风)(后随数字,用于METAR/SPECI and TAF)
G	Guards Only(Radio Frequencies)	只守听(无线电频率)
GA	General Aviation	通用航空
G/A	Ground-to-Air	地对空
GA	Go Ahead, Resume Sending (to be used in AFS as a procedure signal)	请发送,恢复发送(航空固定服务中使用的程序信号)
G/A/G	Ground-to-Air and Air-to-Ground	地对空和空对地
GAGAN	GPS and Geostationary Earth Orbit Augmented Navigation	全球定位系统和同步地球轨道增强导航
GAMET	Area Forecast For Low-Level Flights	低空飞行的区域预报
GARP	GBAS Azimuth Reference Point	陆基增强系统方位基准点
GBAS	Ground-Based Augmentation System	陆基增强系统
GCA	Ground Controlled Approach (Radar)	地面管制进近(雷达)
GCA	Ground Controlled Approach System or Ground Controlled Approach	地面控制进近系统、地面控制进近

续表

缩略词	英文全称	中文解释
GCO	Ground Communication Outlet	地面通信分站
GEN	General	通用,总则,一般
GES	Ground Earth Station	地面地球站
GEO	Geographic or True	地理的,真的
GLD	Glider	滑翔机
GLONASS	Global Orbiting Navigation Satellite System	全球轨道导航卫星系统
GLS	Ground Based Augmentation System (GBAS) Landing System	GBAS着陆系统
GLONASS	Global Orbiting NavigationSatellite System	全球轨道导航卫星展统
GMC	Ground Movement Chart(followed by name/title)	地面运行图(后随名称/标题)
GMT	Greenwich Mean Time	格林尼治平时
GND	Ground	地面
GND	Ground Control	地面管制
GND	Surface of the Earth (either land or water)	地球表面(包括地面和水面)
GNDCK	Ground Check	地面检查、地面校验
GNSS	Global Navigation Satellite System	全球导航卫星系统
GP	Glide Path	下滑道
GPA	Glide Path Angle	下滑道角度
GPIP	Glide Path Intercept Point	下滑道截获点
GPS	Global Positioning System	全球定位系统
GPWS	Ground Proximity Warning System	近地警告系统
GR	Hail	雹
GRAS	Ground based Regional Augmentation System	陆基区域增强系统
GRASS	Grass Landing Area	草地着陆区
GRIB	Processed Meteorological Data in the Form of Grid Point Values Expressed in Binary Form (aeronautical meteorological code)	二进制压缩处理过的、以网格点数值形式表示的气象资料(航空气象代码)
GRVL	Gravel	砂砾
GS	Glide Slope	下滑道
G/S	Ground Speed	地速
GS	Small Hail and/or Snow Pellets	小雹和/或雪粒
GUND	Geoid Undulation	高程异常
GWT	Gross Weight	全重
H		
H	High Pressure Area or the Center of High Pressure	高压区域或高压中心

缩略词	英文全称	中文解释
H	Non-Directional Radio Beacon or High Altitude	无方向性无线电信标或高空
H24	24 Hour Service	24 小时服务
H24	Continuous Day and Night Service	昼夜服务
HA	Holding/Racetrack to an Altitude	至指定高度等待（爬升）
HAA	Height Above Airport	高于机场的高
HALS	High Approach Landing System	高度进近着陆系统
HAPI	Helicopter Approach Path Indicator	直升机进近航道指示器
HAS	Height Above Site	高于站点的高
HAT	Height Above Touchdown	高于接地地带的高
HBN	Hazard Beacon	危险灯标
HC	Critical Height	临界高
HDF	High Frequency Direction-Finding Station	高频定向台
HDG	Heading	航向
HEL	Helicopter	直升机
HF	High Frequency(3—30 MHz)	高频（3～30 MHz）
HF	Holding/Racetrack to a Fix	至定位点等待（离开等待）
HGS	Head-up Guidance System	飞机平视引导系统
HGT	Height or Height Above	高或高于
HI	High (altitude)	高（高度）
HI	High Intensity(lights)	高强度（灯光）
HIALS*	High Intensity Approach Light System	高强度进近灯光系统
HIRL*	High Intensity Runway Edge Lights	高强度跑道边灯
HIRO	High Intensity Runway Operations	高强度跑道运行
HIWAS	Hazardous Inflight Weather Advisory Service	飞行中的危险天气咨询服务
HJ	Sunrise to Sunset	从日出到日没
HLDG	Holding	等待
HM	Holding/Racetrack to a Manual Termination	等待（ATC）许可
HN	Sunset to Sunrise	从日没到日出
HO	By Operational Requirements	按运行要求
HO	Service Available to Meet Operational Requirements	按飞行需要开放
HOL	Holiday	节假日
HOSP	Hospital Aircraft	医救航空器
hPa	Hectopascal (one hectopascal＝one millibar)	百帕（1 hPa＝1 mb）
HR	Hours(period of time)	小时（时间段）
HS	During Hours of Scheduled Operations	在定期航班运行期间

续表

缩略词	英文全称	中文解释
HS	Service Available during Hours of Scheduled Operations	按班期时间开放
HST	High Speed Taxiway Turn-off	高速脱离滑行道
HSTIL	High Speed Taxiway Turn-off Indicator Lights	高速脱离滑行道指示灯
HUD	Head-Up Display	平视显示器
HUDLS	Head-Up Display Landing System	飞机平视显示着陆系统
HURCN	Hurricane	飓风
HVDF	High and Very High Frequency Direction Finding Stations (at the same location)	高频和甚高频定向台(在同一地点)
HVY	Heavy (used to indicate the intensity of weather phenomena, e.g. HVY RA=heavy rain)	严重的、大的(用以表示天气现象的强度,例如:HVY RA 为大雨)
HX	No Specific Working Hours	无特定的工作时间
HYR	Higher	较高、更高
Hz	Hertz(cycles per second)	赫兹(每秒的周期数)
HZ	Haze	霾
I		
I	Island	岛
IAC	Instrument Approach Chart(followed by name/title)	仪表进近图(后随名称/标题)
IAF	Initial Approach Fix	起始进近定位点
IAML	Integrity Monitor Alarm	完好性监视告警
IAO	In and Out of Clouds	断续云中
IAP	Instrument Approach Procedure (followed by name/title)	仪表进近程序(后随名称/标题)
IAR	Intersection of Air Routes	航路交叉点
IAS	Indicated Airspeed	指示空速
IATA	International Air Transport Association	国际航空运输协会
IAWP	Initial Approach Waypoint	起始进近航路点
IBN	Identification Beacon	识别灯标
IC	Ice Crystals (very small ice crystals in suspension, also known as diamond dust)	冰晶(悬浮的极小冰晶,也叫钻石尘)
ICAO	International Civil Aviation Organization	国际民用航空组织
ICE	Icing	结冰
ID	Identifier or Identify	识别符、识别
IDENT	Identification	识别代号、识别标志
IF	Intermediate Fix	中间进近定位点

续表

缩略词	英文全称	中文解释
IFBP	Inflight Broadcast Procedure	飞行广播程序
IFF	Identification Friend/Foe	敌我识别器
IFR	Instrument Flight Rules	仪表飞行规则
IGA	International General Aviation	国际通用航空
IGS	Instrument Guidance System	仪表引导系统
ILS	Instrument Landing System	仪表着陆系统
IM	Inner Marker	内指点标
IMAL	Integrity Monitor Alarm	完好性监视告警
IMC	Instrument Meteorological Conditions	仪表气象条件
IMG	Immigration	移民、入境
IMI*	Interrogation Sign (question mark) (to be used in AFS as a procedure signal)	询问符号(在航空固定通信服务中作为程序信号使用)
IMPR	Improve or Improving	变好、改进
IMT	Immediate or Immediately	即刻、立即
IMTA	Intensive Military Training Area	密集的军事训练区
INDEFLY	Indefinitely	不定的、不明确的
IN or INS	Inches	英寸
INA	Initial Approach	起始进近
INBD	Inbound	进港、归航、向台
INC	In cloud	云中
INCERF	A Uncertainty Phase	不明阶段
INFO	Information	信息、情报、资料
INOP	Inoperative	不工作
INP	If Not Possible	如不可能
INPR	In Progress	进行中
INS	Inertial Navigation System	惯性导航系统
INSTL	Install or Installed or Installation	安装、装置
INSTR	Instrument	仪表
INT	Intersection	交叉点
INTL	International	国际的
INTRG	Interrogator	询问器
INTRP	Interrupt or Interruption or Interrupted	中断
INTSF	Intensify or Intensifying	加强
INTST	Intensity	强度
IORRA	Indian Ocean Random RNAV Area	印度洋任意RNAV区
IR	Ice on Runway	跑道结冰

续表

缩略词	英文全称	中文解释
IR	Instrument Restricted Controlled Airspace	仪表限制管制空域
IRS	Inertial Reference System	惯性基准系统
IS	Islands	岛
ISA	International Standard Atmosphere	国际标准大气
ISB	Independent Sideband	独立边带
ISOL	Isolated	单独,孤立的
ITWS	Integrated Terminal Weather System	一体化终端气象服务系统
I/V	Instrument/Visual Controlled Airspace	仪表/目视管制空域
J		
JAA	Joint Aviation Authorities	联合航空组织(欧洲)
JAN	January	一月
JAR－OPS	Joint Aviation Requirements-Operations	联合航空要求—运行
JTST	Jet Stream	急流
JUL	July	七月
JUN	June	六月
K		
KG	Kilogrammes	千克
KGS	Kilograms	千克
kHz	Kilohertz	千赫
KIAS	Knots Indicated Airspeed	以节表示的指示空速(海里/小时)
KM	Kilometers	千米
Kmh	Kilometer(s)per Hour	千米/小时
KPA	Kilopascal	千帕斯卡
KT	Knots	节
KTAS	Knots True Airspeed	以节表示的真空速
KW	Kilowatts	千瓦
L		
L	Left(runway identification)	左(跑道标志)
L	Locator(Compass)	示位台(罗盘)
L	Locator(see LM,LO)	示位信标(见中示位信标,外示位信标)
L*	Low Altitude	低空
L	Low Pressure Area or the Center of Low Pressure	低气压区,低气压中心
LAA	Local Airport Advisory	当地机场咨询服务

续表

缩略词	英文全称	中文解释
LAAS	Local Area Augmentation System	局域增强系统
LACFT	Large Aircraft	大型航空器
LAHSO	Land and Hold Short Operations	着陆短距运行
LAM	Logical Acknowledgement（message type designator）	逻辑认可电报(电报种类代号)
LAN	Inland	内地
LAT	Latitude	纬度
LBCM	Locator Back Course Marker	带示位台的后航道指点标
LBM	Locator Back Marker	带示位台的后指点标
LBS	Pounds（Weight）	磅(重量)
LCA	Local or Locally or Location or Located	本地的、本场地、位置、位于
LCG	Load Classification Group	载荷等级组
LCN	Load Classification Number	载荷等级数
Lctr	Locator(Compass)	示位台(罗盘)
LDA	Landing Distance Available	可用着陆距离
LDA	Localizer-type Directional Aid	航向台式定向设施
LDAH	Landing Distance Available，Helicopter	直升机可用着陆距离
LDG	Landing	着陆
LDI	Landing Direction Indicator	着陆方向标
LDIN	Lead-in Light System	引入灯光系统
LEN	Length	长度
LF	Low Frequency（30—300 kHz）	低频(30～300 kHz)
LGT	Light or Lighting	灯光、照明
LGTD	Lighted	照亮
LGTH	Length	长度
LIH	Light Intensity High	高强度灯
LIL	Light Intensity Low	低强度灯
LIM	Light Intensity Medium	中强度灯
LIM	Locator Inner Marker	带示位台的内指点标
LINE	Line(used in SIGMET)	线性(在 SIGMET 中使用)
LIRL	Low Intensity Runway Lights	低强度跑道灯
LLWAS	Low Level Wind Shear Alert System	低空风切变警告系统
LLZ	Localizer	航向信标
LM	Locator，Middle	中示位信标
LMM*	Locator Middle Marker	带示位台的中指点标
LMT	Local Mean Time	当地平时
LNAV	Lateral Navigation	横向导航,水平导航

续表

缩略词	英文全称	中文解释
LNDG	Landing	着陆
LNG	Long(used to indicate the type of approach desired or required)	大起落航线(用于说明希望或要求的进近方式)
LO	Locator, Outer	外示位信标
LO	Locator at Outer Marker Site	远台
LOC	Local or Locally or Location or Located	当地、位置、位于
LOC	Localizer	航向台
LOM *	Locator Outer Marker	带示位台的外指点标
LONG	Longitude	经度
LORAN	Long Range Air Navigation System	罗兰(远程导航系统)
LP	Localizer Performance	航向台的性能进近
LPV	Localizer Performance with Vertical Guidance	带垂直引导的航向台性能进近
LR	The Last Message Received by Me Was…	我收到的最后一份电报是……
LRG	Long Range	远程
LS	The Last Message Sent by Me Was… or Last Message Was…	我发送的最后一份电报是……
LSALT	Lowest Safe Altitude	最低安全高度
LT *	Local Time	当地时间
LTD	Limited	有限的
LTP	Landing Threshold Point	着陆跑道入口点
LTS	Lights	灯光
LTS	Lower Than Standard	低于标准
LTT	Landline Teletypewriter	有线电传打字机
LV	Light and Variable(relating to wind)	微风、风向不定
LVE	Leave or leaving	离开
LVL	level	高度、水平面、级别
LVP	Low Visibility Procedures	低能见度程序
LWIS	Limited Weather Information System	特定天气情报系统
LYR	Layer or layered	(云)层、分层
M		
M	Mach Number(followed by figures)	马赫数(后跟数字)
M	Meters(preceded by figures)	米(前面为数字)
M	Minimum Value of Runway Visual Range (followed by figures in METAR/SPECI)	跑道视程最小值(后随数字,用于METAR/SPECI)
MAA	Maximum Authorized Altitude	最高批准高度

续表

缩略词	英文全称	中文解释
MACG	Missed Approach Climb Gradient	复飞爬升梯度
MAG	Magnetic	磁的
MAHF	Missed Approach Holding Fix	复飞等待定位点
MAINT	Maintenance	维护
MALS*	Medium Intensity Approach Light System	中强度进近灯光系统
MALSF	Medium Intensity Approach Light System with Sequenced Flashing Lights	有顺序闪光灯的中强度进近灯光系统
MALSR	Medium Intensity Approach Light System with Runway Alignment Indicator Lights	有对准跑道指示灯的中强度进近灯光系统
MAP	Aeronautical Maps and Charts	航空图
MAPt	Missed Approach Point	复飞点
MAR	March	三月
MAS	Manual A1 Simplex	单工人工等幅电报
MATF	Missed Approach Turning Fix	复飞转弯点
MAX	Maximum	最大
MAY	May	五月
MB	Millibars	毫巴
MBST	Microburst	微下击暴流
MCA	Minimum Crossing Altitude	最低穿越高度
MCAF	Marine Corps Air Facility	海军陆战队航空设施
MCAS	Marine Corps Air Station	海军陆战队航空站
MCTA	Military Controlled Airspace	军事管制空域
MCW	Modulated Continuous Wave	调制等幅波
MDA	Minimum Descent Altitude	最低下降高度
MDA(H)	Minimum Descent Altitude (Height)	最低下降高度(高)
MDF	Medium Frequency Direction-Finding Station	中频定向台
MDH	Minimum Descent Height	最低下降高度
MDT	Mountain Daylight Time	山区白昼时间
MEA	Minimum Enroute Altitude	最低航路高度
MEHT	Minimum Eye Height Over Threshold	跑道入口之上的最低眼高
MEHT	Minimum Eye Height Over Threshold (for visual approach slope indicator systems)	过入口最低眼高(用于目视进近坡度指示系统)
MEML	Memorial	记忆的、备忘录
MET	Meteorological	气象

续表

缩略词	英文全称	中文解释
METAR	Aerodrome Routine Meteorological Report (in meteorological code)	机场例行天气报告(气象代码)
MET REPORT	Local Routine Meteorological Report (in abbreviated plain language)	本场例行天气报告(简缩明语)
MF	Mandatory Frequency	强制频率
MF	Medium Frequency (300—3,000 KHz)	中频(300～3 000 kHz)
MFA	Minimum Flight Altitude	最低飞行高度
MHDF	Medium and High Frequency Direction Finding Stations (at the same location)	中频和高频定向台(在同一地点)
MHA*	Minimum Holding Altitude	最低等待高度
MHVDF	Medium, High and Very High Frequency Direction-Finding Stations (at the same location)	中频、高频、甚高频定向台(在同一地点)
MHz	Megahertz	兆赫
MI	Medium Intensity(lights)	中强度(灯光)
MIALS	Medium Intensity Approach Light System	中强度进近灯光系统
MID	Mid-Point (related to RVR)	中间点(用于跑道视程)
MIFG	Shallow Fog	浅雾
MIL	Military	军事、军用
MIM	Minimum	最低、最小
MIN	Minute	分钟、分
MIPS	Military Instrument Procedure Standardization	军事仪表程序标准
MIRL*	Medium Intensity Runway Edge Lights	中强度跑道边灯
MIS	Missing…	漏收、遗……
MKR	Marker Radio Beacon	无线电指点标
MLS	Microwave Landing System	微波着陆系统
MM	Millimeter	毫米
MM	Middle Marker	中指点标
MNM	Minimum	最小、最低
MNPS	Minimum Navigation Performance Specifications	最低导航性能规范
MNT	Monitor or Monitoring or Monitored	监听、监控
MNTN	Maintain	保持
MOA	Military Operation Area	军事活动区
MOC	Minimum Obstacle/Obstruction Clearance	最低越障余度
MOC	Minimum Obstacle Clearance (required)	最小超障余度(要求)
MOCA	Minimum Obstruction Clearance Altitude	最低超障高度

续表

缩略词	英文全称	中文解释
MOD	Moderate (used to indicate the intensity of weather phenomena, interference or static report, e.g moderate rain=MOD RA)	中度(用以表示天气现象、干扰或静电报告的程度,例如,中雨=MOD RA)
MON	Above Mountains	高于山
MON	Monday	星期一
MOPS	Minimum Operational Performance Standards	最低运行性能标准
MORA	Minimum Off-Route Altitude (Grid or Route)	最低偏航高度(网格或航路)
MOTNE	Meteorological Operational Telecommunications Network Europe	欧洲飞行气象电信网
MOV	Move or Moving or Movement	移动,活动
MPH*	Statute Miles Per Hour	英里/小时
MPS	Meters Per Second	米/秒
MRA	Minimum Reception Altitude	最低接收高度
MRG	Medium Range	中程
MROT	Minimum Runway Occupancy Time	最低跑道占用时间
MRP	ATS/MET Reporting Point	空中交通服务/气象报告点
MS	Minus	负、减
MSA	Minimum Safe/Sector Altitude	最低安全/扇区高度
MSAL*	Minimum Safe Altitude	最低安全高度
MSAS	Multi-Functional Transport Satellite (MTSAT) Satellite-Based Augmentation System	多功能传送卫星星基增强系统
MSAW	Minimum Safe Altitude Warning	最低安全高度警告
MSG	Message	电报
MSL	Mean Sea Level	平均海平面
MSSR	Monopulse Secondary Surveillance Radar	单脉冲二次监视雷达
MST	Mountain Standard Time	山区标准时间
MT	Mountain	山
MTA	Military Training Area	军事训练区
MTAF	Mandatory Traffic Advisory Frequency	强制交通咨询频率
MTCA	Minimum Terrain Clearance Altitude	最低地形超障高度
MTMA	Military Terminal Control Area	军事终端管制区
MTOM	Maximum Take-off Mass	最大起飞质量
MTOW*	Maximum Take-off Weight	最大起飞重量
MTU	Metric Units	米制
MTW	Mountain Waves	山地波
MTWA*	Maximum Total Weight Authorized	最大允许全重

续表

缩略词	英文全称	中文解释
MUN	Municipal	城市的、市镇的
MVA	Minimum Vectoring Altitude	最低雷达引导高度
MVDF	Medium and Very High Frequency Direction-Finding Stations (at the same location)	中频和甚高频定向台（同一位置）
MWO	Meteorological Watch Office	气象监视台
MX	Mixed Type of Ice Formation (white and clear)	混合形式的结冰（白色及明冰）
N		
N	Night, North or Northern	夜晚，北或北方
N	No Distinct Tendency (in RVR during previous 10 minutes)	无明显趋势（前10分钟的跑道视程）
N	North or Northern Latitude	北、北纬
NA	Not Authorized	未批准、不允许
NAAS	Naval Auxiliary Air Station	海军辅助航空站
NADC	Naval Air Development Center	海军航空发展中心
NADP	Noise Abatement Departure Procedure	减噪起飞程序
NAEC	Naval Air Engineering Center	海军航空工程中心
NAF	Naval Air Facility	海军航空设施
NAIP	National Q Aeronautical Information Publication	国内航行资料汇编
NALF	Naval Auxiliary Landing Field	海军辅助降落机场
NAP	Noise Abatement Procedure	减噪程序
NAR	North American Routes	北美航线
NAS	Naval Air Station	海军航空站
NASC	National AIS System Center	国家航行情报服务系统中心
NAT	North Atlantic	北大西洋
NAT	North Atlantic Traffic	北大西洋交通
NAT/OTS	North Atlantic Traffic/Organized Track System	北大西洋交通/编组航迹系统
NATIONAL XXX	National Specific Criteria	国家具体标准
NATL	National	国家的
NAV	Navigation	领航、导航、航行
NAVAID*	Navigational Aid	导航设施
NB	Northbound	往北飞行
NBFR	Not before	不早于
NC	No change	无变化
NCA	Northern Control Area	北部管制区

续表

缩略词	英文全称	中文解释
NCD	No Cloud Detected (used in automated METAR/SPECI)	探测无云(用于自动 METAR/SPECI)
NCN	NavData Change Notices	导航数据变更通知
NCRP	Non-Compulsory Reporting Point	非强制报告点
NDB	Non-Directional Beacon/Radio Beacon	无方向性信标/无线电信标
NDV	No Directional Variations Available (used in automated METAR/SPECI)	无可用的方向变量(用于自动 METAR/SPECI)
NE	Northeast	东北
NEB	North-eastbound	往东北飞行
NEG	No or Negative or Permission not Granted or That Is Not Correct	不、否定、未获批准或不正确
NGT	Night	夜间
NIL	None or I Have Nothing to Send to You	没有,无电报给你
NM	Nautical Mile(s)	海里
NML	Normal	正常
NNE	North-North-East	北北东
NNW	North-North-West	北北西
NO	No(negative)(to be used in AFS as a procedure signal)	不(在航空固定通信服务中作为程序信号使用)
No	Number	数字,序号,号码
NOF	International NOTAM Office	国际航行通告室
NoPT	No Procedure Turn	无程序转弯
NOSIG	No Significant Change (used in trend-type landing forecasts)	无重大变化(用于趋势型着陆预报)
NOTAM	Notices to Airmen	航行通告
NOTSP	Not Specified	未明确的
NOV	November	十一月
NOZ	Normal Operating Zone	正常运行区
NPA	Non-Precision Approach	非精密进近
NR	Number	号数
NRH	No Reply Heard	未收到回复
NS	Nimbostratus	雨层云
NSC	Nil Significant Cloud	无大的云团
NSE	Navigation System Error	导航系统误差
NSW	Nil Significant Weather	无重要天气
NTL	National	国家的、国内的

续表

缩略词	英文全称	中文解释
NTZ	No Transgression Zone	非超越区
NW	Northwest	西北
NWB	North-Westbound	往西北飞行
NWC	Naval Weapons Center	海军武器中心
NXT	Next	下次,下一个
O		
OAC	Oceanic Area Control	海洋区域管制
OAC	Oceanic Area Control Center	海洋区域管制中心
OAS	Obstacle Assessment Surface	障碍物评价面
OBS	Observe or Observed or Observation	观察、遵守
OBSC	Obscure or Obscured or Obscuring	遮蔽、模糊的
OBST	Obstacle	障碍物
OCA	Obstacle Clearance Altitude	超障高度
OCA	Oceanic Control Area	海洋区域管制,海洋管制区
OCA(H)	Obstacle Clearance Altitude (Height)	超障高度(高)
OCC	Occulting (light)	明暗灯
OCH	Obstacle Clearance Height	超障高
OCL *	Obstacle Clearance Limit	超障限制
OCNL	Occasional	偶然的,不定的
OCNL	Occasional or Occasionally	偶然
OCS	Obstacle Clearance Surface	超障面
OCT	October	十月
OCTA	Oceanic Control Area	海洋管制区
ODALS	Omni-Directional Approach Light System	全向进近灯光系统
ODP	Obstacle Departure Procedure	越障起飞程序
OFZ	Obstacle Free Zone	无障碍物地带
OGN	Originate	签发人
OHD	Overhead	从上空飞过,架空
OIS	Obstacle Identification Surface	障碍物鉴别面
OLDI	On-Line Data Interchange	联机数据交换
OM	Outer Marker	外指点标
OPA	Opaque, White Type of Ice Formation	不透明、白色结冰
OPC	Control Indicated is Operational Control	运行管制
OP_CTL	Operational-Control	航务管理
OPMET	Operational Meteorological (information)	飞行气象情报

续表

缩略词	英文全称	中文解释
OPN	Open or Opening or Opened	开放
OPR	Operator or Operate or Operative or Operating or Operational	经营人、工作、运行作业、航行、经营、操作、运转
OPS	Operations or Operates	运行、工作、操作、运转
O/R	On Request	按要求,按申请
ORD	Order	命令
OSV	Ocean Station Vessel	海洋导航船只
O/T	Other Times	其他时间
OTLK	Outlook (used in SIGMET messages for volcanic ash and tropical cyclones)	展望(用于火山灰云和热带气旋的重要气象电报中)
OTP	On Top	云上
OTR	Oceanic Transition Route	海洋过渡航路
OTS	Organized Track System	组合航迹系统
OTS	Other Than Standard	非标准的
OTS	Out-of-Service	停止工作、不工作
OUBD	Outbound	离港、飞离
OVC	Overcast	阴天、满天云
P		
P...	Prohibited Area(followed by identification)	禁区(后随识别代号)
P	Maximum Value of Wind Speed of Runway Visual Range (followed by figures in METAR/SPECI TAF)	跑道视程内的风速最大值(后随数字,用于METAR/SPECI TAF)
PA	Precision Approach	精密进近
PAL	Pilot Activated Lighting	飞行员启动灯光
PALS	Precision Approach Lighting System (specify category)	精密进近灯光系统(注明种类)
PANS	Procedures for Air Navigation Services	空中航行服务程序
PANS-OPS	Procedures for Air Navigation Services—Aircraft Operations	空中航行服务程序——航空器运行
PAPI	Precision Approach Path Indicator	精密进近航道指示器
PAR	Precision Approach Radar	精密进近雷达
PARK	Parking	停机
PARL	Parallel	平行、纬线
PATC	Precision 1 Approach Terrain Chart (followed by name/title)	精密进近地形图(后随名称/标题)
PAX	Passenger	旅客

续表

缩略词	英文全称	中文解释
PBN	Performance Based Navigation	基于性能的导航
PCD	Proceed or Proceeding	前进、继续、前进、进行
PCL	Pilot Controlled Lighting	飞行员控制灯光
PCN	Pavement Classification Number	道面等级信号
PCZ	Positive Control Zone	绝对管制地带
PDC	Pre-Departure Clearance	起飞前许可
PDG	Procedure Design Gradient	程序设计梯度
PDT	Pacific Daylight Time	太平洋白昼时间
PER	Performance	功能,性能
PERF	Performance	性能
PERM	Permanent	永久的
PIB	Pre-Flight Information Bulletin	飞行前资料公告
PinS	Point In Space	空间内的点
PISTON	Piston Aircraft	活塞式航空器
PJE	Parachute Jumping Exercise	跳伞训练,跳伞演习
PL	Ice Pellets	冰粒
PLA	Practice Low Approach	实施低空进近
PLASI	Pulsating Visual Approach Slope Indicator	闪光目视进近坡度指示器
PLN	Flight Plan	飞行计划
PLVL	Present Level	现行高度层
PN	Prior Notice Required	需事先通知
PNR	Point of No Return	不能返航点
PNR	Prior Notice Required	需要预先通知、需事先同意
PO	Dust/Sand Whirls (dust devils)	尘/沙卷风
POB	Persons on Board	机上人员
POFZ	Precision Obstacle Free Zone	精密无障碍区
POSS	Possible	可能的、可允许的、合适的
PPI	Plan Position Indicator	平面位置指示器
PPO	Prior Permission Only	仅限预先许可
PPR	Prior Permission Required	要求预先许可
PPSN	Present Position	现在位置
PRA	Precision Radar Approach	精密雷达进近
PRFG	Aerodrome Partially Covered by Fog	机场局部被雾覆盖
PRI	Primary	主要
PRKG	Parking	停机
PRM	Precision Radar Monitor	精密雷达监视

续表

缩略词	英文全称	中文解释
P-RNAV	Precision RNAV	精密 RNAV
PROB	Probability	可能性、概率
PROC	Procedure	程序
PROP	Propeller Aircraft	螺旋桨航空器
PROV	Provisional	临时
PRP	Point-in-Space Reference Point	空间点进近基准点
PS	Plus	加、正
PSG	Passing	飞过、通过
PSN	Position	位置
PSP	Pierced Steel Planking or Pierced Steel Plank	穿孔钢板
PSR	Primary Surveillance Radar	一次监视雷达
PST	Pacific Standard Time	太平洋标准时间
PSYS	Pressure System(s)	增压系统
PTN	1 Procedure Turn	程序转弯
PTO	Part Time Operation	部分时间工作
PTS	Polar Track Structure	极地航迹结构
PVT	Private Operator	私营
PWR	Power	功率、电源
Q		
QDM	Magnetic Bearing to Facility	向台磁方位
QDM	Magnetic Heading (zero wind)	磁航向(无风)
QDR	Magnetic Bearing	磁方位
QDR	Magnetic Bearing from Facility	背台磁方位
QFE	Atmospheric Pressure at Aerodrome Elevation (or at runway threshold)	机场标高点(或跑道入口处)的大气压
QFE	Height above Airport Elevation(or runway threshold elevation) Based on Local Station Pressure	按场面气压确定的高于机场标高(或跑道入口标高)的高
QFU	Magnetic Orientation of Runways	跑道磁向
QNE	Altimeter Setting 29.92 "Hg or 1,013.2 Mb	气压高度表拨正值 29.92 英寸汞柱或 1 013.2 毫巴
QNE*	Indicated Height on Landing with Altimeter Sub-Scale Set to 1,013.2 hPa(mb)	高度表拨正到 1 013.2 百帕(毫巴),着陆时指示的高度
QNH	Altitude above Sea Level Based on Local Station Pressure	以当地场站气压为基础测定的高于海平面的高度
QNH	Altimeter Sub-Scale Setting to Obtain Elevation When on the Ground	在地面取得标高的高度表气压刻度拨正值

续表

缩略词	英文全称	中文解释
QTA	Cancel Telegram Number...	取消……电报
QTE	True Bearing	真方位
QUAD	Quadrant	象限
R		
R *	Radial	径向方位
R	Rate of Turn	转弯率
R	Red	红色
R...	Restricted Area (followed by identification)	限制区(后随识刷代号)
R	Right (runway identification)	右(跑道代号)
R	Runway Visual Range (followed by figures in METAR/SPECI)	跑道视程(后随数字,用于METAR/SPECI)
RA	Radio Altimeter	无线电高度表
RA	Rain	雨
RA	Resolution Advisory	处理建议
RAC	Rules of the Air and Air Traffic Services	飞行规则和空中交通服务
RAD *	Radius	半径
RAFC	Regional Area Forecast Center	地区区域预报中心
RAG	Ragged	不平坦、不规则(云底)破碎
RAG	Runway Arresting Gear	跑道拦阻架
RAI	Runway Alignment Indicator	跑道对准指示器
RAIL	Runway Alignment Indicator Lights	跑道对准指示灯
RAIM	Receiver Autonomous Integrity Monitoring	接收机自主完好性监控
RAPCON	Radar Approach Control	雷达进近管制
RASC	Regional AIS System Center	地区航行情报服务系统中心
RASS	Remote Altimeter Source	来自远处的高度表拨正值,远距离高度表拨正值取值
RB	Rescue Boat	救生艇
RCA	Reach Cruising Altitude	到达巡航高度
RCAG	Remote Communications Air Ground	地空遥控通信
RCC	Rescue Coordination Center	援救协调中心
RCF	Radio Communication Failure (message type designator)	无线电通信失效电报(电报种类代号)
RCH	Reach or Reaching	到达、达到
RCL	Runway Centerline	跑道中心线
RCLL	Runway Center Line Light(s)	跑道中线灯
RCLM *	Runway Center Line Markings	跑道中线标志

续表

缩略词	英文全称	中文解释
RCLR	Recleared	再放行、重新许可
RCO	Remote Communications Outlet	遥控通信分站
RCP	Required Communication Performance	所需通信性能
RDH	Reference Datum Height（for ILS）	仪表着陆系统基准数据点高度
RDL	Radial	径向方位
RDO	Radio	无线电
RE	Recent（used to qualify weather phenomena such as rain, e.g. recent rain＝RERA）	最近(用于说明雨之类的天气现象,例如最近下雨＝RERA)
REC	Receive or Receiver	收到或接收机
REDL	Runway Edge Light(s)	跑道边灯
REF	Reference or Reference to... or refer to...	参考、基准、参阅
REG	Registration	注册
REIL	Runway End Identifier Lights	跑道端识别灯
RENL	Runway End Light(s)	跑道末端灯
REP	Report or Reporting or Reporting Point	报告、报告点
REP	Ramp Entrance Point	机坪进入点
REQ	Request or Requested	请求、要求
RERTE	Reroute	改航、重划航线
RESA	Runway End Safety Area	跑道末端安全区
REV	Reverse	相反、倒转
RF	Constant Radius Arc to a Fix	至定位点的转弯半径
RF	Radius to Fix	恒定半径到定位点
RFL	Requested Flight Level	要求的飞行高度层
RG	Range (lights)	场界灯
RHC	Right-Hand Circuit	右起落航线
RIF	Reclearance in Flight	飞行中重新许可
RIME	Rime(used in aerodrome warning)	结霜(用于机场警告)
RITE	Right (direction of turn)	右转弯
RL	Report Leaving	脱离时报告
RL	Runway (edge) Lights	跑道(边)灯
RLA	Relay to	转给
RLCE	Request Level Change En-Route	请求改变航路飞行高度层
RLLS	Runway Lead-in Light System	跑道引进灯光系统
RLNA	Request level not Available	申请的飞行高度层不可用
RMAC	Radar Minimum Altitude Chart	雷达最低高度图
RMK	Remark	备注

续表

缩略词	英文全称	中文解释
RMZ	Radio Mandatory Zone	无线电强制区
RNAV	Area Navigation	区域导航
RNG	Radio Range	无线电航道信标
RNP	Required Navigation Performance	所需导航性能
RNP AR	Required Navigation Performance Authorization Required	所需导航性能 需要批准
RNPC	Required Navigation Performance Capability	所需导航性能能力
ROBEX	Regional OPMET Bulletin Exchange（scheme）	地区飞行气象通报交换（系统）
ROC	Rate of Climb	爬升率
ROD	Rate of Descent	下降率
ROFOR	Route Forecast（in aeronautical meteorological code）	航路天气预报（航空气象代码）
RON	Receiving Only	只供收信
RON	Remain Overnight	（飞机）过夜
RPDS	Reference Path Data Selector	参考路径资料选择码
RPI	Radar Position Indicator	雷达位置指示器
RPL	Repetitive Flight Plan	长期飞行计划
RPLC	Replace or Replaced	代替、替换
RPS	Radar Position Symbol	雷达位置符号重复或现重发
RPT	Regular Public Transport	定期公共运输
RPT	Repeat or I repeat	重复或现重发
RQ	Request	请求
RQMNTS	Requirements	要求
RQP	Request Flight Plan（message type indicator）	请求飞行计划电报（电报种类代号）
RQS	Request Supplementary Flight Plan（message type indicator）	要求补充飞行计划电报（电报种类代号）
RR	Report Reaching	到达报告
RRA	（Or RRB, RRC... etc, sequence）Delayed Meteorological Message（message type designator）	（或 RRB，RRC 等，按顺序）迟到气象电报（电报种类代号）
RSA	Runway Safety Area	跑道安全区
RSC	Rescue Sub-Center	援救分中心
RSCD	Runway Surface Condition	跑道道面情况
RSP	Responder Beacon	应答信标
RSR	En-route Surveillance Radar	航路监视雷达
RSS	Root Sum Square	平方和根
RTD	Delayed（used to indicate delayed meteorological message, message type designator）	延误（用于表示延误的气象报，电报种类代号）

续表

缩略词	英文全称	中文解释
RTE	Route	航路
RTF	Radio Telephony	无线电通话
RTG	Radiotelegraph	无线电报
RTHL	Runway Threshold Light(s)	跑道入口灯
RTN	Return or Returned or Returning	返回、返航、回程
RTODAH	Rejected Take-Off Distance Available, Helicopter	直升机可用中断起飞距离
RTS	Return to Service	恢复工作
RTT	Radio Teletypewriter	无线电电传打字机
RTZL	Runway Touchdown Zone Light(s)	跑道接地地带灯
RUT	Standard Regional Route Transmitting Frequencies	标准区域航路发射频率
RV	Rescue Vessel	援救船只
RVR	Runway Visual Range	跑道视程
RVSM	Reduced Vertical Separation Minimum (300 m (1,000 ft)) Between FL290 and FL410	缩小垂直间隔标准（FL290 至 FL410 之间为 300 m）
RVV	Runway Visibility Values	跑道能见度数值
RWSL	Runway Status Lights	跑道状态灯
RWY	Runway	跑道
RYT*	Refer your telegram	参阅你的电报
S		
S	South or Southern or Southern Latitude	南或南方、南纬
S	State of the Sea (followed by figures in METAR/SPECI)	海的状态（后随数字，用于 METAR/SPECI）
SA	Sand	沙
SAAAR	Special Aircraft and Aircrew Authorization Required	要求特殊的机组和飞机授权
SALS	Simple Approach Lighting System	简易进近灯光系统
SALS SA	Short Approach Light System	短距进近灯光系统
SALSF	Short Approach Light System with Sequenced Flashing Lights	有顺序闪光灯的短距进近灯光系统
SAN	Sanitary	卫生的
SAP	As Soon as Possible	尽快
SAP	Stabilized Approach	稳定进近
SAR	Search and Rescue	搜寻与救援
SARPS	Standards and Recommended Practices (ICAO)	国际民航组织标准和建议措施
SAT	Saturday	星期六
SATCOM	Satellite Communication	卫星通信

续表

缩略词	英文全称	中文解释
SATCOM	Satellite Voice Air-Ground Calling	卫星话音空-地呼叫
SAWRS	Supplementary Aviation Weather Reporting Station	辅助的航空气象报告站
SB	Southbound	往南飞
SBAS	Satellite-Based Augmentation System	星基增强系统
SC	Stratocumulus	层积云
SCA	Southern Control Area	南部管制区
SCOB	Scattered Clouds or Better	少云或疏云
SCT	Scattered	疏云、分散的
SD	Standard Deviation	标准偏差
SDBY	Stand by	稍等
SDF	Simplified Directional Facility	简易方向引导设施
SDF	Step-Down Fix	阶梯下降定位点
SE	Southeast	东南
SEA	Sea(used in connection with sea-surface temperature and state of the sea)	海、海洋(用于以海平面温度和海的状况相联系)
SEB	South-Eastbound	往东南飞
SEC	Seconds	秒
SECN	Section	部分、航段
SECT	Sector	扇区
SELCAL	Selective Call System or Selective calling system	选择呼叫系统
SEP	September	九月
SER	Service or Servicing or Served	服务、业务
SEV	Severe (used e.g. to qualify icing and turbulence reports)	严重(用于说明结冰及颠簸报告)
SFC	Surface	地面、面
SFC	Surface of the Earth (either land or water)	地球表面(陆地或水面)
SFL*	Sequenced Flashing Lights	顺序闪光灯
SFL-V	Sequenced Flashing Lights-Variable Light Intensity	顺序闪光灯——光强可调
SG	Snow Grains	雪粒
SGL	Signal	信号
SH…	Showers (followed by RA=rain, SN=snow, PE=ice pellets GR=hail, GS-small hail and/or snow pellets or combinations thereof, e.g. SHRASN-showers of rain and snow)	阵性(后随 RA 为雨,SN 为雪,PE 为冰粒,GR 为雹,GS 为小雹和/或雪粒或二者兼有,例如,SHRASN 为阵雨夹雪)
SHF	Super High Frequency (3,000—30,000 MHz)	超高频(3 000~30 000 MHz)
SI	International System of Units	计量单位系统

续表

缩略词	英文全称	中文解释
SID	Standard Instrument Departure	标准仪表离场
SIF	Selective Identification Feature	选择识别装置
SIG	Significant	重要的
SIGMET	Information Concerning En-Route Weather Phenomena Which May Affect the Safety of Aircraft Operations	影响飞行安全的航路天气现象情报
SIMUL	Simultaneous or Simultaneously	同时
SIWL	Single Isolated Wheel Load	当量单轮载荷,独立单轮载荷
SKC	Sky Clear	晴空
SKD	Scheduled	定期的
SKED	Scheduled or Schedule	定期、班期表
SLD	Sealed Runway	封闭跑道
SLP	Speed Limiting Point	速度限制点
SLW	Slow	缓慢
SM	Statute Miles	英里
SMA	Segment Minimum Altitude	航段最低高度
SMC	Surface Movement Control	地面活动管制
SMGCS	Surface Movement Guidance and Control System	场面活动引导和管制系统
SMR	Surface Movement Radar	地面活动雷达
SMSA	Segment Minimum Safe Altitude	航段最低安全高度
SN	Snow	雪
SNOCLO	Aerodrome Closed Due to Snow (used in METER/SPECI)	因雪情机场关闭(用于 METAR/SPECI)
SOC	Start of Climb	起始爬升点
SODALS	Simplified Omnidirectional Approach Lighting System	简易全向进近灯光系统
SPAR	French Light Precision Approach Radar	法国轻型精密进近雷达
SPECI	Aerodrome Special Meteorological Report (in meteorological code)	机场特殊天气报告(气象电码)
SPECIAL	Local Special Meteorological Report (in abbreviated plain language)	本场特选天气报告(简缩明语)
SPI	Special Position Indicator	特殊位置指示器
SPL	Supplementary Flight Plan (message type designator)	补充飞行计划电报(电报种类代号)
SPOC	SAR Point of Contact	搜寻援救联系点
SPOT	Spot Wind	定点风
SQ	Squall	飑

续表

缩略词	英文全称	中文解释
SQL	Squall Line	飑线
SR	Sunrise	日出
SRA	Special Rules Area	特殊规则区
SRA	Surveillance Radar Approach	监视雷达进近
SRE	Surveillance Radar Element	监视雷达单元
SRE	Surveillance Radar Element Of Precision Approach Radar System	精密进近雷达系统的监视雷达部分
SRG	Short Range	短程
SRR	Search and Rescue Region	搜寻和援救区
SR–SS	Sunrise-Sunset	日出–日没
SRY	Secondary	二次的、备用的、辅助的
SSALF	Simplified Short Approach Light System with Sequenced Flashing Lights	有顺序闪光灯的简易短距进近灯光系统
SSALR	Simplified Short Approach Light System with Runway Alignment Indicator Lights	有对准跑道指示灯的短距进近灯光系统
SSALS	Simplified Short Approach Light System	简易短距进近灯光系统
SS	Sandstorm	沙暴
SS	Sunset	日没
SSB	Single Sideband	单边带
SSE	South-South-East	南南东
SSR	Secondary Surveillance Radar (in U.S.A. ATCRBS)	二次监视雷达(美国为 ATCRBS)
SST	Supersonic Transport	超音速运输机
SSW	South-South-West	南南西
ST	Stratus	层云
STA	Straight-in Approach	直接进近
STAP	Parameter Automatic Transmission System	参数自动传输系统
STAR	Standard Terminal Arrival Route (USA)	标准终端进场航线
STAR	Standard Instrument Arrival(ICAO)	标准仪表进场
STD	Indication of An Altimeter Set to 29.92"Hg or 1,013.2 hPa (mb) Without Temperature Correction	表示高度表拨正值29.92英寸汞柱或1 013.2百帕(毫巴),未修正温度
Std	Standard	标准的,标准
STF	Stratiform	层状云
ST-IN	Straight-in	直线进近着陆
STN	Station	台、站
STNR	Stationary	静止的,稳定的

续表

缩略词	英文全称	中文解释
STOL	Short Take-off and Landing	短距起飞和着陆
STS	Status	状态
STWL	Stopway Light(s)	停止道灯
SUBJ	Subject to	遭受、须经、以……为条件
SUN	Sunday	星期日
SUP	Supplement（AIP Supplement）	补充(航行资料汇编修订)
SUPP	Supplemental/Supplementary	补充的
SUPPS	Regional Supplementary Procedures	地区补充程序
SVC	Service Message	公务电报
SVCBL	Serviceable	可用
SW	Single Wheel Landing Gear	单轮起落架
SW	Southwest	西南
SWB	South-Westbound	往西南飞行
SWY	Stopway	停止道
SYS	System	系统
T		
T	Temperature	温度
T°	True (degrees)	真向(度)
T	Terrain Clearance Altitude (MOCA)	高于地形高度(MOCA)
T	Transmits Only (radio frequencies)	仅发射(无线电频率)
T-VASI	Tee Visual Approach Slope Indicator	T型目视进近坡度指示器
TA	Traffic Advisory	交通咨询
TA	Transition Altitude	过渡高度
TAA	Terminal Arrival Area(FAA)	终端进场区(FAA)
TAA	Terminal Arrival Altitude (ICAO)	终端进场高度(ICAO)
TACAN	Tactical Air Navigation (bearing and distance station)	塔康战术导航(提供方位和距离的台站)
TACAN	UHF Tactical Air Navigation Aid	特高频战术空中助航设备(塔康)
TAF	Aerodrome Forecast	机场预报
TA/H	Turn at an Altitude/Height	在指定高度/高转弯
TAIL	Tail Wind	顺风
TAR	Terminal Area Surveillance Radar	终端区域监视雷达
TAS	True Air Speed	真空速
TAX	Taxiing or Taxi	滑行
TC	Tropical Cyclone	热带气旋
TCA	Terminal Control Area	终端管制区

续表

缩略词	英文全称	中文解释
TCAC	Tropical Cyclone Advisory Centre	热带气旋咨询中心
TCAS	Traffic Alert and Collision Avoidance System	交通告警和防撞系统
TCAS RA	Traffic Alert and Collision Avoidance System Resolution Advisory	空中交通告警和防撞系统处理建议
TCH	Threshold Crossing Height	飞越跑道入口高
TCTA	Transcontinental Control Area	跨大陆管制区
TCU	Towering Cumulus	浓积云
TDO	Tornado	龙卷风
TDWR	Terminal Doppler Weather Radar	终端多普勒气象雷达
TDZ	Touchdown Zone	接地地带
TDZE	Touchdown Zone Elevation	接地地带标高
TECR	Technical Reason	技术原因
TEL	Telephone	电话
TEMP	Temporary	临时、暂时
TEMPO	Temporary or Temporarily	暂时
TERPS	United States Standard for Terminal Instrument Procedure	美国终端区仪表程序设计标准
TF	Track to fix	至定位点的航迹
TFC	Traffic	交通、通信、运输
TGL	Touch-and-Go Landing	连续起落
TGS	Taxiing Guidance System	滑行引导系统
TH *	Transition Height	过渡高
THR	Threshold	跑道入口
THRU	Through	通过
THU	Thursday	星期四
TIBA	Traffic Information Broadcast by Aircraft	航空器播发(或通报)的交通信息
TIL	Until	直至
TIP	Until past... (place)	直至飞越……(地点)
TIZ	Traffic Information Zone	交通信息区
TKOF	Take-off	起飞
TL	Till (followed by time by which weather change is forecast to end)	直到……止(后随天气变化预报的截止时间)
TL *	Transition Level	过渡高度层
TLOF	Touchdown and Lift-Off Area	接地和离地区
TMA	Terminal Control Area	终端管制区
TML	Terminal	终端区、候机楼

续表

缩略词	英文全称	中文解释
TMN	Terminates	停止、结束、终止
TMZ	Transponder Mandatory Zone	强制应答地带
TN	Minimum Temperature (followed by figures in TAF)	最低温度(后随数字,用于 TAF)
TNA	Transition Area	过渡区
TNA	Turn Altitude	转弯高度
TNH	Turn Height	转弯高
TO	To… (place)	至……(地点)
TOC	Top of Climb	爬升到指定高度
TODA	Take-off Distance Available	可用起飞距离
TODAH	Take-off Distance Available, Helicopter	直升机可用起飞距离
TOP	Cloud top	云顶
TORA	Take-off Run Available	可用起飞滑跑距离
TP	Turning Point	转弯点
TR	Track	航迹、轨迹
TRA	Temporary Reserved Airspace	临时保留空域、暂时备用空域
TRACON	Terminal Radar Approach Control	终端雷达进近管制
TRANS	Transition(s)	过渡
TRANS	Transmits or Transmitter	发射、发射机
TRANSALT	Transition Altitude	过渡高度
TRANS LEVEL	Transition Level	过渡高度层
TRCV	Tri-Color Visual Approach Slope Indicator	三色目视进近坡度指示器
TREND	Trend Forecast	趋势预报
TRL	Transition Level	过渡高度层
TROP	Tropopause	对流层顶
TS	Thunderstorm (in aerodrome reports and forecasts, TS used alone means thunder heard but no precipitation at the aerodrome)	雷暴(在机场报告和预报中,TS 意思是在机场区域只听到打雷,而没有降水)
TS	Thunderstorm (followed by RA = rain, SN = snow, PE = ice pellets, GR = hail, GS = small hail and/or snow pellets or combinations thereof, e. g. TSRASN = Thunderstorm with rain and snow)	雷暴(后随 RA 为雨,SN 为雪,PE 为冰粒,GR 为雹,GS 为小雹和/或雪粒或二者兼有,例如,TSRASN 为伴有雨夹雪的雷暴)
TSA	Temporary Segregated Area	暂时隔离区
TSUNAMI	Tsunami(used in aerodrome warnings)	海啸(用于机场警告)
TT	Teletypewriter	电传打字机
TUE	Tuesday	星期二
TURB	Turbulence	颠簸

续表

缩略词	英文全称	中文解释
TURB*	Turbine	涡轮
T-VASIS	T Visual Approach Slope Indicator System	T字形目视进近坡度指示系统
TVOR	Terminal VOR	航站全向信标
TVOR	Terminal VOR	终端区VOR
TWEB	Transcribed Weather Broadcast	录制的天气广播
TWIP	Terminal Weather Information for Pilots	为飞行员提供的终端气象信息
TWR	Aerodrome Control Tower or Aerodrome Control	机场管制塔台或机场管制
TWR	Tower(Aerodrome Control)	塔台(机场管制)
TWY	Taxiway	滑行道
TWYL	Taxiway-link	联络道
TX	Indicator for Maximum Temperature (used in the TAF code form)	最高温度指示码(用于TAF)
TX	Maximum Temperature (followed by figures in TAF)	最高温度(后随数字,用于TAF)
TXT	Text	文字、电文
TYP	Type of Aircraft	机型
TYPH	Typhoon	台风
U		
U	Unknown/Unrestricted/Unspecified	未知的/未限制的/未
U	UNICOM	航空咨询服务
U	Upward (tendency: in RVR during previous 10 minutes)	上升(10分钟内跑道视程的趋势)
UAB	Until Advised By…	至……通知为止
UAC	Upper Area Control Center	高空区域管制中心
UAR	Upper Air Route	高空航路
UAS	Unmanned Aerial System	无人驾驶航空器系统
UAV	Unmanned Aerial Vehicle	无人驾驶飞行器
UDF	Ultra High Frequency Direction-Finding Station	特高频定向台
UFN	Until Further Notice	至进一步通知
UHDT	Unable Higher Due Traffic	由于交通不能再高
UHF	Ultra High Frequency(300—3,000 MHz)	超/超高频(300~3 000 MHz)
UIC	Upper Information Center	高空飞行情报中心
UIR	Upper Flight Information Region	高空飞行情报区
ULR	Ultra Long Range	超远程
UNA	Unable	不可、不能
UNAP	Unable to Approve	不能准许

续表

缩略词	英文全称	中文解释
UNL	Unlimited	无限
UNREL	Unreliable	不可靠
UNCT'L	Uncontrolled	非管制的
UNICOM	Aeronautical Advisory Service	航空咨询服务
UNICOM（A）	Automated UNICOM	自动 UNICOM
UNL	Unlimited	无限制的，无限
UP	Unidentified Precipitation (used in automated METAR/SPECI)	不能识别的降水(用于自动 METAR/SPECI)
UPR	User Preferred Route	用户喜欢的航路
U/S	Unserviceable	不工作，不能使用
USAF	US Air Force	美国空军
USB	Upper Side Band	上边带
USN	US Navy	美国海军
UTA	Upper Control Area	高空管制区
UTC	Coordinated Universal Time	世界协调时
V		
V	Variations from the Mean Wind Direction (preceded and followed by in METAR/SPECI, e. g. 350V070)	平均风向的变化(前后有数字，用于 METAR/SPECI，例如，350V070)
V	Visibility	能见度
VA	Heading to an Altitude	至指定高度的航向
VA	Volcanic Ash	火山灰
VAAC	Volcanic Ash Advisory Centre	火山灰咨询中心
VAC	Visual Approach Chart	目视进近图(后随名称/标题)
VAL	Vertical Alert Limit	垂直告警限制
VAL	In Valleys	山谷中
VAN	Runway Control Van	跑道指挥车
VAR	Visual-area Radio Range	视听无线电航道信标
VAR	Magnetic Variation	磁差
VASI	Visual Approach Slope Indicator	目视进近坡度指示器
VASIS	Visual Approach Slope Indicator Systems	目视进近坡度指示系统
VC	Vicinity of the Aerodrome (followed by FG＝fog, FC＝funnel cloud, SH＝showers, PO＝dust/sand whirls, BL DU＝blowing dust, BL SA＝blowing sand or BLSN＝blowing snow, e.g. VC FG＝vicinity fog)	机场附近(后随 FG 为雾，FC 为漏斗云，SH 为阵雨，PO 为涡旋状尘/沙，BL DU 为吹尘，BL SA 为吹沙或 BL SN 为吹雪，例如，VC FG 为机场附近有雾)
VCY	Vicinity	附近、邻近

续表

缩略词	英文全称	中文解释
VDA	Vertical Descent Angle	垂直下降角
VDF	Very High Frequency Direction-Finding Station	甚高频定向台
VDP	Visual Descent Point	目视下降点
VE	Visual Exempted	目视除外
VER	Vertical	垂直
VFR	Visual Flight Rules	目视飞行规则
VGSI	Visual Glide Slope Indicator	目视下滑坡度指示器
VHA	Volcanic Hazard Area	火山危险区
VHF	Very High Frequency (30—300 MHz)	甚高频(30～300 MHz)
VI	Heading to an Intercept	至切入点的航向
VIP	Very Important Person	重要旅客
VIS	Visibility	能见度
VLF	Very Low Frequency (3—30 kHz)	甚低频(3～30 kHz)
VLR	Very Long Range	甚远程
VM	Heading to a Manual Termination	至人工终止点(雷达引导)的航向
VMC	Visual Meteorological Conditions	目视气象条件
VNAV	Vertical Navigation	垂直导航
VOLMET	Meteorological Information for Aircraft in Flight	供飞行中航空器用的气象情报
VOR	VHF Omnidirectional Radio Range	甚高频全向信标
VORTAC	VOR and TACAN Combination	甚高频全向信标和塔康联合装置
VOT	VOR Airborne Equipment Test Facility	甚高频全向信标机载设备试验设施
VPA	Vertical Path Angle	垂直下滑角度/航径角
VPT	Visual Maneuvering with Prescribed Tracks	规定航迹的目视机动
VRB	Variable	变化的
VSA	By Visual Reference to the Ground	目视参考地面
VSP	Vertical Speed	垂直速度
VSS	Visual Segment Surface	目视航段面
VTF	Vector to Final	引导到最后(航速)
VTOL	Vertical Take-Off and Landing	垂直起落
VV	Vertical Visibility	垂直能见度
VV	Vertical Visibility (followed by figures in METAR/SPECI and TAF)	垂直能见度(后随数字,用于 METAR/SPECI and TAF)
V/V	Vertical Velocity or Speed	垂直速率或速度
W		
W	West or Western	西或西方

续表

缩略词	英文全称	中文解释
W	West or Western Longitude	西、西经
W	Sea-surface Temperature (followed by figures in METAR/SPECI)	海平面温度(后随数字,用于 METAR/SPECI)
WI	White	白色
WAAS	Wide Area Augmentation System	广域增强系统
WAC	World Aeronautical Chart – ICAO 1:1,000,000 (followed by name/title)	世界航空图-国际民航 1:1 000 000(后随名称/标题)
WAFC	World Area Forecast Center	世界区域预报中心
WATIR	Weather and Terminal Information Reciter	天气和终端信息广播
WB	Westbound	往西飞行
WBAR	Wing Bar Lights	翼排灯
WDI	Wind Direction Indicator	风向指示器
WDSPR	Widespread	广泛、普遍
WED	Wednesday	星期三
WEF	With Effect From or Effective From	自……起生效
WGS – 84	World Geodetic System – 1984	世界大地系统—1984
WH	Western Hemisphere	西半球
WI	Within...	在……内
WID	Width	宽度
WIE	With Immediate Effector Effective Immediately	立即生效
WILCO	Will Comply	明白,照办
WIND	Wind	风
WINTEM	Forecast Upper Wind and Temperature for Aviation	航空高空风和温度预报
WIP	Work in Progress	工程在进行中,施工
WKN	Weaken or Weakening	减弱
WNW	West-North-West	西北西
W/O	Without	没有
WP	Area Navigation (RNAV) Waypoint	区域导航航路点
WPT	Way-Point	航路点
WRNG	Warning	警告,告警
WS	Wind Shear	风切变
WSP	Weather Systems Processor	气象系统处理器
WSPD	Wind Speed	风速
WSW	West-South-West	西南西
WT	Weight	重量
WTSPT	Waterspout	水龙卷

续表

缩略词	英文全称	中文解释
WWW	Worldwide Web	全球网络
WX	Weather	天气、气象
X		
X	Cross	穿过
X	Communication Frequency On Request	按要求、按申请的通信频率
XBAR	Crossbar (of approach lighting system)	进近灯光系统的横排灯
XNG	Crossing	穿越
XS	Atmospherics	天电
Y		
Y	Yellow	黄色
YCZ	Yellow Caution Zone (runway lighting)	黄色注意区(跑道灯光)
YES*	Yes (affirmative) (to be used in AFS as a procedure signal)	是(在航空固定通信服务中作为程序信号使用)
YR	Your	你的、你们的
Z		
Z	Zulu Time/Coordinated Universal Time (UTC)	格林尼治平时/世界协调时(UTC)